内蒙古保险史简明读本

马庆和　主编

远方出版社

图书在版编目（CIP）数据

内蒙古保险史简明读本 / 马庆和主编 . -- 呼和浩特：远方出版社，2020.11
ISBN 978-7-5555-1483-1

Ⅰ.①内… Ⅱ.①马… Ⅲ.①保险业—经济史—内蒙古 Ⅳ.① F842.9

中国版本图书馆 CIP 数据核字 (2020) 第 205879 号

内蒙古保险史简明读本

NEIMENGGU BAOXIAN SHI JIANMING DUBEN

主　　编	马庆和
责任编辑	王　叶
责任校对	王　叶
封面设计	李鸣真
版式设计	王改英
出版发行	远方出版社
社　　址	呼和浩特市乌兰察布东路666号　邮编 010010
电　　话	（0471）2236473 总编室　2236460 发行部
经　　销	新华书店
印　　刷	内蒙古爱信达教育印务有限责任公司
开　　本	170mm×240mm　1/16
字　　数	270千
印　　张	19
版　　次	2020年11月第1版
印　　次	2020年11月第1次印刷
标准书号	ISBN 978-7-5555-1483-1
定　　价	58.00元

如发现印装质量问题，请与出版社联系调换

主　编
　　马庆和　内蒙古保险学会常务副会长、秘书长
统编专家
　　杜云生　内蒙古保险行业协会第二届秘书长
参编人员
　　隋建军　内蒙古保险学会副秘书长
　　锁　婷　内蒙古保险学会综合主管

前　言

　　内蒙古保险业始于 1902 年（清光绪二十八年），发展于改革开放之后，特别是 2001 年伴随着中国加入世界贸易组织后，保险业得到了快速发展。内蒙古自治区保险公司的数量由 2001 年的 4 家增加至 2015 年的 39 家。保费收入、保险责任限额、理赔和给付金额以及税金收入、就业人数等每年均保持在近 30% 的增长速度，成为内蒙古自治区经济社会发展的新动能。

　　《内蒙古保险史简明读本》以保险机构、业务发展、保险产品和理赔服务为主线，删繁就简编写而成，意在将专业性很强的内蒙古保险历史通俗易懂地展现给公众，以史为镜，开拓未来，增强公众风险意识，普及保险知识，更好地服务于自治区经济社会发展。

内蒙古保险学会

目 录

第一章 内蒙古保险历史和发展概况

第一节 保险起源及发展概况 ……………………………………………3
第二节 保险机构概况 ……………………………………………………5
    一、保险概况 …………………………………………………………5
    二、保险社团概况 ……………………………………………………8
    三、内蒙古财经大学金融学院保险系概况 ………………………13
    四、中国保险监督管理委员会内蒙古监管局概况 ………………15
第三节 保险功能作用概况 ………………………………………………17
    一、发挥经济补偿功能 ……………………………………………17
    二、为经济建设融通资金 …………………………………………17
    三、带动社会就业 …………………………………………………19
    四、缴纳税金和代收代缴车船税 …………………………………22
    五、开展公益活动 …………………………………………………24

第二章 内蒙古保险业务种类和发展状况

第一节 新中国成立前保险业务种类和发展状况 ………………………27

一、伪满洲国邮政生命保险和伪蒙疆简易生命保险……………27
　　二、中华邮政简易人寿保险…………………………………31
第二节　新中国成立后保险业务种类和发展状况………………32
　　一、保险业务综合发展状况……………………………………32
　　二、财产保险业务种类和发展状况……………………………36
　　三、人身保险业务种类和发展状况……………………………142
第三节　保险中介业务发展状况……………………………………164
　　一、保险专、兼业代理机构……………………………………164
　　二、营销员及专、兼业代理机构保险业务发展状况…………169

第三章　内蒙古保险理赔和主要赔案

第一节　财产保险理赔概况………………………………………177
　　一、财产保险理赔管理概况……………………………………177
　　二、2001—2015年财产保险理赔支出概况……………………179
　　三、2001—2015年财产保险主要理赔、给付案件……………181
第二节　人身保险理赔概况………………………………………190
　　一、人身保险理赔管理概况……………………………………190
　　二、2001—2015年人身保险理赔支出概况……………………196
　　三、2001—2015年人身保险主要理赔、给付案件……………198

第四章 内蒙古保险社团工作

第一节 内蒙古自治区保险行业协会 …………………………………217
 一、行业自律 ……………………………………………………217
 二、行业维权 ……………………………………………………222
 三、行业交流 ……………………………………………………223
 四、行业协调 ……………………………………………………225
 五、行业宣传 ……………………………………………………225
 六、行业定点医院 ………………………………………………228
 七、保险营销员（销售从业人员）管理 ………………………231
 八、保险从业人员考试及管理 …………………………………232

第二节 内蒙古保险学会 ……………………………………………235
 一、做好普及研究 ………………………………………………235
 二、抓好重点研究 ………………………………………………237
 三、开展调查研究 ………………………………………………242
 四、加强研讨活动 ………………………………………………242
 五、强化讲座活动 ………………………………………………246
 六、融入社会活动 ………………………………………………248
 七、开展保险优秀研究成果评选活动 …………………………249
 八、组织产学研活动 ……………………………………………251
 九、成功编纂印制《内蒙古保险志（2001-2010）》…………252

第五章 内蒙古保险监管工作

第一节 保险机构监管 …………………………………255
  一、保险公司监管 …………………………………255
  二、中介机构监管 …………………………………260
  三、保险社团监管 …………………………………262

第二节 保险业务监管 …………………………………263
  一、财产保险业务监管 ……………………………263
  二、人身保险业务监管 ……………………………270
  三、推动大病保险全覆盖 …………………………275
  四、开展非现场监管 ………………………………277
  五、中介业务监管 …………………………………279

第三节 其他监管 ………………………………………287
  一、资金运用监管 …………………………………287
  二、防范化解风险监管 ……………………………287
  三、保护消费者合法权益监管 ……………………289

第四节 法制建设 ………………………………………292
  一、规范性文件的制定和清理 ……………………292
  二、法制教育与宣传 ………………………………293

内蒙古保险历史和发展概况

第一章 内蒙古保险历史和发展概况

第一节 保险起源及发展概况

内蒙古地区的保险始于清光绪二十八年（1902年）沙俄乌苏里铁路局商务处满洲里保险代办处在呼伦贝尔盟境内部分中东铁路路段开办的火灾和道路保险业务。民国十四年（1925年），中东铁路商务事务所在海拉尔、满洲里为苏联国家保险局代办火灾保险和道路保险。随后，上海华泰、香港联保、日满合办等先后在通辽、扎兰屯、科尔沁左中后旗、开鲁、察哈尔、绥远沦陷区、包头等地增设网点，在继续开办火灾保险、道路保险的同时，又增加了水火险、船壳险、汽车险、邮政生命保险和日本简易生命保险。此外，1935年，国民政府又在内蒙古的国统区通过邮局开办了简易人身保险和邮政员工终身保险等。上述保险业务，直至日本投降和中华人民共和国成立先后停办。

1949年10月中华人民共和国成立后，中国人民保险公司在内蒙古地区先后设立了绥远省分公司和内蒙古分公司。其中，绥远省分公司设在归绥市（今呼和浩特市），内蒙古分公司设在乌兰浩特市。两家分公司在所辖各地挂靠人民银行，积极铺设网点、开办业务。1953年12月，随着绥远省和内蒙古自治区党政合并，两家分公司合署办公，并于1954年3月正式合并为内蒙古分公司。至1956年底，内蒙古分公司所辖29个分支机构，共有483人。1958年11月，根据国家决定，内蒙古地区停办了国内保险业务。

自1980年1月内蒙古保险业恢复至1995年，这一期间基本上是国有保险，即中国人民保险公司（简称中国人保）的一统天下，拓展人身和财产两大类业务。随着具体经办险种不断增加，采取自愿并辅之以国家政策规定约束开展业务。1994年末平安保险公司派驻机构在呼和浩特建立后，于1995年起也开始经办人身、财产两大保险业务。虽然对中国人民保险公司形成了一定的冲击，但平安保险公司开展业务只限于呼和浩特地区，全自治区性的竞争尚未展开。1996年7月，人保寿、财分设；同年12月，平安寿、财分设。据统计，1980—2000年内蒙古的保险机构共收取保费121.86亿元，理赔54.08亿元，综合赔付率为44.38%。

2001—2015年，随着全国和自治区的经济振兴，内蒙古的保险事业实现了快速发展，圆满完成了"十五""十一五""十二五"规划制定的各项目标任务，取得了较好的成绩，为自治区经济社会发展做出了应有的贡献。

一是，2001—2015年，保险主体由4家逐步增加至39家，旗县以下分支机构由563个逐步增加至2270个。保险兼业代理机构由737家逐步增加到3990家；保险专业代理公司从无到有，并逐步发展至70家、67个分支机构。

此外，2001年2月，中国保险监督管理委员会呼和浩特特派员办事处正式成立，并于2003年底更名为中国保险监督管理委员会内蒙古监管局；内蒙古自治区保险行业协会于2001年8月成立；内蒙古保险学会于2006年8月成立；11个盟市保险行业协会于2006年起先后成立。

二是，全自治区2015年度保险三项业绩指标：保费收入440.69亿元，是2000年的20.25倍；保险深度为2.47%，比2000年的1.41%增长了1.06个百分点；保险密度为1755.04元/人，比2000年的91.22元/人增长了19.13倍。

三是，2001—2015年，全区保险公司累计承担了全自治区45万亿元的各种保险风险，处理了各种赔款与给付案件1162万人（件），赔款与给付金额达764亿元，较好地发挥了保险应有的经济补偿和社会保障作用。

第二节　保险机构概况

一、保险概况

1949年10月中华人民共和国成立后，中国人民保险公司在内蒙古地区先后设立绥远省分公司和内蒙古分公司。1953年12月，随着绥远省和内蒙古自治区党政合并，两家分公司合署办公。1954年3月，二者正式合并为内蒙古分公司。根据国家决定，1958年11月，内蒙古地区停办了国内保险业务。

1980年1月，中国人民保险公司内蒙古分公司恢复。1994年末，平安保险公司派驻呼和浩特机构建立。1996年7月，人保寿、财分设为中国人民保险公司内蒙古分公司和中国人寿保险股份有限公司内蒙古分公司。1996年12月，平安寿、财分设为中国平安财产保险股份有限公司内蒙古分公司和中国平安人寿保险股份有限公司内蒙古分公司。

2004年7月起，新华人寿、中华联合财险等35家保险公司先后在内蒙古各级各地设立了分支机构。

截至2015年，内蒙古自治区的财产保险公司自治区级分公司有22家，下辖盟市、旗县级分支机构1065个。

表1-1　内蒙古财产保险省级分公司设立时间及下辖机构数量表

以成立先后时间排序

序号	机构全称	设立时间	下辖机构总数（个）
1	中国人民财产保险股份有限公司内蒙古分公司	1949年1月	550
2	中国平安财产保险股份有限公司内蒙古分公司	1994年1月	57
3	中华联合财产保险股份有限公司内蒙古分公司	2004年10月	143
4	中国大地财产保险股份有限公司内蒙古分公司	2005年3月	133
5	中国太平洋财产保险股份有限公司内蒙古分公司	2005年5月	77
6	安邦财产保险股份有限公司内蒙古分公司	2006年2月	41
7	安华农业保险股份有限公司内蒙古分公司	2006年6月	75
8	永诚财产保险股份有限公司内蒙古分公司	2006年9月	11
9	都邦财产保险股份有限公司内蒙古分公司	2007年4月	20
10	中银保险有限公司内蒙古分公司	2007年10月	5
11	渤海财产保险股份有限公司内蒙古分公司	2008年4月	6
12	阳光财产保险股份有限公司内蒙古分公司	2008年6月	82
13	华安财产保险股份有限公司内蒙古分公司	2008年6月	36
14	国任（信达）财产保险股份有限公司内蒙古分公司	2010年8月	7
15	中国人寿财产保险股份有限公司内蒙古分公司	2010年9月	122
16	华泰财产保险有限公司内蒙古分公司	2011年8月	3
17	紫金财产保险股份有限公司内蒙古分公司	2011年12月	30
18	泰山财产保险股份有限公司内蒙古分公司	2012年3月	3
19	英大泰和财产保险股份有限公司内蒙古分公司	2012年3月	8
20	永安财产保险股份有限公司内蒙古分公司	2012年12月	23
21	太平财产保险有限公司内蒙古分公司	2013年9月	4
22	中航安盟财产保险股份有限公司内蒙古分公司	2015年9月	—

截至2015年，内蒙古自治区的人身保险公司自治区级分公司拥有17家，下辖盟市、旗县级分支机构941个。

表1-2 内蒙古人身保险自治区级分公司设立时间及下辖机构数量表

以成立先后时间排序

序号	机构全称	设立时间	下辖机构总数(个)
1	中国人寿保险股份有限公司内蒙古自治区分公司	1949年10月	417
2	中国平安人寿保险股份有限公司内蒙古分公司	1994年12月	122
3	新华人寿保险股份有限公司内蒙古分公司	2004年7月	15
4	合众人寿保险股份有限公司内蒙古分公司	2006年8月	31
5	泰康人寿保险股份有限公司内蒙古分公司	2006年12月	99
6	平安养老保险股份有限公司内蒙古分公司	2007年5月	2
7	中国人民人寿保险股份有限公司内蒙古自治区分公司	2007年9月	63
8	中国人民健康保险股份有限公司内蒙古分公司	2008年4月	15
9	中国太平洋人寿保险股份有限公司内蒙古分公司	2008年5月	15
10	华夏人寿保险股份有限公司内蒙古分公司	2008年6月	55
11	阳光人寿保险股份有限公司内蒙古分公司	2008年8月	34
12	太平人寿保险股份有限公司内蒙古分公司	2008年8月	12
13	民生人寿保险股份有限公司内蒙古分公司	2010年8月	13
14	富德生命人寿保险股份有限公司内蒙古分公司	2010年11月	25
15	华泰人寿保险股份有限公司内蒙古分公司	2011年12月	5
16	百年人寿保险股份有限公司内蒙古分公司	2012年3月	18
17	泰康养老保险股份有限公司内蒙古分公司	2015年6月	—

二、保险社团概况

(一) 内蒙古自治区保险行业协会概况

内蒙古自治区保险行业协会(简称内蒙古保险业协会),是经内蒙古民政厅核准批复的具有法人资格的社会团体,业务主管单位为中国保险监督管理委员会内蒙古监管局,办公地址设在内蒙古自治区呼和浩特市。

1.第一届会员代表大会

2001年6月29日,内蒙古保险业协会在呼和浩特正式成立,会员单位6家,分别为中国人民保险公司内蒙古自治区分公司、中国人寿保险公司内蒙古自治区分公司、中国平安财产保险公司呼和浩特分公司、中国平安人寿保险公司呼和浩特分公司、中国人民保险公司呼和浩特分公司和中国人寿保险公司呼和浩特分公司。第一届会员代表大会审议通过协会章程,根据章程规定,协会理事由各会员单位主要负责人担任,理事长为协会法定代表人,由会员单位主要负责人轮流担任,内蒙古保险业协会秘书长由非理事长会员单位推荐。内蒙古保险业协会理事长、秘书长通过会员代表大会选举产生。内蒙古保险业协会第一届会员代表大会选举时任中国人民保险公司内蒙古自治区分公司总经理云珍担任理事会理事长,推荐选举非理事长单位的时任中国人寿保险公司内蒙古自治区分公司研究室主任贾克俭担任秘书长。内蒙古保险业协会设财产保险(含车险)专业协调委员会、人身保险专业协调委员会、保险代理人管理协调委员会。秘书处设秘书长、副秘书长各1人,工作人员4人,由会员单位选派。内设办公室(综合信息部)、业务部,内蒙古保险业协会办公地址设在呼和浩特市中国农业银行内蒙古分行办公大楼。

2.第二届会员代表大会

2003年9月2日,内蒙古保险业协会在呼和浩特召开第二届会员代表大会,会员单位6家，按照章程实施换届。会议审议通过第一届理事会工作报告、章程修改说明，选举产生协会理事、理事长、秘书长。会议选举时任中国人寿保险公司内蒙古自治区分公司总经理李有俊担任理事会理事长，推荐选举非理事长单位的时任中国人民保险公司内蒙古自治区分公司审计处处长杜云生担任秘书长。内蒙古保险业协会设财产保险（含车险）专业协调委员会、人身保险专业协调委员会、保险代理人管理协调委员会（2003年11月7日变更为中介专业协调委员会）。秘书处设秘书长、副秘书长各1人，工作人员3人，由会员单位选派。内设办公室（综合信息部）、业务部，内蒙古保险业协会办公地址设在呼和浩特市中国农业银行内蒙古分行办公大楼。

3.第三届会员代表大会

2006年1月10日，内蒙古保险业协会在呼和浩特市召开第三届会员代表大会换届会议，会员单位8家（中国人民保险公司呼和浩特分公司和中国人寿保险公司呼和浩特分公司两家呼和浩特市机构不再作为内蒙古保险业协会会员单位）。会议审议通过协会第二届理事会工作报告、章程修订草案，选举产生新一届协会理事会理事、会长、副会长、秘书长。会议选举产生时任中国平安人寿内蒙古分公司总经理邹智勇担任会长，时任原内蒙古保监局副局长刘甄、中国平安财险内蒙古分公司总经理张建威担任副会长；选举产生向社会公开招聘录用的原内蒙古银监局退休领导张玉峰担任秘书长，根据第三届会员代表大会通过的章程规定，秘书长为内蒙古保险业协会法定代表人；选举产生时任原内蒙古保监局办公室主任盛晔担任监事长。

内蒙古保险业协会设财产保险专业工作委员会、人身保险专业工作委员会、中介专业工作委员会和车辆险专业工作委员会（2006年5月17日成立）。秘书处设秘书长、副秘书长各1人，工作人员10人，除1人为会员单位选派，其余均为社会招聘人员。内设办公室、财产险工作部、人身险工作部。办公室下设综合科、财务科、信息技术科、考务中心。2006年3月，内蒙古保险业协会办公地址迁至呼和浩特市新华大街内蒙古金融大厦。2006年9月6日，内蒙古保险业协会第三届理事会第三次会议审议通过了成立内蒙古保险行业协会呼和浩特市分会的提案。2006年11月3日，原内蒙古保监局审核批复同意成立内蒙古保险行业协会呼和浩特市分会。

2006年11月24日，内蒙古保险业协会呼和浩特市分会成立，时任内蒙古保险业协会副秘书长马庆和兼任秘书长。

4.第四届会员代表大会

2008年3月31日，内蒙古保险业协会在呼和浩特市召开第四届会员代表大会换届会议，会员单位39家。会议审议通过协会第三届理事会工作报告、章程修订草案，选举产生新一届协会理事会理事29席（其中会员公司17席、专兼业代理机构11席、秘书长1席），常务理事9席。选举产生时任人保财险内蒙古分公司总经理吴建林担任会长，平安人寿内蒙古分公司副总经理（主持工作）刘中秋担任副会长；选举产生内蒙古保险业协会秘书长张玉峰担任副会长兼秘书长。

根据第四届会员代表大会通过的章程规定，秘书长为内蒙古保险业协会法定代表人；选举产生时任原内蒙古保监局办公室主任彭飞担任监事长。协会设车险、非车险、理赔、个人保险、团体保险、银行保险、中介、宣传专业工作委员会。秘书处设秘书长1人、副秘书长2人，工作人员17人，除1人为会员单位选派，其余均为社会招聘人员。内设办公室、财险部、人身险部、中介部、考务中心、宣传部。内蒙古保险业协会办公地址设在呼和浩特市新华大街内蒙古金融大厦。2009年4月24日，内蒙古保险业协会成立中介分会；同年6月12日，撤销内蒙古保险业协会中介专业工作委员会。

5.第五届会员代表大会

2010年6月3日，内蒙古保险业协会在呼和浩特市召开第五届会员代表大会换届会议，会员单位44家。会议审议通过协会第四届理事会工作报告、章程修订草案，选举产生新一届协会理事会理事33席（包括会员公司25席、专兼业代理机构7席、秘书长1席），常务理事11席。会议选举产生时任人保财险内蒙古分公司总经理吴建林担任会长，根据协会第五届会员代表大会章程规定，会长为协会法定代表人；选举产生时任中国人寿内蒙古分公司副总经理（主持工作）柳廷生、平安人寿内蒙古分公司副总经理（主持工作）廖志坚、新华人寿内蒙古分公司总经理王春利、中华联合内蒙古分公司总经理孙明、大地财险内蒙古分公司副总经理（主持工作）刘亚杰担任副会长；根据原内蒙古保监局推荐，选举产生原内蒙古保监局办公室主任助理徐志成担任副会长兼秘书长；选举产生时任中银保险内蒙古分公司副总经理（主持工作）王承军担任监事长。协会设车险、非车险、理赔、个人保险、团体保险、银行保险、宣传专业工作委员会。秘书处设秘书长、副秘书长各1人，工作人员21人，除1人为会员单位选派外，其余均为社会招聘人员。内设办公室、财险部、人身险部、中介部、考务中心、宣传部。内蒙古保险业协会办公地址设在呼和浩特市新华大街内蒙古金融大厦。2011年3月，办公地址迁至呼和浩特市金桥开发区世纪六路宇泰商务广场C座三层。2012年6月，内蒙古保险业协会呼和浩特市分会撤销。

6. 第六届会员代表大会

2012年8月21日，内蒙古保险业协会在呼和浩特市召开第六届会员代表大会换届会议，会员单位54家。会议审议通过协会第五届理事会工作报告、章程修订草案，选举产生新一届协会理事会理事43席（其中会员公司35席、专兼业代理机构7席、秘书长1席），常务理事13席。会议选举产生时任中国人寿内蒙古分公司总经理柳廷生担任会长，根据协会第六届会员代表大会章程规定，会长为协会法定代表人；选举产生时任人保财险内蒙古分公司总经理李雪松、平安财险内蒙古分公司总经理左建华、平安人寿内蒙古分公司总经理廖志坚、新华人寿内蒙古分公司总经理宋宇轩、大地财险内蒙古分公司总经理刘亚杰担任副会长；根据原内蒙古保监局推荐，选举产生时任原内蒙古保监局中介监管处处长王世凯担任副会长兼秘书长；选举产生时任中银保险内蒙古分公司总经理元伟担任监事长。内蒙古保险业协会设车险、非车险、理赔、个人保险、团体保险、银行保险、宣传、内蒙古保险合同纠纷调解委员会、教育培训、消费者事务专业工作委员会。秘书处设秘书长、副秘书长各1人，工作人员21人，除1人为会员单位选派，其余均为社会招聘人员。内设办公室、财险部、人身险部、中介部、考务中心、宣传信息部。内蒙古保险业协会办公地址设在呼和浩特市金桥开发区世纪六路宇泰商务广场C座三层。2014年1月，办公地址迁至呼和浩特市赛罕区新华东街18号国际金融大厦17层。

（二）内蒙古保险学会概况

1.第一届会员代表大会

2006年8月10日，内蒙古保险学会召开成立大会暨第一届会员代表大会，选举产生理事会理事66人，常务理事26人，会长、副会长13人，秘书长、副秘书长15人，学术委员会主任委员、副主任委员6人。大会通过了《内蒙古保险学会章程》。中国保监会内蒙古监管局局长智鹏飞做《加强保险学会建设，繁荣保险理论研究，促进我区保险事业又快又好发展》的讲话。大会选举智鹏飞为会长，张玉峰为秘书长。

2.第二届会员代表大会

2010年9月7日，召开内蒙古保险学会第二届会员代表大会。确认内蒙古保险学会单位会员42个，其中自治区级保险公司27个、盟市保险行业协会10个、银行邮政兼业代理保险机构5个；个人会员91名，其中保险公司54名、政界11名、学界17名、有关社团9名。选举产生理事会理事49名，会长、副会长、秘书长9名（同时为常务理事会常务理事），学术委员会主任委员、副主任委员、委员12名。大会通过了《内蒙古保险学会第一届理事会工作报告》《内蒙古保险学会章程》修改草案、《内蒙古保险学会团体会员会费缴纳办法》《内蒙古保险学会第二届理事会组织机构成员产生及选举办法》。大会选举时任中国保监会内蒙古监管局局长毋育生为会长，马庆和为专职副会长、秘书长。

3.第三届会员代表大会

2014年11月28日,内蒙古保险学会第三届会员代表大会暨理事会第一次会议召开。出席大会的单位会员和个人会员代表有180多人。中国保监会内蒙古监管局局长智鹏飞、内蒙古社科联副主席胡益华分别做了重要讲话。大会审议通过了内蒙古保险学会第二届理事会工作报告、财务报告、《内蒙古保险学会章程》(修改草案)、《内蒙古保险学会团体会员会费缴纳办法》《内蒙古保险学会第三届会员代表大会会员登记、组织机构及人员组成方案》。大会选举产生了内蒙古保险学会第三届理事会理事、常务理事会常务理事;选举产生了会长、常务副会长、副会长、秘书长、副秘书长;选举产生了学术委员会主任委员、副主任委员、委员。中国人保财险内蒙古分公司总经理李雪松当选为会长;马庆和当选为常务副会长;中国人寿内蒙古分公司总经理李有俊、中华联合财险内蒙古分公司总经理候根成、新华人寿内蒙古分公司总经理宋宇轩、平安财险内蒙古分公司总经理左振华、平安人寿内蒙古分公司总经理赵津、太平洋财险内蒙古分公司总经理冯首臣、内蒙古财经大学保险系主任李杰当选为副会长。马庆和当选为内蒙古保险学会第三届理事会秘书处秘书长,隋建军当选为副秘书长。马庆和当选为内蒙古保险学会第三届理事会学术委员会主任委员,中国保监会内蒙古监管局办公室副主任乌新宇、内蒙古财经大学保险系主任李杰当选为副主任委员,王戎、隋建军、杜云生、董雪松、孙树恒、赵元凤、哈斯其其格、李志成、张立当选为委员。

三、内蒙古财经大学金融学院保险系概况

(一)历史沿革、组织架构、师资队伍建设与课程设置

内蒙古财经大学金融学专业始建于1960年,1980年招收第一届金融学本科专业。1995年,金融学学科被列为内蒙古财经大学重点学科,金融学院设置

金融学、保险学、投资学和金融工程4个专业，设置了货币金融学系、保险学系、金融工程系、投资学系4个教学部。其中，保险学专业是内蒙古财经大学金融学院于2003年9月申报的经济类本科专业，于2004年3月获得批准，2004年8月开始招生。内蒙古财经大学是内蒙古自治区最早开设保险学专业本科教育的高等院校。内蒙古财经大学通过人才引进和外派学习等途径培育教师队伍。保险学专业现有专职教师11人，其中教授1人，副教授6人，讲师4人，高级职称比例为64%；具有博士研究生学位的教师6人，在读博士2人，拥有博士学位的比例达55%。专职教师分别毕业于西南财经大学、华东师范大学、中央财经大学、辽宁大学、东北财经大学、内蒙古工业大学、内蒙古师范大学等国内不同院校。保险学专业主干课程包括宏观经济学、微观经济学、金融学、会计学、统计学、财政学、国际经济学、国际金融学、公司金融学、证券投资学、保险学、企业风险管理、财产保险学、人身保险学、保险精算、再保险学、保险会计学等。2005年，金融学院保险教研室成立，李杰担任第一任保险教研室主任。2011年，保险学专业更名为保险学系。

（二）历届招生与毕业情况

内蒙古财经大学自2004年开始招收保险专业本科生，至2015年已经招收12届学生，毕业生人数738人。保险专业毕业生一次就业率达到80%以上，毕业生就业单位除了区内外保险公司，还包括国有商业银行、股份制商业银行、城市商业银行、农村商业银行等。

（三）学术交流与学术成果

学术交流方面，2007年10月，保险学系主任李杰参加浙江大学举办的第四届中国保险教育论坛；2011年，保险学系副主任哈斯其其格参加北京大学举办的社会保险论坛。学术成果方面，近5年内，保险专业团队成员获自治区政府社科奖1项；获批国家社科基金课题2项，主持或参与国家级、省部级研究课题10余项，横向研究课题2项，出版专著4部，主编金融学专业教材4本，公开发表学术论文30余篇。2012年10月，哈斯其其格博士出版的专著《中国转型期农村社会风险管理机制研究》，获内蒙古自治区第四届政府社科类二等奖。

四、中国保险监督管理委员会内蒙古监管局概况

（一）监管机构沿革

2001年2月16日，经中国保险监督管理委员会（简称中国保监会）批准，中国保险监督管理委员会呼和浩特特派员办事处（简称呼和浩特保监办）正式成立。2004年2月6日，更名为中国保险监督管理委员会内蒙古监管局（简称内蒙古保监局）。

表1-3 2001—2015年内蒙古保险业监管机构名录

保险业监管机构	成立时间	更名时间
中国保险监督管理委员会呼和浩特特派员办事处	2001年2月16日	2004年2月6日
中国保险监督管理委员会内蒙古监管局	2004年2月6日	—

表1-4 2001—2015年内蒙古保险业监管机构历任领导班子成员名录

姓名	职务及任职时间
智鹏飞	呼和浩特保监办副主任、党委副书记（主持工作）（2001.02—2002.09） 呼和浩特保监办主任、党委书记（2002.09—2004.02） 内蒙古保监局局长、党委书记（2004.02—2009.12）（2013.11—2015.06）
毋育生	内蒙古保监局局长、党委书记（2009.12—2013.11）
余利民	内蒙古保监局局长、党委书记（2015.06—）
刘 甄	呼和浩特保监办副主任、党委委员兼纪委书记（2001.02—2004.02） 内蒙古保监局副局长、党委委员兼纪委书记（2004.02—）

续表

姓名	职务及任职时间
徐德宁	内蒙古保监局副局长、党委委员（2006.07—2015.08）
盛　晔	内蒙古保监局副局长、党委委员（20415.08—）

内蒙古保监局的办公地址为呼和浩特市赛罕区（金桥开发区）金桥路17号。

（二）监管职责

内蒙古保监局作为中国保监会的派出机构，主要履行以下职责：贯彻执行国家有关法律、法规和方针、政策，研究制订辖区内保险业发展战略规划；依据中国保监会的授权，依法对辖区内保险机构、保险中介机构的经营活动进行监督管理；根据中国保监会的规章，制定辖区内保险市场监管的相关实施细则、具体办法和工作措施；依法查处辖区内保险违法、违规行为，维护保险市场秩序，依法保护被保险人利益；监测、分析辖区内保险市场运行情况，预警、防范和化解辖区内保险风险，并及时上报有关重大事项；负责辖区内保险公司分支机构、保险中介机构及其分支机构的市场准入、退出等有关事项的审批和管理工作；负责审查核准相关高级管理人员的任职资格；负责管理有关的保险条款及费率；归口管理辖区内保险行业协会、保险学会等行业社团组织；中国保监会交办的其他事项。

第三节　保险功能作用概况

一、发挥经济补偿功能

2001—2015年，保险公司累计处理各种赔款与给付案件1161.83万人（件），赔款与给付金额达764.14亿元，起到了保险应有的经济补偿和社会保障作用。

二、为经济建设融通资金

2014年开始内蒙古引入保险资金，实现重大突破。保险资金参与自治区高速公路、能源开发和基础设施等重大项目，共有10家保险公司在11个盟市为59个重大项目投融资419.08亿元。

表1-5　1980—2015年内蒙古自治区保险深度、保险密度情况表

年度	保险金额/责任限额（亿元）	保费收入		生产总值（GDP）		保险深度（%）	常住人口（万人）	保险密度（元/人）
		金额（亿元）	增幅（%）	金额（亿元）	增幅（%）			
1980	5.38	0.01	—	68.40	6.64	0.01	1876.50	0.05
1981	30.13	0.05	400.00	77.91	13.90	0.06	1902.90	0.26
1982	50.70	0.10	100.00	93.22	19.65	0.11	1941.60	0.52

续表1

年度	保险金额/责任限额（亿元）	保费收入		生产总值（GDP）		保险深度（%）	常住人口（万人）	保险密度（元/人）
		金额（亿元）	增幅（%）	金额（亿元）	增幅（%）			
1983	61.08	0.15	50.00	105.88	13.58	0.14	1969.80	0.76
1984	85.91	0.22	46.67	128.20	21.08	0.17	1993.10	1.10
1985	119.80	0.40	81.82	163.83	27.79	0.24	2015.90	1.98
1986	182.53	0.61	52.50	181.58	10.83	0.34	2040.70	2.99
1987	330.38	0.98	60.66	212.27	16.90	0.46	2066.40	4.74
1988	485.44	1.36	38.78	270.81	27.58	0.50	2093.90	6.50
1989	557.76	1.96	44.12	292.69	8.08	0.67	2122.20	9.24
1990	523.49	2.35	19.90	319.31	9.09	0.74	2162.60	10.87
1991	621.11	2.93	24.68	359.68	12.64	0.81	2183.90	13.42
1992	735.16	3.76	28.33	421.68	17.24	0.89	2206.60	17.04
1993	994.73	5.40	43.62	537.81	27.54	1.00	2232.40	24.19
1994	1130.72	7.14	32.22	695.06	29.24	1.03	2260.50	31.59
1995	1256.64	9.22	29.13	857.06	23.31	1.08	2284.40	40.36
1996	1807.29	11.43	23.97	1023.09	19.37	1.12	2306.60	49.55
1997	2197.26	14.97	30.97	1153.51	12.75	1.30	2325.70	64.37
1998	2538.29	17.96	19.97	1262.54	9.45	1.42	2344.90	76.59
1999	1637.29	19.12	6.46	1379.31	9.25	1.39	2361.90	80.95
2000	3804.70	21.76	13.81	1539.12	11.59	1.41	2372.40	91.72
2001	3169.99	24.76	12.50	1713.81	11.35	1.43	2381.40	102.80
2002	3708.80	34.20	37.79	1940.94	13.25	1.74	2384.10	141.48

续表2

年度	保险金额／责任限额（亿元）	保费收入		生产总值（GDP）		保险深度（%）	常住人口（万人）	保险密度（元／人）
		金额（亿元）	增幅（%）	金额（亿元）	增幅（%）			
2003	6482.92	42.47	25.79	2388.38	23.05	1.78	2385.80	177.84
2004	5015.16	55.23	30.12	3041.07	27.33	1.82	2392.70	230.74
2005	6654.91	62.02	10.31	3905.03	28.41	1.56	2403.10	253.42
2006	9001.53	71.63	18.18	4944.25	26.61	1.46	2415.10	298.00
2007	14189.52	97.75	36.83	6423.18	29.91	1.53	2428.80	405.48
2008	22261.01	141.38	44.51	8496.20	32.27	1.67	2444.30	582.21
2009	26318.05	182.78	20.47	9740.25	14.64	1.76	2458.20	697.42
2010	32681.80	232.69	19.24	11672.00	19.83	1.75	2472.20	826.87
2011	33277.43	231.05	13.03	14359.88	23.03	1.61	2481.70	931.02
2012	43699.32	248.87	7.71	15880.58	10.59	1.57	2489.90	999.52
2013	71531.29	286.64	15.18	16916.50	6.52	1.69	2497.60	1147.66
2014	79093.86	328.68	14.67	17770.19	5.05	1.85	2504.80	1312.20
2015	92612.88	440.69	34.08	17831.51	0.35	2.47	2511.00	1755.04
合计	528383.64	2563.18	—	148166.71	—	—	81715.60	—

三、带动社会就业

据不完全统计，2001—2005年，保险行业平均每年解决社会就业8107人，2006—2010年平均每年解决社会就业6.58万人，2011—2015年平均每年解决社会就业10.61万人。其中2015年度解决社会就业15.60万人（包括正式在编2.25万人，保险营销员及劳务派遣工等人员13.35万人）。

表 1-6　1996—2005 年各保险公司就业人员情况表

单位：人

公司名称	1996年	1997年	1998年	1999年	2000年	2001年	2002年	2003年	2004年	2005年
人保财险	3029	3095	3200	3610	3466	3368	3623	3716	4212	4636
平安产险	30	44	63	49	50	42	48	99	146	175
中华财险	—	—	—	—	—	—	—	—	140	626
大地财险	—	—	—	—	—	—	—	—	—	542
太平洋财	—	—	—	—	—	—	—	—	—	29
中国人寿	1661	1649	1649	1155	1229	1215	1146	1167	1139	1141
平安人寿	85	566	676	797	967	1410	1570	1722	2295	3615
新华人寿	—	—	—	—	—	—	—	—	443	2271
合　计	4805	5354	5588	5611	5712	6035	6387	6704	8375	13035

表 1-7　2006—2015 年各保险公司就业人员情况表

单位：人

公司名称	2006年	2007年	2008年	2009年	2010年	2011年	2012年	2013年	2014年	2015年
人保财险	5271	5827	5967	7033	8933	9788	10778	11250	11279	17526
平安产险	241	306	410	469	639	665	583	556	881	984
中华财险	905	1497	1701	2502	3806	4674	5455	6016	7463	6554
大地财险	410	2327	2358	2318	3130	3722	3620	3692	4119	5249
太平洋财	141	349	519	1044	2147	2269	2302	2351	2571	3010
安邦财险	—	—	178	303	285	369	388	282	263	286
安华农险	106	863	821	1423	2165	2714	2858	2695	2550	3751
永诚财险	15	83	172	162	178	190	317	361	434	694
都邦财险	—	163	554	1288	1194	563	481	583	644	706

续表1

公司名称	2006年	2007年	2008年	2009年	2010年	2011年	2012年	2013年	2014年	2015年
中银财险	—	42	81	128	127	197	197	213	206	193
渤海财险	—	—	132	86	101	84	105	175	90	81
阳光财险	—	—	461	344	602	1455	1358	1909	1712	2309
华安财险	—	—	18	16	20	34	68	69	126	144
国任（信达）	—	—	—	—	331	127	232	292	337	490
国寿财险	—	—	—	—	—	53	642	1300	2011	1093	5192
华泰财险	—	—	—	—	—	61	252	264	165	168
紫金财险	—	—	—	—	—	—	13	138	371	585	802
泰山财险	—	—	—	—	—	—	59	58	88	97
英大财险	—	—	—	—	—	—	36	181	328	462
永安财险	—	—	—	—	—	—	12	51	178	1002
太平财险	—	—	—	—	—	—	—	102	378	762
中国人寿	13546	18235	23152	25400	21321	21202	19765	18863	20847	25459
平安人寿	4909	7435	7820	8314	7203	7656	8088	10658	14379	20299
新华人寿	2584	5238	10555	11082	12225	10641	10027	8611	9270	12860
合众人寿	662	2698	2863	2395	2265	1780	2704	2872	3362	4101
泰康人寿	—	3660	10237	10788	7586	4352	4721	5950	7341	13943
平安养老	—	56	85	80	78	81	91	95	115	153
人保寿险	—	644	4314	6065	4450	3648	3189	3594	3714	6978
人保健康	—	—	1016	1419	1341	973	779	615	753	1057
太平洋寿	—	—	283	796	1400	1 280	979	1283	1598	2252
华夏人寿	—	—	829	1228	1061	1 204	1 086	1874	2669	5685

续表2

公司名称	2006年	2007年	2008年	2009年	2010年	2011年	2012年	2013年	2014年	2015年
阳光人寿	—	—	2070	2263	2687	1741	1678	1687	1789	2913
太平人寿	—	—	272	684	694	784	774	1004	1376	2082
民生人寿	—	—	—	—	454	739	751	535	568	592
富德生命	—	—	—	—	566	1360	2102	2729	2422	4628
华泰人寿	—	—	—	—	—	—	264	297	325	924
百年人寿	—	—	—	—	—	—	226	984	879	1492
合 计	28790	49423	76868	87630	87042	85008	87763	95133	106897	155880

四、缴纳税金和代收代缴车船税

2001—2015年，37家保险公司累计缴纳各种税金86.59亿元。2007—2015年，21家财产保险公司和3家人寿保险公司代收代缴车船税71.48亿元。此举既方便了车辆购置人，又有助于税务部门税务收。

表1-8　2001—2015年内蒙古自治区各保险公司部分绩效情况表（累计）

项目 公司	保险金额/责任限额（亿元）	保费收入（亿元）	赔款与给付件数（万件）	赔款与给付支出（亿元）	缴纳税金（亿元）	代收缴车船税（亿元）	慈善捐款（万元）	省（部）及有关部门表彰次数 集体	个人
人保财险	183558.88	461.28	470.66	228.99	27.27	24.72	625.29	218	164
平安产险	29907.07	93.85	109.83	37.46	7.03	9.64	10.10	19	4
中华财险	29051.89	133.80	104.58	64.56	9.66	8.37	175.84	83	67
大地财险	26469.79	81.84	83.62	37.02	4.93	8.00	72.18	25	2
太平洋财	25538.07	61.15	71.52	29.39	6.80	5.02	6.00	11	—
安邦财险	631.13	5.37	16.13	3.06	0.41	0.51	—	—	2
安华农险	5641.86	81.09	42.73	47.14	1.84	1.89	73.30	21	5

续表1

项目 公司	保险金额/ 责任限额 （亿元）	保费收入 （亿元）	赔款与给 付件数 （万件）	赔款与 给付支出 （亿元）	缴纳 税金 （亿元）	代收缴 车船税 （亿元）	慈善 捐款 （万元）	省（部）及 有关部门 表彰次数	
								集体	个人
永诚财险	12991.23	14.60	7.95	14.60	1.00	0.82	8.11	10	37
都邦财险	2406.98	10.29	12.82	4.23	0.68	1.27	9.15	1	1
中银财险	3970.74	11.28	9.82	4.43	0.79	0.48	6.10	16	2
渤海财险	772.20	2.65	3.42	1.36	0.21	0.37	0.14	6	2
阳光财险	11685.90	24.27	31.69	10.07	1.37	2.73	2.60	3	2
华安财险	401.72	2.66	3.97	0.79	0.57	0.38	3.59	3	—
国任(信达)	60.01	4.65	3.25	1.72	0.35	0.51	—	5	—
国寿财险	8015.31	29.13	22.58	11.42	1.96	3.94	7.74	14	49
华泰财险	655.63	1.46	0.33	0.43	0.11	0.15	—	—	—
紫金财险	705.30	2.96	1.73	0.98	0.90	0.47	—	14	7
泰山财险	188.02	0.93	0.35	0.10	0.05	0.20	—	2	5
英大泰和	3225.00	3.50	2.23	1.44	0.25	0.20	—	2	—
永安财险	276.45	0.99	0.67	0.23	0.08	0.17	—	1	—
太平财险	630.38	1.15	0.91	0.28	0.09	0.16	1.50	3	3
中国人寿	53671.56	687.71	95.59	178.42	6.28	—	225.89	144	186
平安人寿	2235.78	161.74	29.31	25.25	5.53		15.12	28	—
新华人寿	3050.43	191.95	5.37	15.77	3.80		187.56	13	3
合众人寿	6611.92	24.62	0.82	3.33	0.42		40.31	20	6
泰康人寿	3441.31	53.62	0.97	8.23	1.15		7.78	44	13
平安养老	9495.33	43.68	7.81	1.30	0.23		7.10	5	1
人保寿险	8970.11	58.59	1.70	13.64	0.37		5.50	10	23

续表2

项目\公司	保险金额/责任限额（亿元）	保费收入（亿元）	赔款与给付件数（万件）	赔款与给付支出（亿元）	缴纳税金（亿元）	代收缴车船税（亿元）	慈善捐款（万元）	省（部）及有关部门表彰次数 集体	个人
人保健康	184.66	16.24	16.91	6.66	0.18	0.00	3.36	16	24
太平洋寿	466.04	13.73	0.34	0.66	0.49	—	31.45	9	5
华夏人寿	9553.01	64.76	0.95	2.43	0.71	1.48	24.00	9	1
阳光人寿	2491.54	17.27	0.16	0.53	0.43	0.00	1.67	11	3
太平人寿	403.01	16.70	0.41	1.53	0.19	—	5.60	18	
民生人寿	45.27	6.36	0.05	0.10	0.08	—	6.87	9	9
富德生命	1085.36	48.26	0.29	0.34	0.09	—	30.00	7	2
华泰人寿	24.22	0.43	0.00	0.01	0.00	—			
百年人寿	1536.95	46.28	0.26	6.24	0.29	—	2.00	1	2
合 计	450050.06	2480.84	1161.83	764.14	86.59	71.48	1595.85	801	630

五、开展公益活动

各保险单位多次组织植树造林、无偿献血，支助孤寡老人和贫困儿童钱物、为"母亲水窖"和地震灾区捐款捐物。据不完全统计，2001—2015年累计捐助各项善款达1684.85万元；

据不完全统计，2001—2015年，自治区各保险公司及其分支机构累计荣获国家有关部门、自治区党政及有关部门、各保险总公司（含集团）、内蒙古保监局、内蒙古保险协（学）会授予的各种嘉奖801次，保险从业人员个人荣获各种嘉奖630人次。

第二章

内蒙古保险业务种类和发展状况

第一节　新中国成立前保险业务种类和发展状况

一、伪满洲国邮政生命保险和伪蒙疆简易生命保险

（一）伪满洲国邮政生命保险

1935年9月，伪满洲国制定了《邮政生命保险法》《邮政生命保险规则》《邮政生命保险办理规程》等相关规章制度。邮政生命保险由伪满洲国邮政总局及各邮政管理局管理，各邮政局具体承办。自1936年6月起，伪满洲国交通部邮政管理局筹设简易寿险调查委员会，并于1937年9月修改《邮政生命保险规则》，于9月10日公布了《邮政生命保险》。1937年10月1日，伪兴安南省（王爷庙）和伪兴安北省内各邮政局正式开办业务。1938年，伪兴安东省（扎兰屯）和伪兴安西省（开鲁）内各邮政局开始办理业务。

伪兴安南省通辽县、科尔沁左翼中旗、科尔沁左翼后旗邮政生命保险隶属"新京"（长春）邮政管理局，伪兴安西省开鲁县邮政生命保险隶属锦州伪邮政管理局。通辽地区各旗县伪邮政局普遍开展简易生命保险，开办后业务发展较快。1940年《邮政生命保险统计年报》刊载，伪兴安南省通辽县、科尔沁左翼后旗、科尔沁左翼中旗投保件数为6107件，其中中国人5454件，日本人548件，朝鲜人及其他105件；总保险金额863711元，其中中国人681684元，日本

人165269元，朝鲜及其他16758元；保费收入6604元，其中中国人5266元，日本人1217元，朝鲜人及其他120元；死亡者38件，其中中国人34件，日本内地人3件，朝鲜人及其他1件；赔付金额5865元，其中中国人5247元，日本人498元，朝鲜人及其他120元；盈余739元。

邮政生命保险对象为伪满洲国境内的民众。险种一是终身保险，直至被保险人死亡。险种二是养老保险，分15年、20年、25年、30年满期。保费月额1角起，但契约者可选其中适应自己资力的保费为佳，依其保险费额定其保险金额。交费的要求：终身保险分10年交纳15年满期、10年交纳20年满期、全期交纳20年满期3种；立业保险逐月交纳。保费按月交付，城市由邮递员收取。一次预交6个月保费可优待半个月（即交5个半月），立业保险可少交1/4个月。约定每半年交付1次者按保费9成计收，立业保险按9.5成计收。农村居民满100人推举1人负责代收，代交保费邮局付给代办费。凡机关、厂矿或其他团体，满15人可订立团体保险单，保费减5%优待。保险金给付．保险单签订1年内因普通疾病死亡退给已交保险费，因法定传染病死亡给付半数保险金额；2年以内因普通疾病死亡给付半数保险金额，因其他原因死亡者给付全数；2年以上死亡给付全部保险金额。新加入邮政生命保险的被保险人的年龄应在15岁以上60岁以下。保险契约人不指定保险金领取人时，以被保险人作为保险金领取人。

从邮政生命保险种类看，养老保险业务占主要地位。1940年《邮政生命保险统计年报》记载，通辽县、科尔沁左翼中旗、科尔沁左翼后旗伪邮政局承保养老件数7191件，占邮政生命保险总件数的78.7%；保险金额97473元，占邮政生命保险总额的72.4%；保费收入7772元，占邮政生命保险费收入的83.6%。终身保险件数1942件，占邮政生命保险总数的21.3%；保险金额37237元，占邮政生命保险金额的27.6%；保费收入1526元，占邮政生命保险费收入的16.4%。

生命保险被保险人的年龄为15岁以上60岁以下，保险金额为50~500元。机关、企业、工厂、团体等15人以上的集体统一交纳保险费，折减保险费

5%。保险业务分为终身保险和养老保险两种。终身保险分为终身交纳终身、20年交纳终身和10年交纳终身3种；养老保险分为全期间交纳20年满期、10年交纳20年满期和10年交纳15年满期3种。保险费率按年4分5厘的预定利率为基础计算，按月收取或自缴，一次交纳1年者折减1个月的保险费。保险金按投保金额和投保期及被保险人死亡时间等符合规定的具体条件者发给。

1945年日本侵略者投降后，此保险停办。

表2-1　1937—1940年伪满洲国兴安各省邮政生命保险情况表

单位：伪满洲国币元

省别	种别	1937年新契约、年末契约			1938年新契约			1938年末契约		
		件数	保险费	保险金	件数	保险费	保险金	件数	保险费	保险金
伪兴安南省	终身	41	39	9424	208	212	29543	209	201	31926
	养老	222	292	39152	2133	2068	262068	2005	19965	255299
	计	263	331	48576	2341	2280	291610	2214	2198	287156
伪兴安北省	终身	38	45	10602	266	240	38398	295	275	47422
	养老	269	352	48361	1298	1354	170925	1399	1514	192627
	计	307	397	58963	1564	1594	209323	1694	1788	240049
伪兴安东省	终身	—	—	—	1111	1108	189791	1076	1062	180502
	养老	—	—	—	434	496	67135	404	464	62852
	计	—	—	—	1545	1604	256926	1480	1526	243354
伪兴安西省	终身	—	—	—	55	49	13929	42	38	10518
	养老	—	—	—	486	576	78904	307	390	53796
	计	—	—	—	541	625	92833	349	428	64314

续表

省别	种别	1939年新契约、年末契约			1939年新契约			1940年末契约		
		件数	保险费	保险金	件数	保险费	保险金	件数	保险费	保险金
伪兴安南省	终身	426	263	52915	468	354	62750	284	363	97704
	养老	1775	1458	184534	3019	2801	356506	2336	3087	386752
	合计	2201	1721	237449	3487	3154	419256	2260	3449	444455
伪兴安北省	终身	206	238	30545	377	405	60124	195	157	23145
	养老	1744	1793	229583	2365	2575	329914	1422	2642	347950
	合计	1950	2031	260127	2742	2980	390073	1517	2798	371095
伪兴安东省	终身	223	219	45051	289	280	50755	280	225	43891
	养老	715	805	103725	1007	1144	149793	1051	955	121910
	合计	938	1024	148775	1296	1424	200548	1331	11130	165831
伪兴安西省	终身	336	192	46049	339	200	49333	851	610	162451
	养老	792	587	79132	918	818	110819	918	1067	143397
	合计	1128	779	125181	1257	1018	160515	1769	1676	305848

(二)伪蒙疆简易生命保险

察哈尔、绥远沦陷地区邮政于1939年开始办理日本国简易生命保险业务,该保险主要是为方便日本人而办理的保险,业务内容及处理规则与日本国和伪满洲国邮政生命保险基本相同。不久又开办了"满洲邮政生命保险委托业务"。同年,共受理简易生命保险1万余件,保险金额1.6万余元,支付40件,金额3000余元。

1939年8月至1940年7月,伪蒙疆地区办理生命保险业务合计收进15037件,金额78248元;支付138件,金额12148元。其中办理日本简易生命保险收进4692件,金额77260元,支付138件,金额12148元;办理"满洲邮政生命保险"收进345件，金额988元。至1941年，伪蒙疆地区已有归绥、包头市等12家邮电局办理此项业务。

二、中华邮政简易人寿保险

1935年5月10日，国民政府正式公布《简易人寿保险法》，定为邮政专营业务，由邮政储金汇业总局管理，各邮政储金汇业分局和邮局经营。12～60岁者均可投保此险，开办初期保险金额50～500元。因通货膨胀，1943年最高保险金额调至5000元，1946年调至5万元，1947年又调至500万元。办理保险者分为个人和团体两种，团体为机关、单位、工厂、学校等员工集合15人以上者办理的保险，须推举1名代表签订契约，由代表汇集缴费，保险费按9折征收。保险局受理保险时，如认为被保险人的职业过分危险或体质羸弱，有权拒绝收保。

简易人寿保险业务分为终身保险和定期保险两种。终身保险是在被保人死亡时给付保险金；定期保险分为10年期、15年期、20年期和25年期。定期保险是在契约期满或未满期而被保险人死亡后给付给保险金额。前者专为身后维持遗属生活而设，后者则兼寓积蓄养老。1947年修订的《简易人寿保险规则》中，终身保险分为10年、15年、20年付费终身保险和终身付费终生保险；定期保险分为10年期、15年期、20年期、25年期期满定期保险和60岁期满养老保险。

保险费按周率2.5厘计费，按月交纳，一次交纳6个月者享受半个月保险费折扣；一次交纳12个月者享受1个月保险费折扣。1948年1月21日，保险费改为周息5厘。1949年6月，邮政员工互助人寿保险每人交纳保险费1角。

保险金的发放规定是在到达保险期或被保险者纯系自然死亡时，按已交纳的保险费时间长短付给保险费或不同数额的保险金。1947年修订的《简易人寿保险章程》补充规定，被保险人在保险契约发生效力后，如遭遇意外或战争灾害致残，并有医生诊断或其他证明时，按不同程度核发一部分或全部保险金。

绥远及察哈尔境内各邮局自1936年起正式开办简易人寿保险。1937年抗日战争爆发后，只有绥西陕坝、五原、临河、磴口邮局办理该保险业务。抗日战争胜利后，归绥、包头等局重新恢复办理。由于法币贬值，物价飞涨，投保者不仅毫无利益，其本金亦日渐损失。1948年改行金圆券后，物价指数一度取消，对外物价指数保险停顿，揽保工作极难推进，基本处于停滞状态。

1946年7月1日起，绥远各局按北平邮政管理局要求办理邮政员工终身保险契约，至1948年3月31日废止，其积存金随员工薪金发还。归绥、包头以西邮局再度划属甘宁青邮区要求办理邮政员工互助人寿保险契约，保险费在发薪时统一扣收。

1949年9月19日绥远省和平解放后，此项业务停办。1954年10月21日，邮电部对以前邮政储金汇业局所办简易人寿保险制定了相关登记和清偿办法予以清偿。

第二节　新中国成立后保险业务种类和发展状况

一、保险业务综合发展状况

内蒙古自治区在清末、民国时期没有开办自有的保险业务，1949年新中国成立后才逐步开办了财产、人身等保险业务。在此期间，1950—1958年只有中国人民保险公司在自治区内开办了企财险等5种财产保险业务。之后，国家撤销保险公司，停办保险业务。1980年起，国家恢复中国人民保险公司并允许建立其他保险公司。至2015年，内蒙古地区已拥有22家财产、17家人寿保险公司的分支机构，其业绩逐年增长。

表2-2 1950—1958年中国人民保险内蒙古分公司保费收入、赔款支出情况表

金额单位：人民币万元

年份	各险种保费收入					保费收入合计	赔款金额合计
	企业财产	家庭财产	运输工具	货物运输	农业保险		
1950	7.20	—	—	0.74	—	7.94	—
1951	13.80	0.06	1.35	6.60	0.35	22.16	8.41
1952	32.50	2.40	6.20	13.00	9.40	148.50	27.88
1953	—	1.40	12.20	17.10	3.00	33.70	46.37
1954	—	—	18.90	23.20	6.40	48.50	9.39
1955	—	—	19.50	29.70	—	49.20	22.85
1956	—	1.00	22.20	38.60	21.20	83.00	22.51
1957	—	3.40	8.00	13.70	30.90	56.00	39.48
1958	254.90	9.00	15.50	9.20	11.90	39.95	336.90
合计	308.40	17.26	103.85	151.84	83.15	488.95	513.79

表2-3　1980—2015年内蒙古自治区保险深度、保险密度情况表

年度	保险金额/责任限额（亿元）	保费收入 金额（亿元）	保费收入 增幅（%）	生产总值（GDP）金额（亿元）	生产总值（GDP）增幅（%）	保险深度（%）	常住人口（万人）	保险密度（元/人）
1980	5.38	0.01	—	68.40	6.64	0.01	1876.50	0.05
1981	30.13	0.05	400.00	77.91	13.90	0.06	1902.90	0.26
1982	50.70	0.10	100.00	93.22	19.65	0.11	1941.60	0.52
1983	61.08	0.15	50.00	105.88	13.58	0.14	1969.80	0.76
1984	85.91	0.22	46.67	128.20	21.08	0.17	1993.10	1.10
1985	119.80	0.40	81.82	163.83	27.79	0.24	2015.90	1.98
1986	182.53	0.61	52.50	181.58	10.83	0.34	2040.70	2.99
1987	330.38	0.98	60.66	212.27	16.90	0.46	2066.40	4.74
1988	485.44	1.36	38.78	270.81	27.58	0.50	2093.90	6.50
1989	557.76	1.96	44.12	292.69	8.08	0.67	2122.20	9.24
1990	523.49	2.35	19.90	319.31	9.09	0.74	2162.60	10.87
1991	621.11	2.93	24.68	359.68	12.64	0.81	2183.90	13.42
1992	735.16	3.76	28.33	421.68	17.24	0.89	2206.60	17.04
1993	994.73	5.40	43.62	537.81	27.54	1.00	2232.40	24.19
1994	1130.72	7.14	32.22	695.06	29.24	1.03	2260.50	31.59
1995	1256.64	9.22	29.13	857.06	23.31	1.08	2284.40	40.36
1996	1807.29	11.43	23.97	1023.09	19.37	1.12	2306.60	49.55
1997	2197.26	14.97	30.97	1153.51	12.75	1.30	2325.70	64.37
1998	2538.29	17.96	19.97	1262.54	9.45	1.42	2344.90	76.59

续表

年度	保险金额/责任限额（亿元）	保费收入		生产总值（GDP）		保险深度（%）	常住人口（万人）	保险密度（元／人）
		金额（亿元）	增幅（%）	金额（亿元）	增幅（%）			
1999	1637.29	19.12	6.46	1379.31	9.25	1.39	2361.90	80.95
2000	3804.70	21.76	13.81	1539.12	11.59	1.41	2372.40	91.72
2001	3169.99	24.76	12.50	1713.81	11.35	1.43	2381.40	102.80
2002	3708.80	34.20	37.79	1940.94	13.25	1.74	2384.10	141.48
2003	6482.92	42.47	25.79	2388.38	23.05	1.78	2385.80	177.84
2004	5015.16	55.23	30.12	3041.07	27.33	1.82	2392.70	230.74
2005	6654.91	62.02	10.31	3905.03	28.41	1.56	2403.10	253.42
2006	9001.53	71.63	18.18	4944.25	26.61	1.46	2415.10	298.00
2007	14189.52	97.75	36.83	6423.18	29.91	1.53	2428.80	405.48
2008	22261.01	141.38	44.51	8496.20	32.27	1.67	2444.30	582.21
2009	26318.05	182.78	20.47	9740.25	14.64	1.76	2458.20	697.42
2010	32681.80	232.69	19.24	11672.00	19.83	1.75	2472.20	826.87
2011	33277.43	231.05	13.03	14359.88	23.03	1.61	2481.70	931.02
2012	43699.32	248.87	7.71	15880.58	10.59	1.57	2489.90	999.52
2013	71531.29	286.64	15.18	16916.50	6.52	1.69	2497.60	1147.66
2014	79093.86	328.68	14.67	17770.19	5.05	1.85	2504.80	1312.20
2015	92612.88	440.69	34.08	17831.51	0.35	2.47	2511.00	1755.04
合计	528383.64	2563.18	—	148166.71	—	—	81715.60	—

二、财产保险业务种类和发展状况

表2-4 1980—2015年内蒙古财产保险分业务种类保费收入情况表

年份	保费收入						
	合计	企业财产保险	家庭财产保险	机动车辆保险	责任保险	工程保险	货物运输保险
1980	0.64	0.64	—	—	—	—	—
1981	5.00	4.53	—	0.42	—	—	—
1982	10.18	7.52	0.02	2.30	—	—	0.02
1983	14.53	8.66	0.05	5.35	—	—	0.06
1984	21.68	11.38	0.11	9.26	—	—	0.25
1985	36.94	14.20	0.37	19.71	—	—	0.80
1986	49.95	18.67	0.65	25.03	—	—	1.77
1987	72.24	30.20	1.73	29.47	—	—	4.68
1988	97.04	37.78	2.62	39.47	—	—	9.91
1989	139.77	46.93	4.76	64.17	—	—	15.34
1990	163.77	54.29	5.69	73.29	—	—	19.12
1991	186.29	63.25	6.33	85.28	—	—	16.05
1992	252.98	80.84	13.28	120.21	—	—	17.22
1993	380.98	107.94	14.19	185.41	0.34	—	26.90
1994	462.92	136.93	14.55	236.82	0.59	0.15	30.61
1995	587.56	175.05	14.70	315.68	0.55	0.10	37.21
1996	719.46	207.96	17.76	409.07	2.47	0.51	35.34

金额单位：人民币百万元

保费收入								
船舶保险	信用保险	保证保险	特殊风险保险	农业保险	短期健康保险	意外伤害保险	其他	保户储金及投资金
—	—	—	—	—	—	—	—	—
—	—	—	—	—	—	—	0.05	—
—	—	—	—	—	—	—	0.32	—
—	—	—	—	—	—	—	0.41	—
—	—	—	—	—	—	—	0.68	—
—	—	—	—	0.32	—	—	1.54	—
—	—	—	—	1.38	—	—	2.45	—
—	—	—	—	1.49	—	—	4.67	—
—	—	—	—	1.36	—	—	5.90	—
—	—	—	—	1.57	—	—	7.00	—
—	—	—	—	1.95	—	—	9.43	0.09
—	—	—	—	2.92	—	—	12.46	—
—	—	—	—	4.30	—	—	17.13	—
—	—	—	—	9.50	—	—	36.70	—
—	—	—	—	5.00	—	—	38.27	—
—	—	—	—	3.03	—	—	41.24	—
—	—	—	—	4.34	—	—	42.01	—

续表

年份	保费收入						
	合计	企业财产保险	家庭财产保险	机动车辆保险	责任保险	工程保险	货物运输保险
1997	828.56	262.50	21.32	461.00	5.94	0.45	50.92
1998	864.46	284.66	21.32	479.57	12.19	1.23	38.03
1999	792.24	229.15	17.59	461.48	21.62	6.62	37.00
2000	836.84	241.71	16.24	492.66	25.45	4.15	36.17
2001	895.73	253.43	27.65	534.42	34.67	2.65	40.62
2002	997.26	234.26	36.57	627.18	40.65	13.31	41.37
2003	1 101.57	188.83	61.12	712.45	33.62	19.28	31.22
2004	1 401.82	192.31	41.21	1 006.78	23.13	40.15	33.94
2005	1 933.44	217.88	35.66	1 482.50	38.70	28.57	40.60
2006	2 267.34	220.55	32.53	1 780.05	55.67	20.31	34.65
2007	3 895.14	284.73	45.68	2 753.21	84.08	43.15	40.05
2008	5 551.93	387.45	60.97	3 606.92	106.36	52.65	40.16
2009	6 961.20	410.41	82.39	4 554.39	130.92	96.04	44.52
2010	9 865.90	525.39	140.93	7 145.96	164.52	86.56	59.34
2011	11 989.95	668.94	163.87	8 651.57	211.38	153.77	77.74
2012	12 371.76	766.05	101.07	8 724.82	238.30	92.70	76.42
2013	13 542.40	790.35	75.82	8 785.53	295.62	91.99	64.71
2014	14 449.78	798.70	75.51	9 132.96	325.78	136.45	65.61
2015	16 514.08	723.27	68.00	9 881.40	367.46	196.89	57.73

金额单位：人民币百万元

				保费收入				
船舶保险	信用保险	保证保险	特殊风险保险	农业保险	短期健康保险	意外伤害保险	其他	保户储金及投资金
—	—	0.44	—	8.24	—	—	17.75	—
—	—	1.91	—	8.34	—	—	17.21	—
—	—	1.33	—	1.96	—	—	15.49	—
—	—	3.46	—	1.10	—	—	15.90	—
—	—	—	—	0.26	—	—	2.03	—
—	—	0.01	—	0.35	—	—	3.56	—
—	—	14.53	0.04	0.48	0.15	36.05	3.80	—
—	—	3.95	—	—	0.53	58.32	1.50	—
—	—	3.05	0.06	0.08	1.93	82.97	1.44	—
—	—	3.79	—	2.66	3.36	112.69	1.08	—
—	0.08	4.18	2.44	432.93	7.69	153.55	43.37	—
—	—	4.56	4.45	1 092.86	28.50	167.01	0.04	—
—	—	5.75	1.26	1 407.21	55.07	173.19	0.05	—
—	—	10.10	−0.26	1 488.67	73.91	170.70	0.08	—
—	—	26.09	0.91	1 720.14	81.04	231.95	2.55	—
—	—	56.59	2.05	1 920.61	107.76	282.80	2.59	—
—	9.24	57.70	7.36	2 784.19	238.38	331.06	10.45	—
—	96.26	165.33	7.74	3 002.08	296.92	327.67	18.77	—
—	155.05	255.05	6.21	4 066.67	398.60	318.78	18.97	—

表2-5 1980—2015年内蒙古财产保险分业务种类保险金额情况表

年份	保险金额						
	合计	企业财产保险	家庭财产保险	机动车辆保险	责任保险	工程保险	货物运输保险
1980	5.38	5.38	—	—	—	—	—
1981	30.13	29.27	—	0.27	—	—	—
1982	50.70	47.90	0.10	1.47	—	—	0.40
1983	61.08	55.05	0.25	3.41	—	—	1.20
1984	85.67	71.70	0.55	5.90	—	—	5.06
1985	117.28	83.95	1.15	12.56	—	—	15.94
1986	173.25	109.00	2.17	15.95	—	—	35.44
1987	308.02	171.00	5.77	18.77	—	—	93.62
1988	451.27	196.00	8.73	25.14	—	—	198.26
1989	508.55	272.00	14.87	40.88	—	—	153.40
1990	461.85	263.90	18.97	46.69	—	—	95.60
1991	528.26	334.00	21.10	56.83	—	—	67.17
1992	628.15	356.32	44.27	74.48	—	—	85.06
1993	856.09	470.63	47.30	117.73	0.76	—	59.73
1994	912.22	513.72	48.50	136.86	1.33	0.63	57.89
1995	964.30	550.79	49.00	137.61	1.24	0.42	90.43
1996	1 198.87	707.20	59.09	163.66	5.55	2.00	117.73
1997	1 310.58	819.47	70.93	215.24	13.22	1.34	116.06

第二章　内蒙古保险业务种类和发展状况　41

金额单位：人民币百万元

保险金额							
船舶保险	信用保险	保证保险	特殊风险保险	农业保险	短期健康保险	意外伤害保险	其他
—	—	—	—	—	—	—	—
—	—	—	—	—	—	—	0.59
—	—	—	—	—	—	—	0.83
—	—	—	—	—	—	—	1.17
—	—	—	—	—	—	—	2.46
—	—	—	—	0.42	—	—	3.26
—	—	—	—	1.83	—	—	8.86
—	—	—	—	1.97	—	—	16.89
—	—	—	—	1.80	—	—	21.34
—	—	—	—	2.08	—	—	25.32
—	—	—	—	2.58	—	—	34.11
—	—	—	—	3.87	—	—	45.29
—	—	—	—	5.70	—	—	62.32
—	—	—	—	12.59	—	—	147.35
—	—	—	—	6.62	—	—	146.67
—	—	—	—	4.01	—	—	130.80
—	—	—	—	5.75	—	—	137.89
—	—	1.16	—	10.92	—	—	62.24

续表

年份	保险金额						
	合计	企业财产保险	家庭财产保险	机动车辆保险	责任保险	工程保险	货物运输保险
1998	1 454.75	893.43	70.90	298.76	24.67	4.06	75.38
1999	1 402.33	887.86	58.27	230.18	46.43	9.93	103.31
2000	2 840.58	898.38	53.50	205.01	57.28	16.09	124.25
2001	1 213.10	872.65	102.09	222.14	77.95	11.10	136.44
2002	1 342.18	914.67	175.18	257.66	84.98	33.85	108.14
2003	2 434.25	907.79	244.57	329.98	166.11	101.98	111.28
2004	2 710.25	1 126.23	161.69	542.07	120.41	172.47	130.27
2005	4 032.79	1 635.38	115.19	853.57	307.28	129.98	198.11
2006	5 207.17	1 836.49	122.55	1 115.29	601.15	122.75	160.21
2007	9 112.56	2 478.04	194.93	1 776.93	2 999.50	233.80	212.25
2008	15 144.87	3 825.37	286.93	3 118.54	5 891.12	398.48	238.35
2009	16 515.36	4 542.08	501.56	4 366.63	4 669.44	600.55	287.58
2010	19 284.26	6 776.27	694.43	5 923.65	3 309.21	531.61	295.61
2011	18 308.28	8 577.18	499.56	5 398.56	744.09	633.50	384.44
2012	23 238.35	9 867.43	512.53	6 420.61	1 115.81	550.36	456.32
2013	54 175.91	12 168.43	568.09	10 275.28	5 373.81	663.83	537.45
2014	56 698.02	12 767.46	650.36	12 156.60	5 719.09	864.88	619.12
2015	67 116.88	14 518.09	800.34	14 865.53	6 425.50	1 039.69	724.16

金额单位：人民币百万元

船舶保险	信用保险	保证保险	特殊风险保险	农业保险	短期健康保险	意外伤害保险	其他
—	—	6.48	—	11.05	—	—	70.02
—	—	3.54	—	2.06	—	—	60.75
—	—	9.20	—	1.58	—	—	63.92
—	—	—	—	0.08	—	—	7.61
—	—	—	—	0.01	—	—	18.72
—	—	38.68	—	0.18	0.04	519.82	13.82
—	—	6.41	—	—	0.16	444.19	6.41
—	—	8.95	—	0.64	0.08	777.45	6.16
—	—	10.44	1.17	8.15	20.66	1 203.67	4.64
—	0.06	12.78	0.09	48.79	61.09	1 069.92	24.38
—	—	14.44	1.87	121.95	58.27	1 139.68	49.87
—	—	30.66	4.15	164.24	485.51	793.99	68.97
—	—	68.30	0.90	195.12	670.32	776.20	42.64
—	—	181.42	2.64	228.92	831.45	858.50	-31.98
—	—	193.10	3.14	263.37	2 622.95	1 206.43	26.30
—	10.01	141.59	16.17	1 892.25	21 547.79	898.00	83.21
—	78.49	249.00	27.58	1 940.08	20 196.58	1 413.89	14.89
—	91.30	251.88	150.28	3 062.13	22 966.93	2 239.07	-18.02

表2-6 1980—2015年内蒙古财产保险赔付支出情况表

年份	赔付支出情况						
	赔案合计（万件）	赔付金额合计	企业财产保险	家庭财产保险	机动车辆保险	责任保险	工程保险
1980	—	—	—	—	—	—	—
1981	0.01	0.35	0.30	—	0.03	—	—
1982	0.07	0.65	0.17	—	0.45	—	—
1983	0.20	5.41	3.27	0.01	2.13	—	—
1984	0.41	8.88	4.27	0.02	4.58	—	—
1985	0.91	17.38	5.84	0.06	11.14	—	—
1986	1.28	25.94	7.99	0.10	15.91	—	—
1987	1.53	32.17	6.66	0.27	21.31	—	—
1988	1.71	70.15	32.51	0.41	25.92	—	—
1989	1.72	45.37	10.54	0.75	29.24	—	—
1990	1.65	54.30	16.62	0.90	32.20	—	—
1991	17.57	71.45	21.75	1.00	39.82	—	—
1992	19.51	108.78	27.77	2.10	65.21	—	—
1993	24.17	156.47	37.90	2.25	91.03	—	—
1994	41.21	278.60	84.73	2.30	162.81	0.12	—
1995	4.41	344.33	103.85	2.33	202.97	0.57	—
1996	4.39	541.21	298.91	2.80	211.41	0.37	0.10

金额单位：人民币百万元

赔付支出情况									
货物运输保险	船舶保险	信用保险	保证保险	特殊风险保险	农业保险	短期健康保险	意外伤害保险	其他	未决赔款准备金
—	—	—	—	—	—	—	—	—	—
—	—	—	—	—	0.01	—	—	0.01	—
0.01	—	—	—	—	0.01	—	—	0.01	—
—	—	—	—	—	—	—	—	—	—
0.01	—	—	—	—	—	—	—	—	—
—	—	—	—	—	0.17	—	—	0.17	—
0.10	—	—	—	—	1.44	—	—	0.40	—
0.28	—	—	—	—	3.20	—	—	0.45	—
0.80	—	—	—	—	2.14	—	—	8.37	—
2.06	—	—	—	—	2.33	—	—	0.45	—
2.13	—	—	—	—	2.45	—	—	—	—
3.30	—	—	—	—	3.27	—	—	2.31	—
3.95	—	—	—	—	4.83	—	—	4.92	—
5.52	—	—	—	—	9.68	—	—	10.09	—
6.99	—	—	—	—	9.21	—	—	12.44	—
13.02	—	—	—	—	4.21	—	—	17.38	—
8.83	—	—	—	—	3.41	—	—	15.38	—

续表

年份	赔付支出情况						
	赔案合计（万件）	赔付金额合计	企业财产保险	家庭财产保险	机动车辆保险	责任保险	工程保险
1997	4.45	384.58	124.28	7.24	225.83	1.43	0.05
1998	5.05	538.80	253.79	18.49	233.41	3.12	0.02
1999	5.24	396.74	120.04	8.56	232.13	8.07	1.23
2000	4.82	397.35	133.60	4.52	227.07	12.05	2.97
2001	4.84	393.36	123.82	4.89	239.07	14.51	2.46
2002	5.74	466.87	159.75	6.10	263.94	21.82	4.42
2003	7.42	534.36	163.65	6.04	320.25	20.82	6.98
2004	28.44	651.17	111.94	4.27	484.17	17.51	7.70
2005	42.86	777.39	72.80	4.44	641.33	13.16	6.16
2006	39.23	1 048.62	92.52	5.10	859.01	20.42	5.90
2007	46.53	1 961.64	117.48	5.69	1 354.52	33.05	12.68
2008	69.80	2 684.01	139.17	9.67	1 800.40	44.43	12.03
2009	92.92	3 462.32	108.78	10.50	2 199.78	49.84	24.10
2010	91.79	4 191.80	133.95	10.90	2 876.10	61.22	20.65
2011	87.11	5 052.19	145.45	11.08	3 670.50	67.76	50.12
2012	101.11	5 937.42	167.73	12.31	4 408.04	90.59	45.65
2013	115.17	6 640.08	189.51	11.34	4 534.69	121.95	58.62
2014	121.93	6 767.79	123.24	17.13	4 425.63	116.63	41.96
2015	137.72	7 575.10	110.57	17.14	4 917.61	143.09	63.37

金额单位：人民币百万元

赔付支出情况									
货物运输保险	船舶保险	信用保险	保证保险	特殊风险保险	农业保险	短期健康保险	意外伤害保险	其他	未决赔款准备金
13.10	—	—	0.30	—	8.10	—	—	4.25	—
10.29	—	—	0.76	—	10.18	—	—	8.74	—
10.13	—	—	1.96	—	4.11	—	—	10.51	—
9.95	—	—	0.14	—	0.32	—	—	6.73	—
7.41	—	—	—	—	0.37	—	—	0.83	—
8.96	—	—	—	—	0.62	—	—	1.26	—
13.36	—	—	—	—	0.05	0.01	1.73	1.47	—
8.45	—	—	1.81	—	—	0.07	14.51	0.74	—
9.15	—	—	2.06	—	—	0.19	25.34	2.76	—
10.63	—	—	0.38	—	0.33	0.19	51.89	2.25	—
12.94	—	—	3.97	6.58	334.35	5.95	72.83	1.60	—
14.72	—	—	0.81	0.02	570.57	21.36	68.16	2.67	—
15.76	—	—	1.46	3.19	942.47	34.82	69.32	2.30	—
19.19	—	—	3.90	—	967.52	34.22	59.16	4.99	—
13.59	—	—	1.50	0.01	993.56	37.78	57.97	2.87	—
20.55	—	—	1.68	—	1 067.78	45.69	71.74	5.66	—
10.20	—	7.10	6.41	0.03	1 481.28	119.37	92.35	7.23	—
14.71	—	77.32	4.42	0.04	1 447.49	390.95	101.93	6.34	—
18.04	—	152.33	61.66	12.57	1 658.85	298.11	112.74	9.02	—

（一）企业财产保险

1. 企业财产保险发展的三大标志性数据

表2-7 内蒙古企业财产保险保额（责任限额）、保费、赔付情况表

金额单位：人民币亿元、百万元

年份	保额（责任限额）	保费收入	赔付支出	年份	保额（责任限额）	保费收入	赔付支出
1980	5.38	0.64	—	1998	893.43	284.66	254.51
1981	29.27	4.53	0.30	1999	887.86	229.15	120.51
1982	47.90	7.52	0.17	2000	898.38	241.71	134.03
1983	55.05	8.66	3.27	2001	872.65	253.43	124.06
1984	71.70	11.38	4.27	2002	914.67	234.26	159.82
1985	83.95	14.20	5.84	2003	907.79	188.83	163.71
1986	109.00	18.67	7.99	2004	1126.23	192.31	112.02
1987	171.90	30.20	6.66	2005	1635.38	217.88	75.02
1988	196.00	37.78	32.51	2006	1836.49	220.55	101.87
1989	272.00	46.93	10.54	2007	2478.04	284.73	153.01
1990	263.90	54.29	16.62	2008	3825.37	387.45	181.37
1991	334.00	63.25	21.75	2009	4542.08	410.41	163.41
1992	356.32	80.84	27.77	2010	6776.27	525.39	200.73
1993	470.63	107.94	37.90	2011	8577.18	668.94	239.34
1994	513.72	136.93	84.73	2012	9867.43	766.05	282.59
1995	550.79	175.05	103.85	2013	12168.43	790.35	356.21
1996	707.20	207.96	298.91	2014	12767.46	798.70	273.78
1997	819.47	262.50	124.28	2015	14518.09	723.27	277.08

2.1980—2000年企业财产保险发展状况

中国人民保险内蒙古分公司于1980年恢复重建之后,开展了企业财产保险业务。1982年6月5日,中国人保内蒙古分公司统一执行总公司修订的企业财产保险新条款。新条款规定,凡是为被保险人(即投保单位)所有且由被保险人负责的财产,都可以作为保险财产。但金银珠宝、牲畜禽类、堤坝、桥梁、矿井、地下建筑物等需经特别约定后列入保险财产;土地、矿藏、森林、水产资源、未收割的农作物、货币、票证、违章建筑、非法占用的财产、运输过程中的物资等不在保险财产范围之内。1983年,国务院颁发《财产保险合同条例》。从此,部分财产投保改为大部或全部财产投保,并开办了企业财产附加盗窃险业务,实行无偿赔优待办法。1988年,开办企业财产附加营业中断利润损失险、橱窗玻璃意外险、锅炉压力容器综合险、机器设备损坏保险等附加险和建筑安装工程保险等新险种。1993年开办的新险种有厂内用起重运输机械保险、计算机保险、移动电话及传呼机保险和现金综合保险。

1994年11月21日,中国人保内蒙古分公司与人保总公司营业二部分保了东方红三号通信卫星保险,这是内蒙古保险史上首次承办卫星保险。由于承保的卫星发射失败,中国人保内蒙古分公司承担400万元损失。同年,中国人保内蒙古分公司开办企业财产综合保险业务。

1996年以后,在做好巩固续保工作的基础上,中国人保内蒙古分公司主要抓新险开发和业务管理。开办了市场经营业务综合保险、普通特快专递邮件保险、转账支票盗抢丢失损失保险、公用电话亭保险、涉外非水险业务等7个险种。

3.2001—2015年企业财产保险发展状况

各公司开办的主要险种包括财产基本保险、财产综合保险、财产保险附加险、财产综合保险、财产综合险附加(扩展)保险、财产一切保险、现金保险、现金保险附加雇员忠诚保险、机器损坏保险、计算机保险等。

2001年，人保财险和平安财险公司为适应激烈的市场竞争形势，防止黄金客户保费流失，分别加大了对重点企业承保和续保业务的力度，建立并在全区推行重点保险企业（项目）经营责任制；成立了由一把手牵头负责的重点企业（项目）保险业务领导小组，按重点企业（项目）保险业务规模划分责任，确定责任人，指定专人为客户经理。通过设立企业保险档案，建立走访联系制度，为企业提供专项服务，从组织、政策、资金、技术、人员为重点企业（项目）保险业务工作提供了强有力的保障，保证全区大企业和重点项目承保、续保工作的顺利进行。

2002年，随着客户保险意识的不断增强和保险市场竞争形势的日益加剧，自治区的一些重点企业、黄金客户纷纷采取询报价、招投标等方式投保企财险，使展业难度进一步加大。面对这种情况，全区各财险公司及其所属机构迎难而上，根据招标企业的投保条件，认真制作标书，积极参与竞标活动，最终赢得了客户，巩固了业务发展。其中，人保内蒙古分公司协助鄂尔多斯分公司积极争取总公司和自治区人民政府的支持，完成了国华电力公司财产险的竞标承保工作；人保呼和浩特市分公司通过竞标，承保了伊利公司、蒙牛公司和正大集团企业的财产险业务。

2003年，企财险业务由于部分行业和企业境外、境内其他公司统保，一批重点企业脱保或不保，黄金客户降费幅度大，协议退费企业数量递增，部分公司放弃不良业务等，使得企财险保费下滑，计划完成程度低，负增长幅度大。

2004年，人保财险和平安财险两家分公司及其所属机构重点加强大型商业风险保险工作，巩固集中性业务市场主导地位。对分期交费业务从严控制，规定应收保费首付款占总保费收入比例的最低标准，并在签单时明确所分期限及每期付费金额，切实提高签单实收率；建立客户信用档案，对信誉差的客户严禁分期交费；建立应收保费预警机制，随时收集欠费客户的有关信息，适时对应收保费进行监控；实行展业人员应收保费催收终身责任制，将应收保费情况与盟市分公司领导和业务人员的业绩考核挂钩，督促各级公司切实加强应收保费管理。

2005年，各家财险公司做了大量的保险跟踪展业和公关工作，在大项目和重点项目承保上有了新的突破。各地还积极实施"走出去"战略，通过加强与保险中介组织的业务联系，积极参与项目共保等，使外埠业务也有了突破性进展。人保财险乌兰察布分公司对岱海电厂、丰镇电厂三期工程、乌兰水泥厂扩建工程、中旗风电厂进行了长期跟踪、公关、展业工作，相继与之签订相关业务大额保单。其中，仅岱海电厂一号机组财产险保单就收取保费260多万元；包头分公司相继承保了"中卫1号""亚泰6号""鑫诺1号"卫星保险的部分份额和河北尚义风力发电厂安装工程保险业务，共计收入保费360万元；赤峰分公司独家承保了北京大唐电力集团总部办公大楼企财险业务，收取保费60余万元；呼和浩特分公司承保了法国在内蒙古投资项目的一揽子保险，参与了北京地铁10号线的项目共保。鄂尔多斯分公司对神华煤直接液化项目开展了长期的保险展业跟踪服务工作，双方先后联合召开了保险工作会议和年度保险工作总结会议，对煤液化项目建设工程承包商进行保险实务及安全防灾知识培训，会同客户赴湖北学习考察三峡水利枢纽建设工程风险防范和保险服务工作；通过竞标，承保了神华煤直接液化项目货物运输保险业务，还与神华集团建立了神华煤制烯烃项目的保险合作关系，并申请了业务保护。此外，人保财险公司在满洲里举办了主题为"合作、发展、共赢"的保险经纪论坛，来自江泰、中铁、中盛、金永泰保险经纪有限公司的高级管理人员和人保财险总公司、内蒙古分公司主要领导等30人参加论坛，为实现新形势下人保财险公司和保险经纪公司密切合作以及公司业务的健康发展创造了有利条件。

中华财险、大地财险、太平洋财险等公司在经营管理经验不足和业务存量原始积累较少的不利情况下，大胆探索，破解难题，勇往直前。

2006年，中华财险内蒙古分公司紧紧围绕"做大非车险业务、效益险种上规模"的经营思路,采取"鼓励、控制与限制相结合"的模式,实现快速增长与结构调整,制定考核方案,确定发展目标和奖惩办法,企财险业务呈现快速发展、全面提速的良好势头,各项工作也取得了较好的成绩。2006年初,自治区分公司下发《内蒙古分公司大项目展业管理办法(暂行)》,明确了对重大项目公关展业的组织架构、程序和管理,于年内成功参与内蒙古电网招标、国华集团3个电厂财产保险招标、鄂绒集团财产险项目招标、包头东华热电有限公司财产保险项目等的招标活动并成功中标,独家承保了包头鹿王集团、神华能源鄂尔多斯地区下属企业、内蒙古北方重汽、内蒙古稀奥科贮氢合金有限公司等企业的财产保险项目。

人保财险等公司在开展对企财险高端客户的跟踪展业和参与重大工程建设项目保险的投标竞标等活动中,巩固了公司在内蒙古财产险市场上大型商业风险保险业务的主导地位。同时,开发了集财产险、雇主责任险、公众责任险于一身的个体私营企业财产综合保险产品,并明确了任务目标,制定了推广方案,开展了较大规模的推广促销活动。

2007年,中华财险内蒙古分公司在全区系统各机构继续加大非车险发展力度,全力做好政府招标、大项目攻关、统括业务等项目攻关,并取得新进展。其中,鄂尔多斯公司成功拿下央企神华集团共保项目,锡林郭勒盟公司顺利承办锡林郭勒盟神华项目业务。

人保财险内蒙古分公司从全区系统选拔业务骨干,组建电力、铁路、煤炭等7个专业性大项目营销团队,提高了展业技术含量和营销实力;贯彻大项目承保经营责任制和大客户流失责任追究制,取得了神华包头煤制烯烃、省道203线一级公路等项目的独家承保或主承保权。

其他财险公司在开展对企财险高端客户的跟踪展业和参与重大工程建设项目保险的投标竞标等活动中,明确了任务目标,制定了推广方案,开展了较大规模的推广促销活动。

2008年，人保财险内蒙古分公司建立大客户档案，通过定期拜访、座谈和考察学习等手段做好总、分公司统括保单客户的联系沟通和培训服务，主要包括总公司项下21个重点客户，如内蒙古区域内的中国石油天然气集团公司、中国石油化工集团公司、建设银行、中国电力投资集团、香格里拉酒店、正大集团等；内蒙古分公司项下的内蒙古电力集团公司、高等级公路公司、内蒙古能源发电公司、内蒙古大唐煤化工、岱海发电公司等；同时积极拓展大客户所属领域，将拓展空间向省外延伸；与经纪公司密切联系，建立畅通的信息沟通渠道。

中华财险内蒙古分公司在大项目和重点项目承保上实现了新突破。一是大型商业风险业务初具规模，实现签单保费1763万元，对财产险保费贡献度为32.76%。二是包头公司深挖续保潜力，成功续保包钢集团、稀土高科、稀奥科、鹿王等大型企业财产险业务，共收取保费509万元，其中续保新增256万元。三是抢抓市场机遇，开辟财产险市场新领域。

2009年是各财险公司全面实施集中管理的一年。各公司坚持以科学发展观为统领，克服困难，因地制宜地挖掘财产险业务新的增长点，相继出台了《2009年度大型商业保险新增业务基金管理办法》等管理措施，进一步提高和扩大基金提取比例及范围，充分调动了各机构非车险发展积极性，增强了分公司后台技术支持力度，上下联动，强力攻关，实现了规模和效益新跨越。其中，中华财险锡林郭勒盟公司抓住地方能源产业大发展机遇，攻关风电、煤化工等保险项目，以首席承保人身份中标国华公司锡林郭勒盟风电项目，获得40%的项目保险份额；乌海公司借企业完善风险保障体系的机遇，拿下神华集团乌海矿区雇主责任险业务65万元；包头公司积极挖掘客户资源，包钢集团统保业务签单保费703万元，同比增长136.47%，较上年同期新增保费406万元。巴彦淖尔公司持续追踪目标客户，采取有效措施，承保巴运公司承运人责任险业务79万元。

人保财险分公司大型商业风险保险项目不断取得新成果。比如，内蒙古电力集团顺利续保的同时，份额同比增加5%，费率同比上升20%，增收保费收入500万元；中电投的保险业务由总公司统一投标，在早准备、早动手的前提下，续保成功，在全国所占份额最高，获得了总公司对公司服务与公关工作的认可；川气东送项目、锡乌铁路项目、大唐风力发电项目等，公司均获得了全部或部分份额。

2010年，各财险公司巩固企财险传统优势，紧盯企业投资动态，紧紧围绕各自总、分公司发展战略，坚持效益为先的经营理念，不断提升发展能力和管控能力，实行差异化承保政策和费用政策，明确激励导向，强化集中管理，积极做好公关工作，培养潜在客户资源是当年的工作重点，加大财产险发展贡献、利润贡献、竞回业务成效专项奖励力度，多维度发展基层展业活力，继续保持了业务较快发展的势头。

2011年，各财险公司的企财险盯住市场开发适销对路的保险产品。鼓励盟市公司盯住市场做业务，而不是盯住计划任务。注重市场调研，密切关注其他竞争主体的动态，在有效市场分析的基础上，开发出适应市场需求的产品。人保财险自主开发的《人保财险内蒙古分公司建筑施工机具保险条款》收取保费1400万元，取得良好效果。同时，在有效服务的基础上，通过公关展业，包头神华煤化工份额由55%提高至65%，份额提高带来增收保费140万元；赤峰至承德高速公路保费接近700万元；呼包高速的扩建保费430万元；包头钢铁集团新增财产险保费600万元。内蒙古分公司对于每一类重点客户进行重点跟踪，在做好技术支持的前提下，分公司带头与重点客户沟通谈判，保证了大型项目的独家或主承保。

2011年是平安财险内蒙古分公司深化结构改革的重要年头。根据总公司的战略决策，平安财险内蒙古分公司开始完善四级机构、综拓渠道合理配置的工作，同时完成了两级公司内部的组织架构改革和班子与员工队伍的业务能力提升工作，制定了一系列规章制度，为工作顺利开展奠定了坚实的基础。平安财险内蒙古分公司坚持效益第一的理念，坚持不断提升发展能力、盈利能力和管控能力的发展思路。差异化的承保政策、费用政策得到了各盟市公司的贯彻和落实，各项激励措施导向明确、考核到位，加快了业务发展，强化了集中管理，财产保险业务保持平稳健康的发展态势。

中华财险内蒙古分公司于2011年积极推行"强基础、促转型"的发展措施，加快产品及渠道的创新改造，加大分散型效益险种的发展力度，注重区域性产品的推广及应用，企财险实现保费收入3954万元，保费贡献度为35.69%。年内，公司还顺利承办了包头钢铁集团、内蒙古鹿王羊绒有限公司财产一切险和机损险项目，神华北电胜利能源有限公司机损险和财产险一切险业务，神华宁夏煤业集团机损险和财产一切险业务。

2012年，人保财险内蒙古分公司制定了《财产险商业计划书》，结合渠道来源、市场竞争和险种特点，有针对性地制定销售策略，重新梳理区内"十二五"期间的重点投资项目，积极开拓新兴市场，利用自治区煤炭循环产业多元化发展契机，承保了神华煤液化、神华煤制烯烃、煤制甲醇等新兴产业项目；制定了《财产险核保政策及风险定价制度》，调整核保、核批政策，实现了从机构授权与从人授权有机结合；推行风险检验人制度，编制下发验险人实务手册；完善了业务动态授权管理，加大了对风电项目、建筑机具、零售业、商业楼宇等风险密集市场的风险识别与控制。

2012年是平安财险经营管理改革年，是财产险部经营的重要年度。财产险部紧紧围绕"做大非车险业务、效益险种上规模"的经营思路，按照鼓励承保、控制承保、限制承保的模式，实现了快速增长与结构调整，重申了总部下发的《2012年财产保险业务奖惩考核方案》，确定了发展目标和奖惩考核办法。企财险业务呈现快速发展、全面提速的良好势头，各项工作也取得了较好的成绩，全年达成保费2390万元。

同年，中华财险内蒙古分公司秉承稳中求进的发展基调，加强与各级相关政府部门的日常沟通，积极参与社会公益活动和市政工程建设，为政府分忧解难。年内，实现企财险保费收入4950万元，保费贡献度为47.28%；承办的大项目业务除了包头稀土集团财产综合险项目和包钢集团财产一切险和机损险项目，还成功中标中国神华能源股份有限公司铁路货车运输分公司的财产综合险项目以及阿拉善地区的庆华、晨宏力化工集团项目等。

自治区内的其他财险公司2012年的企财险经营策略等情况与上述基本雷同。

2013年，人保财险坚持落实续保、挖潜与新增、竞回相结合的竞争策略。鉴于续保业务在企财险业务中的重要地位，通过修订续保管理办法，维系好续保客户资源，续保率达89%。在重大项目上保持续保主导地位，在大唐集团、神华集团、内蒙古电力等项目上保持领先优势；加大公关展业力度，深层次地开拓市场的潜在业务，对于新兴的科技保险，不断挖掘可保范围和可保利益。2013年下半年，分公司将培训送进锡林郭勒盟、阿拉善盟、巴彦淖尔市等电业局，对强化客户防灾防损意识、提高客户满意度、深化双方合作基础产生了积极作用；对于出险客户，理赔部门准确评估损失，采取必要的补救措施，减少了公司的损失程度。

同年，平安财险内蒙古分公司坚持在克服困难中寻找发展机遇，面对财产险展业工作中的诸多困难，公司上下团结奋进，因地制宜地挖掘财产险业务新的增长点，实现了规模和效益的新跨越。为在市场竞争中提高公司大项目展业的成功率和承保质量，充分发挥分公司集体展业的能力，体现出公司的整体形象。2013年初，平安财险内蒙古分公司下发有关于对非车大项目保险的发展规划目标，明确了对重大项目公关展业的组织架构、程序和管理。

同年，中华财险内蒙古分公司的企财险及机损险方面，其增长主要源于现有客户及渠道业务的增长；工程机械设备保险方面，由于经济形势尚未好转，中小型销售公司及个人客户投保量明显少于去年同期；其他企财险方面，其增长同样来自于现有客户保费规模的扩大。

自治区内的其他财险公司2013年的企财险经营策略等情况与上述基本雷同。

2014年，人保财险根据不同盟市、行业以及客户类型和规模，实施差异化定价，并结合业务质量等级、赔付率等因素，实行核保与核批业务分类，细化了风险类别。只有赔付率、费率、手续费等承保条件达到最低条件才允许核保，没有达到最低条件的业务，任何人都不能核保通过。通过系统规则限制，进一步提高核保的刚性管控，减少人为因素的不利影响。制定了企财险业务分类以及销售费用差异化配置标准，将全区企财险业务按照业务类型分为A、B、C、D、E五级，以总公司制定的销售费用预算上限为基础，结合自治区及各盟市保险资源、市场竞争程度，制定了全区财产险各险种费用上限，并于每月按照地区以及险种变化情况进行弹性调整配置上限，合理管控费用，确保利润的实现。同时，开发组合了内蒙古分公司"商家无忧"中小企财险定额组合产品，该产品于2014年11月得到总公司的认可，进入正式产品开发流程。

同年，平安财险发展转型工作已经到了一个攻坚阶段，内蒙古分公司各机构、各部门积极应对，各机构负责人亲自带队，各部门加班加点，为政府招标、大项目攻关、统括业务等付出了极大的努力，取得了新的成就。全年产出3450万元保费，其中在政府牵头的主要的大项目上做出了非凡的成绩。

同年，中华财险积极加强渠道建设，通过渠道实现"散单团做"，并根据渠道及市场需求配置产品，加快人才队伍建设，引进和组建高素质销售团队，细化考核推动，督促基层机构加强团队培养、项目跟踪与产品销售。年内，实现企财险保费收入4841万元，保费贡献度为38.3%，主要大项目合作企业有包钢集团、神华集团、天力保押有限责任公司、准格尔旗峰泰汽车运输有限责任公司等。

自治区内的其他财险公司2014年的企财险经营策略等情况与上述基本雷同。

2015年，人保财险修订了《企财险续保管理办法》，将分公司的续保指标与总公司进行了对接，增加了客户续保率考核指标。加大续保督导的业务范围，将万元以上保费客户列入分公司财产险部监控范围内，定期下发续保清单，及时引导盟市进行续保前业务跟踪，续保到期前实行逐一保单管理。在费用配置效率和效益上，按照业务结构，有针对性、倾向性地配置资源，严格按照"优质业务多配置资源，劣质业务少配置资源"的总体思路差异化配置销售费用。对以往年度承保的财产险业务按险种、行业保费收入、实收保费、综合赔付率及承保利润等主要经营指标进行分类、汇总，并且有针对性地制定费用配置策略，对重点项目及客户进行重点投入。结合渠道来源、市场竞争和险种特点，有针对性地制定销售策略。同时，积极开发适应市场需求的产品组合。公司开发组合了内蒙古分公司零售业、服务业中小企财险组合产品方案，落实基层建设年各项举措，为基层提供技术支持。严格践行公司三年基层建设计划，根据总公司发展商业非车险指导意见，对全区各盟市开展企财险承保技能以及专业知识培训，加强基层对企财险险种知识的了解以及承保范围的深化。在外部服务上，业务部门积极协同渠道部门为国电能源准大电厂、内蒙古银行等进行相关客户培训；在内部服务上，强化分公司基层的服务职能，提高承保审批权限，加强对基层企财险承保专业能力培训，开展全区支公司经理现场企财险业务知识的轮训，并针对中小企财险"四保"产品进行全区系统性的视频培训。

同年，平安财险内蒙古分公司各机构做了大量的保险跟踪展业和公关工作，在大项目和重点项目承保上有了新的突破。一是大型商业风险业务初具规模，成功拓展到了维多利摩尔城的大型业务，在促进公司业务规模持久上升、提升公司实力、弘扬公司品牌方面起到重要作用。二是继续深挖续保潜力，成功续保了多家大型企业财产险业务，全年共收取保费3460万元。三是抢抓市场机遇，开辟财产险市场新领域。在财产险部的配合和参与下，平安才险内蒙古分公司在综拓渠道方面成功开拓了许多业务，仅综拓渠道全年贡献保费为968万元。

同年，中华财险内蒙古分公司贯彻落实总公司财险会议精神，全新规划财产险发展战略，借助并深刻解析"国十条"的政策东风，把握市场机遇，转变发展方式，财产险实现了超行业的稳步发展局面。年内，实现企财险保费收入4968万元，保费贡献度为35.23%，主要项目合作企业有包钢集团、神华集团、天力保押有限责任公司、中煤陕西榆林能源化工有限公司等。

自治区内的其他财险公司2015年的企财险经营策略等情况与上述基本雷同。

（二）家庭财产保险

1.家庭财产保险发展的三大标志性数据

表2-8 内蒙古家庭财产保险保额（责任限额）、保费、赔付情况表

金额单位：人民币亿元、百万元

年份	保额（责任限额）	保费收入	赔付支出	年份	保额（责任限额）	保费收入	赔付支出
1980	—	—	—	1998	70.90	21.32	18.49
1981	—	—	—	1999	58.27	17.59	8.59
1982	0.10	0.02	—	2000	53.50	16.24	4.52
1983	0.25	0.05	0.01	2001	102.09	27.65	4.89
1984	0.55	0.11	0.02	2002	175.18	36.57	6.11
1985	1.15	0.37	0.06	2003	244.57	61.12	6.04
1986	2.17	0.65	0.10	2004	161.69	41.21	4.27
1987	5.77	1.73	0.27	2005	115.19	35.66	4.48
1988	8.73	2.62	0.41	2006	122.55	32.53	5.54
1989	14.87	4.76	0.75	2007	194.93	45.68	7.02
1990	18.97	5.69	0.90	2008	286.93	60.97	10.99
1991	21.10	6.33	1.00	2009	501.56	82.39	13.15
1992	44.27	13.28	2.10	2010	694.43	140.93	13.91
1993	47.30	14.19	2.25	2011	499.56	163.87	12.99
1994	48.50	14.55	2.30	2012	512.53	101.07	21.01
1995	49.00	14.70	2.33	2013	568.09	75.82	17.96
1996	59.09	17.76	2.80	2014	650.36	75.51	25.08
1997	70.93	21.32	7.24	2015	800.34	68.00	26.59

2.2001—2015年家庭财产保险发展状况

各公司开办的主要险种包括家庭财产综合保险,家庭财产综合保险及附加保险,个人房屋抵押贷款综合保险,小康之家家庭财产保险,安居综合保险A、B、C、D四款产品,房屋保险,燃气用户综合保险,个人手机银行账户盗窃保险,个人网上银行账户盗窃保险等。

2001年,人保财险内蒙古分公司出台了效益型险种考核奖励办法,对家财险的发展给予了倾斜政策;组织了全区"金锁"家财险保单营销活动,开展了轰轰烈烈的展业劳动竞赛;按照总公司的统一部署,在呼和浩特分公司和包头分公司试办了"金牛"家财险储金业务。上述举措的实施,极大地推进了分散性业务的发展进程。

2002年,人保财险内蒙古分公司加大家财险的展业力度,在呼和浩特市、包头市开办金牛家财险的基础上,积极利用金锁家财险全面发展业务,扩大城镇居民家财险的承保覆盖面,拓展农村、牧区家财险的发展市场,提高户均保费收入;根据城镇居民和农村、牧区农牧民的经济收入状况及保险需求,不断更新、改造原有条款,适时开发、推出新型保险产品,增强险种的吸引力和竞争力;发动全体员工大力推销个贷险二代产品;召开全区家财险业务发展现场经验交流会,组织开展家财险百日劳动竞赛活动,保证了全区家财险的顺利完成。

2003年,人保财险内蒙古分公司金牛投资保障型家财险正处于平稳起步阶段,个人抵押贷款房屋保险发展迅速,保费收入3022万元,占家财险保费收入比重的49%。家财险总体业务呈现出快速发展趋势。

2004年,人保财险内蒙古分公司下发《关于加快发展分散性效益型险种业务的指导意见》,对分散性业务的发展提出了具体要求,建立各级公司分散性效益型险种业务发展责任人问责制,确保分散性效益型险种业务推广计划的有效实施;将家财险作为指令性计划逐级下达,分解落实,并将指令性计划的完成情况与业绩考核挂钩,确保家财险业务的快速发展;实行费用倾斜政策,分散性业务的万元保费工资含量和手续费支付比例明显高于其他险种,激发展业人员的积极性、主动性,促进分散性业务的发展;实行分散性业务经营情况月通报制度;组织开展"激流勇进"个人代理营销业务竞赛活动,调动业务人员发展分散性业务的积极性,营造积极进取、你追我赶的良好展业氛围;积极拓宽分散性业务发展渠道,先后与中国农业银行、中国工商银行、中国建设银行签订业务合作协议,并采取必要的激励措施,促进银保业务合作全面展开。

2005年,人保财险内蒙古分公司开发了以管道破裂及盗抢的家财险定额保险产品,对各盟市分公司下达个险业务计划分解表,并制定分季度阶段性发展目标,加强对非车险业务计划的分解和督导,对家财险实行差异化保费费用率,将家财险业务作为指令性计划逐级下达。

2005年,中华财险内蒙古分公司出台效益型险种考核奖励办法,加大家财险的展业力度,在呼和浩特、包头、鄂尔多斯、赤峰、乌兰察布、通辽、巴彦淖尔等7个盟市全面发展家财险业务。当年的业务量比2004年增长了7倍多。

自治区内的其他财险公司2005年的家财险经营策略等情况与上述基本雷同。

2006年,人保财险制定了《内蒙古分公司2006年度家财险奖励实施细则》《内蒙古分公司第三代金牛投资保障型家庭财产保险产品推广方案》(含奖励办法)等措施。各级公司紧紧抓住金牛第三代投资保障型家庭财产保险新产品上市营销的有利时机,认真组织开展业务宣传、培训和推销工作,公司按周、按两日通报各盟市分公司的营销进度,有效地促进了业务发展,销售金牛三代家财险产品7200份,实现保险投资金收入3600万元。满洲里、阿拉善盟、包头、乌海、兴安盟、锡林郭勒盟、赤峰7家公司超额完成销售计划。

2006年,中华财险内蒙古分公司努力扩大城镇居民家财险的承保覆盖面,积极拓展农村、牧区家财险市场,结合城镇居民和农牧民经济收入状况及保险需求，不断更新、改造原有条款，适时推出新型保险产品，增强险种的吸引力和竞争力，发动全体员工大力推销个贷险产品，组织开展家财险百日竞赛活动等。当年家财险保费收入为393万元。

自治区内的其他财险公司2006年的家财险经营策略等情况与上述基本雷同。

2007年，人保财险内蒙古分公司紧盯房贷险市场，巩固原有业务，实行费用市场化；开展了家财险"挑战杯擂台赛"和"精英逐梦之温馨家园"家财险营销活动，9月份以当月实收保费415万元获总公司擂台赛第五组擂主；下发了家财险考核办法，将计划任务细分并分解落实到盟市、旗县和每个营销员身上，建立盟市—旗县—营销员三级联动捆绑考核机制；加大家财险业务的费用投入，采用积极有效的营销策略或费用倾斜政策调动基层营销员的展业积极性，同时加大对农村家庭财产保险的公关展业力度。当年承保337740笔。

2007年，中华财险内蒙古分公司家财险业务总体呈现快速发展趋势。当年实现家财险保费收入732万元，较上年增长86.26%。

自治区内的其他财险公司2007年的家财险经营策略等情况与上述基本雷同。

2008年，人保财险内蒙古分公司响应集团公司号召，动员全体员工，积极响应抗震救灾全员营销献爱心活动，成功销售爱心卡27608张，超计划任务108张，实现保费收入220万元。其中，分公司机关本部率先完成505张的计划任务，以实际行动鼓舞了全区的爱心奉献热情。公司制定业务发展目标和考核措施，积极拓展销售渠道，动员全员销售"家财一卡通"，成功入围总公司"一卡通"贡献奖行列，在全国销售业绩位列第11名。积极推广综合治安保险，努力拓展新的业务增长点，在巴彦淖尔、呼伦贝尔、包头、通辽和赤峰5家公司开展治安家庭财产保险试点，累计承保城、农户172600多户，实现保费收入310多万元，受到总公司产品线、自治区政法委领导的充分肯定。

2008年，中华财险内蒙古分公司加大分散性效益型险种业务发展力度，确保业务推广计划有效实施，将家财险作为指令性计划逐级下达，分解落实，逐月通报，将家财险业务发展情况与业绩考核挂钩。同时，实行费用倾斜政策，组织开展个人代理营销业务竞赛活动，积极拓宽业务发展渠道，先后与中国农业银行、中国工商银行、中国建设银行签订业务合作协议，并采取必要的激励措施，促进银保业务合作全面展开。当年实现家财险保费收入1101万元。

自治区内的其他财险公司2008年的家财险经营策略等情况与上述基本雷同。

2009年，人保财险内蒙古分公司把家财险作为效益型险种来抓，制定了《家财险发展指导意见》和考核办法，拿出一定的费用用于家财险业务发展奖励，加强对产品线队伍的管理与考核力度，激发基层公司展业的积极性；根据各盟市分公司治安保险协议内容和农户的基本保障需求，开发区域性的社会治安家庭财产保险产品；在巴彦淖尔市举办全区社会治安家庭财产保险经验交流现场会，得到了自治区综治办的充分肯定和大力支持；有8家盟市分公司先后与当地综治办签订了合作协议，累计实现保费收入700余万元。全区当年承保147120笔。

同年，中华财险内蒙古分公司紧盯房贷险市场，巩固原有业务，实行费用市场化，开展家财险无忧系列、全家福系列卡单营销活动，并下发家财险卡单考核办法，细化任务落实，建立"盟市—旗县—营销员"三级联动捆绑考核机制，加大费用投入，采用有效策略调动基层营销员的展业积极性。当年实现承保笔数16902笔，保费收入1940万元。

自治区内的其他财险公司2009年的家财险经营策略等情况与上述基本雷同。

2010年，人保财险内蒙古分公司以"促发展、增效益、防风险"为工作主基调，继续稳定房贷险市场的绝对主导地位，大力依靠房贷险业务打开和巩固城市家财险市场。以"社会治安家庭财产保险"为突破口，努力拓展农村家财险市场，有8个盟市分公司开办了此业务，并取得一定的经营业绩。当年承保129703笔。

同年，中华财险内蒙古分公司把家财险作为效益型险种来抓，制定《家财险发展指导意见》和考核办法，拿出一定费用作为家财险发展专项奖励，加强队伍管理与考核力度，努力拓展农村家财险市场，开发区域性农户家庭财产保险产品，以"促发展、增效益、防风险"为工作主基调，继续稳定房贷险市场的绝对主导地位，打开和巩固城市家财险市场。当年实现承保笔数12753笔，保费收入3377万元。

自治区内的其他财险公司2010年的家财险经营策略等情况与上述基本雷同。

2011年，人保财险内蒙古分公司保费收入6947万元，同比增速40.96%。采取的主要举措：首先，在发挥传统渠道优势的基础上，积极拓展新兴业务渠道，与各大银行联系，促进了银行代理业务的发展，特别是房贷业务规模大幅增加；其次，大力发展普通家财险及社会治安保险，积极开展保险进社区和保险进农村；再次加强市场研究，开发适销对路的保险产品。分公司自主开发的《人保财险内蒙古和谐乡村治安保险条款》收取保费256万元，收到了良好的经济效益和社会效益。

2011年，平安财险内蒙古分公司积极开展全区范围内的家庭财产保险业务，不断开发、更新家财险条款，推出多种形式的推广策略，出台发展考核奖励办法，调动全体员工展业的积极性，使业务呈现快速上升趋势。2011年，分公司对家财业务开展了新险种创新推广，并在当年取得了突破性的发展。

自治区内的其他财险公司2011年的家财险经营策略等情况与上述基本雷同。

2012年，人保财险内蒙古分公司家财险受住贷险萎缩的影响，保费收入有所下降，最终保费收入4758万元。一是制定《2012年财产险考核推动方案》以及四季度业务推动奖励方案，从业务、利润、核保和竞回等方面出台奖励，引导了基层业务发展，激励了从业人员士气。二是编制的家财险2012商业计划书，针对政策性涉农家财险和个人客户家庭综合保险业务拟定了详细市场拓展计划，积极对接民政部门与财政部门，大力开拓政策性农房保险业务。三是对个人客户综合保险，充分倚重渠道发展业务，利用费用差异化配置的有效杠杆大力推动业务发展。

同年，平安财险内蒙古分公司出台了效益型险种考核奖励办法，加大家财险的展业力度，在呼和浩特、包头、鄂尔多斯、赤峰、乌兰察布、通辽、巴彦淖尔等7个盟市加大力度发展家财险业务。当年的业务量年增长160万元。

自治区内的其他财险公司2012年的家财险经营策略等情况与上述基本雷同。

2013年，人保财险内蒙古分公司在利用传统银行代理运营模式上，制定了多种家财险的销售推动方案，加大农房保险和综治保险的公关力度。利用公司一揽子保险中的组合产品，满足客户不同的家财险、意外险投保需求，并利用总公司新下发的"金福宝"组合产品，做好个人家财险搭台，个人意外险、健康险唱戏的销售新模式；联合渠道部门推广分散性险种实施方案，实现"个险团作"。

同年，中华财险内蒙古分公司受经济形势影响，2012年同期承保的大量房贷险（无保证）业务在当年有所下滑，普通家财险由于"家无忧"激活卡业务推动的影响，增速强劲，在一定程度上减缓了家财险业务的负增长趋势。

自治区内的其他财险公司2013年的家财险经营策略等情况与上述基本雷同。

2014年，人保财险在农房保险方面，鄂尔多斯鄂托克旗农房保险接连突破，巴彦淖尔市承保全市"两属两户"人员以及80岁以上优抚人员，全区农房保险新增保费近500万元，对保险业在完善社会管理及保障体系中进一步做出了公司应有的贡献。包头市分公司成功签出内蒙古地区电动自行车盗抢险第一单。与红星美凯龙等大型家居销售商探索分散性家财险宣传与销售的有效模式，积极主动寻找商机、开拓市场，为公司家财险业务拓展了新渠道，寻找到了新的有效增长点。

同年，中华财险内蒙古分公司以激活卡业务带动家财险业务发展，分阶段下发了《中华财险内蒙古分公司2014年激活卡专项推动方案》。当年实现保费收入741万元。

自治区内的其他财险公司2014年的家财险经营策略等情况与上述基本雷同。

2015年，人保财险内蒙古分公司保费收入3799万元，增速2.67%，扭转了家财险连续两年负增长的局面。一是通过设计、开发、推广及配套政策的支持，推出高端家财险产品，融入新的条款，使得高端家财险突破450万元，为高端客户群体提供了足额的家庭财产保障，填补了高端家财险市场的空白。二是在通辽、鄂尔多斯、巴彦淖尔开拓农房业务经验的基础上，下发《内蒙古分公司政策性农房及综治险业务发展指南》，再次实现农房业务突破，共实现政策性农房保费收入605.53万元。三是在多款家财险定额产品中扩展地震责任，将地震责任扩展到家财险，并重点推广"和、美、兴、旺、福"5款定额组合产品，解决民众面临的巨灾风险分散问题。四是创新型险种实现业务突破。分公司下发了《内蒙古分公司创新型险种发展指导性意见》，通过对航空延误保险、个人账户资金安全保险、电动自行车盗抢保险、家庭农用机械综合保险、个人电子物品保险等产品的推广，实现了创新型险种在自治区的全面突破。

同年，中华联合公司伴随着安居宝、乐居保、安租宝在网销平台及APP中上线，分公司借助农网渠道、网销平台着力发展家财险业务，新开办的险种有家庭财产险综合保险（2015年版），实现保费收入400万元。

2005—2015年，太平洋财险内蒙古分公司在发展家庭财产保险方面，不仅充分考虑到了自然灾害风险可能为客户住房带来风险，还充分考虑到意外事故、水暖管爆裂、盗窃、入室抢劫等事故可能对房屋装潢、室内财产、家具、家用电器等带来的未知风险，以及可能基于以上原因给第三者带来的财产损失，从而设计了安居综合保险等一系列产品，用以全方位保障客户的住房及其他财产安全。为做好该产品的宣传推广，让客户了解、认知该产品的重要性和必要性，公司在利用传统销售渠道的基础上，还通过社区、国美、苏宁等电器经销商等渠道，积极做好产品的宣传销售，取得了较好的社会效果。

随着经济的快速发展，网络已经成为人们日常生活的必需品，网购和手机购物（消费）也成了人们新的消费时尚。为了保证客户网上银行和手机银行的使用安全，太平洋财险内蒙古分公司有针对性地开发了个人手机银行账户盗窃保险和个人网上银行账户盗窃保险，用以保证客户因账户被盗用给自己的财产带来损失。2015年，家庭财产保险中的"全能卫生"产品开始逐渐取代个人抵押贷款房屋综合保险业务的领军地位，成为新生主力。其他常规家庭财产保险也通过公司组织的多项推动拓展举措，业绩小有积累，为后续家庭财产保险多渠道、多险种经营发展形成多元化铺垫之势。

自治区内的其他财险公司2015年的家财险经营策略等情况与上述基本雷同。

（三）工程保险

1.工程保险发展的三大标志性数据

表2-9 内蒙古工程保险保额（责任限额）、保费、赔付情况表

金额单位：人民币亿元、百万元

年份	保额（责任限额）	保费收入	赔付支出	年份	保额（责任限额）	保费收入	赔付支出
1980	—	—	—	1998	4.06	1.23	0.02
1981	—	—	—	1999	9.93	6.62	1.23
1982	—	—	—	2000	16.09	4.15	2.97
1983	—	—	—	2001	11.10	2.65	2.46
1984	—	—	—	2002	33.85	13.31	4.42
1985	—	—	—	2003	101.98	19.28	6.98
1986	—	—	—	2004	172.47	40.15	7.70
1987	—	—	—	2005	129.98	28.57	6.16
1988	—	—	—	2006	122.75	20.31	5.90
1989	—	—	—	2007	233.80	43.15	12.68
1990	—	—	—	2008	398.48	52.65	12.03
1991	—	—	—	2009	600.55	96.04	24.10
1992	—	—	—	2010	531.61	86.56	20.65
1993	—	—	—	2011	633.50	153.77	50.12
1994	0.63	0.15	—	2012	550.36	92.70	45.65
1995	0.42	0.10	—	2013	663.83	91.99	58.62
1996	2.00	0.51	0.10	2014	864.88	136.45	41.96
1997	1.34	0.45	0.05	2015	1039.69	196.89	63.37

2. 2001—2015年工程保险发展状况

这一时期开办的险种主要有建筑、安装工程保险及附加险，建筑工程一切险，安装工程一切险等。该类保险主要应用于基础设施建设过程中，适用于所有房屋工程和公共工程。在住宅、商业用房、医院、学校、剧院、工业厂房、电站、公路、铁路、飞机场、桥梁、船闸、大坝、隧道、排灌工程、水渠及港埠等施工过程中均有广泛应用。

2001年，人保财险内蒙古分公司举办了工程险业务培训班，聘请人保系统资深教员授课，提高了参训人员工程险承保理赔操作技能，有力地促进了全区工程险业务的发展。其中包头分公司取得突破性进展，在丹东—拉萨过境高速公路工程险投保招标中一举中标，收取保费192万元。

2002年，人保财险全区各级公司把开展重点项目工程险当作财产险业务新的增长点。分公司全程跟踪展业，成功承保了西起内蒙古与陕西省交界处的苏家河畔，东到呼伦贝尔市阿荣旗那吉屯镇，全长2558千米，总投资340亿元的省际公路建筑工程一切险，首期保费收入600万元，奠定了全区工程险业务快速发展的基础。阿拉善盟分公司承保了境内盟旗通公路重点项目——达来呼布至查哈尔滩和巴音诺尔公至额肯呼都格两条公路的工程险，保费收入158万元。呼和浩特分公司先后承保了内蒙古磴巴高速公路、内蒙古呼集高速公路和丰泰发电有限公司工程险，保费收入122万元。兴安盟分公司承保了境内新开工和旧公路改造工程，保费收入90万元。通辽、乌海分公司分别承保了通顺铝厂技改工程险和海勃湾发电厂二期工程建工险等。多数公司填补了工程险业务发展的空白。

同年，平安财险也承办了一些工程保险业务，共收取工程险保费172万元。

2003年，人保财险内蒙古分公司紧紧围绕国家和自治区西部大开发重点工程项目建设，及时掌握工程建设动态，提高营销技术手段。通过开展卓有成效的公关展业，使全区新近开工的绝大部分工程项目在公司系统顺利投保，业务得到快速发展。全公司公路工程险承保金额61亿元，占全区公路建设投资总量的45%。

同年，平安财险也承办了一些工程保险业务，共收取工程险保费173万元。

2004年，人保财险内蒙古分公司对重点工业建设项目进行了摸底调查，分类别、分层次确定了大项目工作的重点和跟踪展业的等级，落实展业责任，加大了对自治区重点工业建设项目的展业力度；建立畅通的信息汇集和传递机制，形成了各级公司联动展业的良好氛围；为重点工业建设项目量身定做保险建议书和服务手册，受到客户的广泛认可；严格控制风险，对工程险业务进行盈亏平衡分析，有选择地承保新业务。

同年，平安财险公司的工程保险经营策略等情况与上述基本雷同，当年共收取工程险保费504万元。

2005年，随着国家经济建设的快速发展，自治区新建、改建、扩建项目与日俱增。人保财险内蒙古公司通过购买自治区发改委重点建设项目数据库软件，建立了全区重点建设项目数据资料库。在日常工作中，及时收集、掌握、关注全区经济建设项目动态，用以指导各盟市分公司的公关展业工作，收到显著成效。其中，阿拉善盟分公司把盟内外公路工程、水利工程列为业务发展的主攻对象，全年实现工程险保费收入464万元；乌兰察布分公司密切关注并成功承保呼和浩特抽水蓄能电站工程险和公路工程险，收取保费120万元；赤峰分公司承保了大唐赛罕坝风力发电的安装工程一切险，收取保费23万元；呼伦贝尔分公司在全盟范围内统保公路工程保险，提前8个月完成全年工程险保费任务；呼和浩特分公司工程险收取保费640万元，完成计划100.36%。截至2005年底，全区13家盟市分公司全部实现工程险业务零突破，有11家分公司超额完成工程险任务，且效益显著。

同年，自治区内的平安财险、中华财险、大地财险、太平洋财险等公司的工程保险经营策略等情况与上述基本雷同。

2006年，全区经营财产保险业务的市场主体都将发展重心由车险转向经济效益较好的财产险业务，围绕保险产品价格、品种结构、保障范围、服务差异等环节展开了激烈的角逐，市场竞争进一步加剧。人保财险公司通过竞标，承保了110国道兴和至呼和浩特段改建扩建工程、伊敏煤田矿井工程、赤大白铁路工程、三座店水利枢纽工程、赤峰至通辽高速公路等工程项目保险。中华财险公司把开展重点项目工程险当作财产险业务新的增长点，成功拿下丰镇至隆盛庄至兴和的一级公路——赤峰高速公路的建工一切险、神华北电胜利能源露天安装工程险等大型项目。

自治区内的其他财险公司2006年的工程保险经营策略等情况与上述基本雷同。

2007年，人保财险公司在进行年度工作安排时，把工程险作为财产险业务的增长点和重要支撑来抓。各级公司积极主动开拓业务，通过密切与投资主管部门的联系，尽早获取信息，争取展业的主动性；借助政府部门的影响，重点开拓电力设施建设、化工行业建设、公路建设、城市基础建设、商住楼建设、交通设施建设、水利工程建设市场；加大前期费用投入，坚持"抓大不放小"的方针，实现工程险业务的新突破。公司将重点建设项目下发至各盟市分公司，各公司加强与政府相关部门和项目业主联系，将当地的项目分解到各基层单位，尽快落实项目承保情况，制订展业计划，明确盟市分公司分管副总经理和财产险部总经理是项目第一责任人。

同年，中华财险公司紧紧围绕国家"西部大开发"重点工程项目建设，及时掌握工程建设动态，提高营销技术手段，通过卓有成效的组织协调与公关展业，成功参与了全区绝大部分新近开工的工程项目。

自治区内的其他财险公司2007年的工程保险经营策略等情况与上述基本雷

同。

2008年，人保财险公司始终坚持一手抓大工程、大项目，在新增重大项目上力争实现独家承保或主承保，巩固并加强公司在大型商业保险项目的市场主导地位，充分发挥这类项目对于提升公司的整体形象、品牌价值和市场影响力方面的作用；另一手抓中小工程的保险业务，在做好市场保源调查和客户档案资料建立的基础上，从广度与深度上挖掘第二产业潜在业务需求，进一步拓宽工程险的发展思路，研究开发第三产业保险市场。

同年，中华财险公司继续加大自治区重点工业建设项目展业力度，开展重点工业建设项目摸底调查，分门别类，确定项目工作重点和跟踪展业等级，严格控制风险，加强工程险业务盈亏平衡分析，有选择地承保新业务，做好项目落实。建立畅通的信息汇集和传递机制，形成各级公司联动展业的良好氛围，针对重点项目量身定做保险建议书和服务手册，受到了客户的广泛认可。

自治区内的其他财险公司2008年的工程保险经营策略等情况与上述基本雷同。

2009年，人保财险公司紧紧抓住国家和自治区工程项目投资机遇，鼓励大力发展工程险业务，加大对异地和竞回业务的奖励力度，鼓励向省外拓展工程险业务；加强工程险项目风险管理，严格审核项目属性、投资规模、坐落地点、施工环境、费率水平和承保条件，通过控制项目承保风险，扭转亏损局面，保证工程险业务实现有效益的发展。公司在国道211线改造项目、内蒙古高等级公路项目、通辽高速公路项目、阿拉善盟高速公路项目、呼伦贝尔甘南高速项目等项目上，均获得了全部或部分份额。

同年，中华财险公司确立各险种平衡发展的思路，将全区经营发展重心转向经济效益较好的财产险业务，围绕产品价格、险种结构、保障范围和服务差异等环节挖掘市场发展新潜力，公司财产险市场份额逐步提升。同时，随着国家经济建设的快速发展，自治区新建、改建、扩建项目不断增加，内蒙古分公司积极关注自治区发改委重点建设项目公布数据，建立重点项目跟踪机制，定期通报，指导各盟市机构开展项目公关，取得一定成效，成功中标110国道兴和至呼和浩特段改建扩建工程、赤峰至通辽高速公路等工程项目保险。鄂尔多斯公司深耕客户关系，拓展业务渠道，参与神华宁煤烯烃百亿元保险项目共保。内蒙古分公司营业总部注重渠道维护，连续承保内蒙古高速路公司公路工程险项目。

自治区内的其他财险公司2009年的工程保险经营策略等情况与上述基本雷同。

2010年，人保财险公司集中精力和资源确保持续关注业务的成功承保，密切关注辖区内有关高速铁路、公路工程项目的发展动向，积极探索寻求该类业务发展契机；对涉及高速铁路工程险业务进行全流程监管，避免内部不正当竞争，维护公司内部资源配置，确保业务合规经营，进一步强化风险管控意识，加大风险管控力度，从源头上确保业务规范化操作和标准化运作。

同年，中华财险公司抓住自治区工程项目投资机遇，鼓励"走出去"发展工程险业务，加大异地和竞回业务奖励力度；加强项目风险管理，严格审核项目属性、投资规模、坐落地点、施工环境、费率水平和承保条件等要素，保证工程险业务有效益发展。年内，公司在国道211线改造项目、内蒙古高等级公路项目、通辽高速公路项目上均获得了部分份额。

自治区内的其他财险公司2010年的工程保险经营策略等情况与上述基本雷同。

2011年，人保财险公司继续巩固市场主导地位，工程险市场份额占比43.23%，在区内众多道路工程和风电项目工程招投标中，拥有独家或主承保地位。年内，公司制定了《财产险奖励办法》，并向总公司申请奖励费用，用于鼓励基层加快工程险业务的发展速度。当年，人保财险内蒙古分公司所属的13个盟市分公司中，有4家公司工程险业务增速超80%，其中有2家增速超100%。

2011年，为增强工程险的承保技术，平安财险内蒙古分公司通过线上培训系统对全员进行了业务培训课程，使参训人员提高了工程险承保理赔操作技能，有力地促进了全区工程险业务的发展。全区各级公司积极开拓工程险的业务，成功承保了几项国家级重大工程企业的业务。

2011年，中华财险公司进一步加强与政府相关部门的沟通联系，及时获取相关项目信息，切实掌握国家级、自治区级及盟市级的工程项目，从源头入手，责任到人，多措并举，借助经纪公司抓好大型工程险业务发展。当年收取工程险保费564万元，在公路项目中均获得部分份额。

自治区内的其他财险公司2011年的工程保险经营策略等情况与上述基本雷同。

2012年，人保财险公司制订了工程险业务市场开拓计划，从分区域发展上，建立起以金三角，蒙东、西三面分布发展的格局。从分渠道发展上，一方面注重经纪公司渠道，建立省内外经纪公司名录，认真梳理，根据区域情况将维护工作分级落实到省、地市和旗县；另一方面，针对个代、兼业代理等签订合作代理协议，明确费用上限，并制定营销方案，调动代理的积极性。从行业发展看，道路工程、煤化工、石化、风电场等大型项目仍为公司重点发展行业，如签单内蒙古准兴重载高速、中海石油化学工程保险、中煤鄂尔多斯能化项目、辽宁大唐国际阜新煤制天然气项目等大型项目。公司制订了《财产险商业计划书》，结合渠道来源、市场竞争和险种特点，有针对性地制定销售策略，重新梳理区内"十二五"期间的重点投资项目，积极开拓新兴市场，利用内蒙古自治区煤炭循环产业多元化发展契机，承保了神华煤液化、神华煤制烯烃、煤制甲醇等新兴产业项目。响应"中央一号文件"精神，与内蒙古自治区水利厅和农牧业厅接洽，积极探索发展水利工程保险；制定下发并深入落实风险检验人制度，完善、细化风控各项管理章程，健全"省—市—县"三级核保人员配备；根据行业属性制定验险流程和验险模板；按期落实组织风控队伍人员培训计划,于2012年11月成功举办第一期风控业务专业培训班,有利于向重点客户提供风险服务提供技术基础,为财产险建立风控基地提供人才保障。

同年,平安财险内蒙古分公司瞄准自治区基础设施建设的浪潮,积极派出相关业务专员到市场中获取工程建设动态,持续性地提高营销技术和公关水平,对全区新近开工的绝大部分工程项目都参与了竞争,并取得了卓有成效的结果。

同年,中华财险内蒙古分公司在工程险业务发展上,贯穿"提速发展"一条主线,坚守"稳健经营、确保质量"两项原则,推进"完善运营机制、拓宽业务渠道、培育发展动力"三项革新,着眼长远,打牢根基。当年,实现保费收入756万元,其中,鄂尔多斯和赤峰两家公司通过与当地公路工程管理局及中铁集团的沟通洽谈,新增工程险保费192万元。

自治区内的其他财险公司2012年的工程保险经营策略等情况与上述基本雷同。

2013年,人保财险内蒙古分公司紧跟总公司发展步伐,大力推动"以客户为中心"改革转型,立足于"效益第一,对标市场"发展模式,积极开展风险管控、风险定价、督导业务进度等各项工作。公司以国家"振兴西部"为契机,利用道路、能源基础设施、城际轨道交通建设的机遇,大力发展工程险业务,工程险规模始终在内蒙古地区独占鳌头。加强全流程风险控制,将风险控制和防灾防损工作贯穿于保险工作始终。首先,在承保前做好风险查勘和风险检验工作。加强风险检验人制度的建设和落实,对于所有客户都要验险承保,特别是对于风险程度较高的业务引入专业验险人,防止病从口入,控制好承保入口关。其次,在承保中加强风险排查,提供整改方案。在雨季加强防洪防涝风险排查,为企业提交风险提示函,提供必要的防灾费,降低损失程度。对于高风险行业,不定期提供风险检验,帮助排查风险。公司在2013年8月组织专业人员对大唐集团的多伦煤化工、克旗煤制气、阜新煤制气3个项目进行风险踏勘。

同年，平安财险内蒙古分公司对自治区内重点工业建设项目进行了摸底调查，分类别、分层次确定了大项目工作重点和跟踪展业的等级，落实展业责任，加大对自治区重点工业建设项目的展业力度；建立畅通的信息汇集和传递机制，形成了各级公司联动展业的良好氛围；为重点工业建设项目量身定做保险建议书和服务手册，受到客户的广泛认可。

同年，中华财险公司工程险业务发展较为平稳，实现保费收入609万元，业务主要集中在建工险和安工险，历年赔付率走势良好，业务规模逐渐扩大。其中，建工险业务主要来自公路建设项目，安工险源于承保中煤能源石化项目。

自治区内的其他财险公司2013年的工程保险经营策略等情况与上述基本雷同。

2014年，人保财险公司充分发挥人保自身品牌、偿付能力、承保能力等优势，参与大型项目竞标，中标中天合创化工项目、呼准鄂铁路、广东省南粤交通潮漳高速公路等大型项目；学习借鉴系统内北京、河北公司装修工程保险开展经验，积极与大型建筑企业、物业公司、装修公司联系，开拓中小工程保险项目。

同年，平安财险公司积极响应开展多种险种全面发展的号召，内蒙古分公司通过对自治区新建、改建、扩建项目的调查，及时掌握自治区发改委重点建设项目数据，建立全区重点建设项目跟踪，并在日常工作中收集、掌握、关注全区经济建设项目动态，用以指导各盟市财产险部的公关展业工作，收到显著成效。

同年，中华财险总公司下发《关于大力发展非车险的指导意见》（简称"财十条"），从组织保障、管理模式、队伍建设、资源支持、重点机构、重点渠道、重点产品、客户服务、创新发展、考核奖惩等10个方面，对分公司未来非车险发展方向做出了指示，为财产险发展提供了思路方法、策略措施和规范要求。内蒙古分公司围绕总公司"财十条"，及时在全区范围进行有效宣导，认真做好安排部署与贯彻落实。当年工程险保费收入2860万元，创历史新高。

自治区内的其他财险公司2014年的工程保险经营策略等情况与上述基本雷同。

2015年，人保财险公司发挥空中加油和预借费用等费用政策效力，助力业务发展，在预期可盈利的情况下，加大优质业务的费用支持力度。同时严格管控费用，对于预期可能亏损的业务减少甚至不配置手续费；配合指导盟市公司招投标，理性市场竞争，主导和参与大型工程项目的招投标，与盟市公司共同商讨应标条件、谈判策略。在维护好原有渠道的基础上，积极开拓电商、网络等新兴渠道，推广实现新渠道的新险种。同时大力推广装修工程、市政工程等新兴业务，实现了分散性业务的零突破。

同年，平安财险内蒙古分公司紧紧抓住国家和自治区工程项目投资机遇，鼓励大力发展工程险业务，加大对异地和竞回业务的奖励力度，鼓励向省外拓展工程险业务；加强工程险项目风险管理，严格审核项目属性、投资规模、坐落地点、施工环境、费率水平和承保条件，通过控制项目承保风险，扭转亏损局面，保证工程险业务有效益的发展，在自治区的公路建设、基础设施铺建等工程上都有参与。2011—2015年，平安财险内蒙古分公司加强与当地政府、发改委等部门的联系，紧跟政府部门市政工程建设的步伐，及时捕捉自治区重点建设项目工程信息，对新开工、新上项目进行跟踪展业服务，加大公关宣传力度，积极参与企业工程险招标，靠公司优质的理赔服务，在市场竞争中获得了众多企业的肯定。

同年，中华财险公司将大项目业务作为拳头险种和拉动业务增长的一驾马车，公司领导带头做表率，亲自带领部门人员对自治区重点行业、关键部门和代理渠道进行走访攻关，谈意向、签协议，加强分公司持援保障，为盟市机构展业创造良好环境。同时，成功中标京新高速公路阿拉善段3标工程险首席承保人（份额60%），中标且签单保费1535万元，此笔业务是内蒙古分公司成立11年以来单笔最大保费。

自治区内的其他财险公司2015年的工程保险经营策略等情况与上述基本雷同。

（四）货物运输保险、船舶保险

1.货物运输保险、船舶保险发展的三大标志性数据

表2-10　内蒙古货物运输保险、船舶保险保额（责任限额）、保费、赔付情况表

金额单位：人民币亿元、百万元

年份	保额（责任限额）	保费收入	赔付支出	年份	保额（责任限额）	保费收入	赔付支出
1980	—	—	—	1998	75.38	38.03	10.29
1981	—	—	—	1999	103.31	37.00	10.13
1982	0.40	0.02	0.01	2000	124.25	36.17	9.95
1983	1.20	0.06	—	2001	136.44	40.62	7.41
1984	5.06	0.25	0.01	2002	108.14	41.37	8.96
1985	15.94	0.08	—	2003	111.28	31.22	13.36
1986	35.44	1.77	0.10	2004	130.27	33.94	8.15
1987	93.62	4.68	0.28	2005	198.11	40.60	9.15
1988	198.26	9.91	0.80	2006	160.21	34.65	10.63
1989	153.40	15.34	2.06	2007	212.25	40.05	12.94
1990	95.60	19.12	2.13	2008	238.35	40.16	14.72
1991	67.17	16.05	3.30	2009	287.58	44.52	15.76
1992	85.06	17.22	3.95	2010	295.61	59.34	19.19
1993	59.73	26.90	5.52	2011	384.44	77.74	13.59
1994	57.89	30.61	6.99	2012	456.32	76.42	20.55
1995	90.43	37.21	13.02	2013	537.45	64.71	10.20
1996	117.73	35.34	8.83	2014	619.12	65.61	14.71
1997	116.06	50.92	13.10	2015	724.16	57.73	18.04

2.2001—2015年货物运输险、船舶保险发展状况

开办的险种主要有：林区木材运输保险、铁路货运保险、航空货物运输保险、公路货物运输保险、邮包保险等以及上述各项的附加险（包括偷窃提货不着险、淡水雨淋险、短量险、混杂和沾污险、渗漏险、碰损及破碎险、串味险、受潮受热险、钩损险、包装破裂险、绣损险等）。此外，还有货物出口香港（包括九龙）或澳门存仓火险责任扩展条款，特殊附加险有战争险、罢工险、战争险的附加费用，专门保险有远洋运输冷藏货物保险（冷藏险、冷藏一切险），以及远洋运输散装桐油保险。

2001年，人保财险认真贯彻货运险业务"止跌回升"的指导思想，深化同铁路部门的沟通、公关和合作，理顺铁路货运险与保价的关系；对全区货车拥有量及货源情况进行了调查摸底，积极与运管部门进行协调，大力发展公路货运险；根据市场变化，对进出口货运险采取了灵活的展业措施，加强进出口货运险业务培训，要求进出口货运险业务量大的盟市分公司专人负责此业务，避免业务流失；大力推广预约货运保险和邮包保险业务，培育货运险业务新的增长点；采取积极的措施，消灭了货运险业务空白点；加强规章制度建设，规范了业务流程。当年实现保费收入3818万元，虽然已跃出低谷，但规模显然比较小，业务总量在全国系统排第30位，表明市场开拓力度还需加大。

同年，平安财险也承办了一些货物运输保险业务，共收取货运险保费244万元。

2002年，人保财险在稳定现有业务领域的同时，拓宽经营思路，积极寻求新的业务增长点。将发展预约货运险业务作为发展重点，加大对大中型企业、大型综合性市场货运险保源的开拓力度，以企财险为跳板，发展预约货运险；继续搞好同铁路部门的沟通和合作，寻求新的合作方式；积极推动以对公路货运定额保险为龙头的分散性货运险业务的快速发展，实行全员展业，扩大公路货运险业务量；把发展进出口货运险作为突破口，克服世界经济疲软带来的进

出口贸易形势严峻的影响,力争实现进出口货运险业务同当地进出口业务同步增长,提高涉外业务在货运险总量中的比重。当年实现保费收入4075万元。

同年,平安财险也承办了一些货物运输保险业务,共收取货运险保费62万元。

2003年,人保财险针对全区不同情况,进一步解放思想、转变观念,采取措施,加大展业力度,积极参与竞争,强化承保管控。为了减轻铁路保价对铁路货运险的影响,各级公司加大了企业预约保险的力度;抓住自治区对外贸易快速发展的机遇,积极调整货运险业务内部结构,深度开掘进出口货运险市场;采取随车险保单捆绑销售公路货物运输定额保险、对大型运输公司实行公路货运险统保等措施。当年实现保费收入3061万元。

同年,平安财险也承办了一些货物运输保险业务,共收取货运险保费61万元。

2004年,人保财险坚持效益第一的发展意识,充分利用人保的品牌、网络、销售服务体系,整合展业营销资源,拓展营销渠道,创新营销手段,提高销售能力;大力发展出口货运险业务;拓宽合作渠道,锁定大型物流企业和商贸企业,拓展货运险业务。当年实现保费收入32.98百万元。

同年,平安财险也承办了一些货物运输保险业务,共收取货运险保费96万元。

2005年,人保财险抓住内蒙古自治区近年来吸引国内外资金强劲增长、区内外物流大幅增加、进出口总量不断增大的机遇,充分挖掘潜力,抓好重点业务的巩固和发展;协调好与铁路部门的关系,巩固原有业务阵地,尽量争取保源;通过实行捆绑销售、定额保单销售竞赛、运管部门和物流公司代理等方式,扩大公路货运险承保面;密切关注有进出口业务的重点企业和重点项目,有针对性地进行跟踪,加强源头展业。

此外,自治区内的平安财险、中华财险、大地财险、太平洋财险等其他财险公司2005年的货运险经营策略等情况与上述基本雷同。

2006年，人保财险分公司根据总公司提出的"确保效益、创新营销、强化管控、加快发展"的指导思想，在确保效益的前提下加强对铁路、交通运管、大型物流企业的业务联系和集中公关，了解客户需求，进一步巩固铁路货运险，以物流企业为主攻方向大力发展公路货运险，做大涉外货运险，消灭航空货运险空白点。引入分散性组合产品设计思路，开发一批价格低廉、保障全面、投保手续相对简单的定额产品，增强产品竞争力；拓展电子商务渠道，推广应用货运险电子商务（e-Cargo）系统，整合货运险业务环节，发挥网络方便快捷的特点，降低成本，提高效率；从源头抓起，搜集下发全区外贸企业名录、年出口额等信息，逐家落实承保情况；密切同铁路、公路、中行涉外处等代理机构的关系，拓展销售渠道。

同年，中华财险积极推动分散性业务发展，并给予一定的政策倾斜，实行全员展业，努力扩大公路货运险业务规模，货运险业务实现较快发展。

自治区内的其他财险公司2006年的货运险经营策略等情况与上述基本雷同。

2007年，人保财险强化货运险展业和管理队伍建设，实行政策倾斜，保证对货运险的人力、财力、物力投入；努力简化手续，完善产品费率管理，探索形成符合价值规律、富有弹性、快速反应的市场化费率机制；设计开发区域性产品《中国人民财产保险股份有限公司内蒙古分公司国内邮（包）件保险》，探索新的业务增长点；在总结部分盟市公司成功经验的基础上，全面推广货运险电子商务，发挥电子商务便捷、规范的优势，扩大销售业绩；加强与各铁路局的合作，深化与铁路各站段的合作，专人负责联系、协调，确保铁路货运险稳步发展；采取多渠道、广代理的形式，加强与银行、邮政的代理合作；寻求与物流和商务部门的合作，并适应外贸体制改革以后的新形势，探索、创新进出口货运险业务的发展思路和措施，开拓进出口货运险、邮包险等业务。

同年，中华财险进一步解放思想、转变观念，针对全区不同情况，采取有效措施，强化承保管控；同时，加大企业预约保险拓展力度，抓住自治区对外贸易快速发展的有利时机，积极调整货运险业务结构，深度挖掘进出口货运险市场，借助车险平台推广公路货物运输定额保险，对大型运输公司实行公路货运险统保等措施。

自治区内的其他财险公司2007年的货运险经营策略等情况与上述基本雷同。

2008年，人保财险各盟市分公司高度重视货运险业务，货运险在岗人员得到加强，采取积极有效的办法，把业务发展的压力变为动力，制定科学合理的考核激励机制，为业务发展注入了动力与活力；借鉴先进经验，积极探索针对运输条件苛刻、承保技术含量高的蔬菜、牛奶等货物的运输保险业务；对保源进行彻底调查了解，研究业务发展对策；加强与各铁路局的联系，扩大与各铁路站段的合作，确保铁路货运险发展；大力推广电子商务模式，进一步扩大销售业绩；加强合规控制、制定核保制度。

同年，中华财险坚持效益第一的经营理念，积极调整业务结构，整合资源，拓展渠道，创新手段，大力发展货运险等分散性业务。拓宽合作领域，锁定大型物流和商贸企业，推动货运险业务发展；建章立制，强化对公路货运险、预约保险和定额保险的内控管理。

自治区内的其他财险公司2008年的货运险经营策略等情况与上述基本雷同。

2009年，人保财险开展全体展业人员每人一单货运险业务活动，部分盟市分公司开展每月至少一户预约货运险、展业人员每人每月至少一单货运险业务活动；开发区域性产品《内蒙古分公司国内公路危险货物运输保险》；继续加强同沈阳铁路局的协调沟通，续签了《2009年铁路货运险代理协议》，在逆境中发展铁路货运险业务。

同年，中华财险抓住内蒙古自治区招商引资强劲增长、区内外物流大幅增加、进出口总量不断扩大的发展机遇，充分挖掘市场潜力，有针对性地进行项目跟踪，加强源头展业，抓好重点业务巩固和发展。进一步规范业务流程和制度建设，防范业务经营风险。

自治区内的其他财险公司2009年的货运险经营策略等情况与上述基本雷同。

2010年，人保财险健全完善专业团队，继续落实全员每人一单货运险业务的要求，加大业务挖掘力度，重点推动铁路货运险和进出口货运险业务发展。各盟市分公司因地制宜采取灵活竞争策略，整合现有产品，不断修改承保条件，确保业务的持续、稳定、健康发展，扭转了连续3年发展缓慢的被动局面。

同年，中华财险积极强化货运险展业和管理队伍建设，实行政策倾斜，保证对货运险的人力、财力、物力投入；努力简化手续，完善产品费率管理，探索形成符合价值规律、富有弹性、快速反应的市场化费率机制；在总结部分盟市公司成功经验的基础上，做好经验推广，采取有效办法，变压力为动力，加强激励考核，增强业务发展的动力与活力。

自治区内的其他财险公司2010年的货运险经营策略等情况与上述基本雷同。

2011年，人保财险从下列6个方面加强了货运险业务的巩固发展。

第一，进一步巩固重点险种、客户的承保。一是巩固并提高公路货运险的传统优势；二是促进铁路货运险发展；三是大力发展预约业务；四开展工程货运险；五是发展物流货运险业务。

第二，强力推进分散性险种快速发展。各公司加大展业协调力度，加强宣传，积极培育分散性业务的增长点，多险种发展货运险业务；采取灵活有效的激励措施鼓励展业人员销售分散性业务。根据消费习惯和需求，研究更具有针对性的渠道或方式，通过创新展业营销模式及整合渠道力量，推进货运险业务发展。

第三，大力开拓农村货运险业务。分公司及时总结宣传推广农村货运险销售典型事例，介绍展业成功经验，鼓励更多的销售人员积极推广农村货运险业务，有效促进农村货运险业务上规模。各公司进一步加强农村市场的业务拓展，利用农村交通安全网和保险服务网"双网"建设，通过直销、营销、农网代办、内外部交叉销售等手段，尽快完成农村货运险市场的渗透和布局。

第四，加强规范化管理。一是加大货运险业务核保省集中核批执行力度；二是进一步宣导分区域、分险种动态调整承保政策的管理理念，探索分区域、分险种差异化管理手段；三是进一步加强应收保费管理。

第五，强化效益跟踪。一是加强制度建设，对产品线业务管理方面存在的问题查漏补遗，完善承保制度、实务和流程；二是建立超权限审批业务月反馈制度，加强对已审批项目的主动跟踪；三是不定期进行盟市分公司货物险盈利能力检查分析；四是督促各盟市分公司加强对所辖区县支公司货运险盈利能力分析，加强保前风险控制和保后风险跟踪，及时发现隐患，及时规避和改进，提高货运险效益水平。

第六，加强培训，提升队伍学习能力和服务水平。及时征求各地市培训需求，采取现场培训、视频培训、送培训下乡等形式进行货运险专题培训，加大对一线销售人员和内勤人员的培训范围，重点解决基层"不会做"的问题。

2011年，平安财险内蒙古分公司拓宽经营思路，在传统渠道之外积极寻求新的业务增长点。将发展货运险业务作为发展重点，加大对大中型企业、大型综合性市场货运险保源的开掘力度，力求在货运险上取得一定的突破。

自治区内的其他财险公司2011年的货运险经营策略等情况与上述基本雷同。

2012年，人保财险分公司从下列8个方面加强了货运险业务的巩固发展。

第一，落实总分公司会议精神，解放思想，坚持提速增收。一是全区系统解放思想，对标市场，进一步捕捉发展机遇，把握发展重点，制定发展策略，全面协调各险种业务结构，坚持提速增收，推动货运险业务整体快速发展；二是盟市分公司高度重视货运险这一效益型险种的发展，对基层支公司明确分解落实货运险任务计划，切实对货运险业务发展负起责来。

第二，巩固货运险业务发展根基，全面拓展新兴业务领域。一是进一步巩固重点险种、客户的承保；二是加快货运险业务的均衡发展，消灭货运险空白支公司；三是对危险货物和随车货物运输保险等新领域进行开辟，同时在全区范围对随车货物运输保险进行推动，促进优良险种上规模；四是开拓中介代理业务领域；五是积极培育争取中小企业的货运险业务。

第三，积极参与竞争，巩固公司市场地位。2012年4月，在总公司船货险部的全力支持下，内蒙古自治区分公司、通辽市、通辽东城区营业部三级公司联合开展公关协调工作，准确掌握竞争对手信息，成功竞回前3个年度在辽宁省平安公司承保的霍煤鸿骏铝电有限责任公司水路陆路货运险业务，成为公司龙年首单货运险竞回业务，进一步巩固了公司在货运险市场的引领地位，公司对货运险业务的影响力和话语权得到进一步提升。

第四，加强客户信息管理，引导开发货运险业务市场。根据当地不同区域的特色产业群，细分市场，实施差异化的业务发展策略，开展不同层级、有针对性的展业，不断提高展业成功率和续保率，继续巩固并加强公司在当地货物运输保险市场的主导地位。

第五，推进以效益为中心的质量管控。2012年一季度，对核保情况进行了严格评估，并进行了动态调整，进一步严格核保条件，保证每张保单保费的充足度，确保风险得到合理控制。为保证质量管控执行到位，货运险部加强现场督导，对货运险业务量大的盟市分公司，采取重点公司、重点督导的办法，保证业务有效益的发展。2012年上半年，对包头、鄂尔多斯分公司进行了业务财务真实性督导检查，检查内容包括业务合规性、应收保费、单证管理等，检查结束后，及时向各公司进行了反馈，并要求对发现的问题进行及时整改。

第六，持续推进销售费用差异化管理。各盟市分公司货运险产品线按照总分公司销售费用差异化配置工作的统一部署，在总结上年费用配置效果的基础上，对各险种费用配置比例进行了调整，普遍上调效益良好险种的销售费用的配置比例，对效益欠佳的险种减少费用配置比例，起到了费用配置的杠杆调整作用。

第七，进一步拓展电子商务业务。2012年，在全区范围对电子保单和电子商务网络版进行推广，电子商务业务新开户增加3家，分别为霍煤鸿俊有限责任公司、乌海新征物流公司、包钢国际贸易公司。客户可以根据业务情况，随时通过该系统进行自助投保，充分发挥了e-cargo业务简单快捷、方便实用的特点。

第八，对总办颁布和区域性单证进行测试和清理。根据总公司的统一安排，对货运险总颁单证印刷格式和打印格式进行测试，梳理各新版单证所对应的单证识别码，同时对分公司所有在用的区域性单证进行梳理，协助办公室对单证系统内在用的货运险单证识别码进行清理。

自治区内的其他财险公司2012年的货运险经营策略等情况与上述基本雷同。

2013年，人保财险分公司从下列10个方面加强了货运险业务的巩固发展。

第一，提高认识，加强对货运险业务的重视程度。各公司切实提高对货运险业务的重视程度，自治区分公司要求上年市场份额低于35%的盟市分公司，在2013年要将货运险业务作为一把手工程，确保年末货运险市场份额同公司整体实力和当地保源相匹配，确保份额回升。

第二，全面对标市场，确保市场份额稳定。2013年的考核中，进一步加大对标市场指标权重，下达的计划任务，除了保证一定比例的增幅，对落后市场的公司还加上落后的缺口。

第三，进一步巩固重点险种、客户的承保。一是巩固并提高公路货运险的传统优势；二是促进铁路货运险发展；三是大力发展预约业务；四是发展物流货运险业务。

第四，强力推进分散型险种快速发展。一是创新发展思路，对随车行李保险、邮包件保险等分散型险种进行大力推广，逐步解决业务结构单一、各险种发展不均衡的问题；二是加强同公司内部各产品线和渠道的协作，做好产品的相互推介和搭售工作，提高产品渗透率。

第五，大力开拓农村货运险业务。深挖内部客户资源，加强同农险、责任意外险、车辆险、车商部等的配合，共同努力，通过直销、营销、农网代办、内外部交叉销售等手段，尽快完成农村货运险市场的渗透和布局。同时及时总结推广农村货运险销售典型事例，介绍成功展业经验，鼓励更多的销售人员推广农村货运险业务。

第六，加强规范化管理。一是加强报价管理；二是根据总分公司的统一安排，实现货运险业务的核保省集中；三是同相关部门加强配合，进一步提高数据质量和数据处理效率；四是进一步加强应收保费管理；五是不断强化单证源头管理的力度，同相关部门协调配合，做好货运险单证管理工作。

第七，强化效益跟踪。一是加强制度建设，对产品线业务管理方面存在的问题查漏补遗，完善承保制度、实务和流程；二是加强对已审批项目的主动跟踪，以协助盟市分公司制定更有竞争力的承保方案和承保管理制度；三是不定期进行盟市分公司货运险盈利能力检查分析，确保效益性增长；四是督促各盟市分公司加强对所辖区县支公司货运险盈利能力分析，提高货运险效益水平。

第八，提升管理技能。一是督促各盟市分公司一把手充分重视货运险岗位人员的稳定性，避免出现人员一年一换的现象；二是根据业务发展需要，组织开展相应的业务培训；三是督促各盟市分公司制订本辖区的业务培训计划。

第九，积极推电子商务业务。各盟市分公司加强对电子商务业务的宣导，确定电子商务重点发展客户群，让更多的客户及中介使用电子商务。

第十，探索差异化的销售政策，促进货运险业务发展。根据总、分公司的险种差异化管理政策，根据各地各险种业务效益动态调整费用配置。

自治区内的其他财险公司2013年的货运险经营策略等情况与上述基本雷同。

2014年，人保财险分公司从下列6个方面加强了货运险业务的巩固发展。

第一，对标市场，全力以赴推进货运险快速发展。确保发展速度与市场发展同步，确保人保财险内蒙古分公司在货运险市场的主导地位。

第二，进一步加强对呼铁局等重点客户的公关维护。

第三，确保市场份额稳定。一是对重点盟市分公司进行重点督导；二是全区系统适当调整承保政策，保证了市场竞争力，提高货运险市场份额。

第四，高度重视新增竞回业务。全区系统货运险产品线进一步重视新增竞回业务，积极准确掌握竞争对手信息，多渠道拓展业务，以优质的服务和专业技能新增竞回一批业务。

第五，进一步加强应收保费管理。各公司严格执行公司应收保费管理规定，不允许产生违反管理规定的应收保费，做到签单前可控，签单后可追。

第六，提高分散性险种占比。一是持续落实一人一单货运险活动；二是持续推进效益好的分散性险种，对效益险种进行销售费用补贴，特别是对随车行李物品保险进行强力推进。

自治区内的其他财险公司2014年的货运险经营策略等情况与上述基本雷同。

2015年，人保财险分公司从下列7个方面加强了货运险业务的巩固发展。

第一，进一步巩固重点客户业务。一是预约货运险业务提高承保技能，扩大承保规模；二是各铁路局铁货险业务，针对各铁路局具体情况，齐抓共管，有针对性地解决业务发展中存在的障碍，促进该业务上规模。

第二，充分重视分散性险种。建立全员营销货运险的理念，特别是优质分散性险种的发展，通过开展销售竞赛、先进经验复制、费用补贴等形式，促进分散性货运险业务上规模。

第三，加强同渠道部门的合作。加强渠道部门对货运险业务的管控能力，确保渠道部门业务的顺利完成。

第四，加强市场培育。深刻学习领会"国十条""内蒙古十条"精神，充分利用政策支持，把握机会，制定可行承保方案，加快货运险业务发展。

第五，加强市场调研。充分学习借鉴兄弟省份经验，探索适合当地的物流保险模式。

第六，促进优质业务快速发展。充分发挥产品线专业技能优势，加快新增竟回业务的发展。

第七，持续加大对基层公司的培训力度。通过贴近市场、贴近受训人员的课件和生动的授课，不断提高各级公司员工的货运险技能。

2011—2015年，平安财险内蒙古分公司开展货运险快速增长的战略规划，稳固同传统渠道部门的沟通、合作，对全区货车拥有量及货源情况进行了调查摸底，积极与运管部门进行协调，大力发展公路货运险。对进出口货运险根据市场变化，采取灵活的展业措施，加强进出口货运险业务培训，落实责任到个人，开始力争在货运险上取得重大突破。同时，为了避免业务流失，培育货运险业务新的增长点，内蒙古分公司内部加强了规章制度建设，规范了业务流程。

自治区内的其他财险公司2015年的货运险经营策略等情况与上述基本雷同。

(五)机动车辆保险

1. 机动车辆保险发展的三大标志性数据

表2-11 内蒙古机动车辆保险保额(责任限额)、保费、赔付情况表

金额单位:人民币亿元、百万元

年份	保额(责任限额)	保费收入	赔付支出	年份	保额(责任限额)	保费收入	赔付支出
1980	—	—	—	1998	298.76	479.57	233.41
1981	0.27	0.42	0.03	1999	230.18	461.48	232.13
1982	1.47	2.30	0.45	2000	205.01	492.66	227.07
1983	3.41	5.35	2.13	2001	222.14	534.42	239.07
1984	5.90	9.26	4.58	2002	257.66	627.18	263.94
1985	12.56	19.71	11.14	2003	329.98	712.45	320.25
1986	15.95	25.03	15.91	2004	542.07	1106.78	484.17
1987	18.77	29.47	21.31	2005	853.57	1482.50	641.33
1988	25.14	39.47	25.92	2006	1115.29	1780.05	859.01
1989	40.88	64.17	29.24	2007	1776.93	2753.21	1354.52
1990	46.69	73.29	32.20	2008	3118.54	3606.92	1800.40
1991	56.83	85.28	39.82	2009	4336.63	4554.39	2199.78
1992	74.48	120.21	65.21	2010	5923.65	7145.96	2876.10
1993	117.73	185.41	91.03	2011	5398.56	8651.57	3670.50
1994	136.86	236.82	162.81	2012	6420.61	8724.82	4408.04
1995	137.61	315.68	202.97	2013	10275.68	8785.53	4534.69
1996	163.66	409.07	211.41	2014	12156.60	9132.96	4425.63
1997	215.24	461.00	225.83	2015	14865.53	9881.40	4917.61

2.2001—2015年机动车辆保险发展状况

开办的险种主要有机动车第三者责任保险，家庭自用汽车损失保险及附加险，非营业用汽车损失保险及附加险，营业用汽车损失保险及附加险，摩托车、拖拉机保险，机动车车上人员责任保险，机动车盗抢保险，特种车辆保险，机动车提车保险等。

2001—2010年，各财险公司紧紧抓住发展机动车辆保险业务不动摇，紧盯市场做业务，抓管理促发展，抓服务上水平，抓规模上效益，重点抓机动车商业险发展；认真推进车险改革市场化和车险费率市场化，实行标准化管理，创车险名优工程，积极推动交强险业务；依托"电话销售渠道"专线服务平台，加快理赔速度，提高服务质量，实现了业务收入的快速增长和良好的经济效益，为公司发展做出了突出贡献。

2003年，平安财险随着车险市场的不断发展，为顺应市场发展的需求，不断探索尝试车险经营的突破，借鉴国外成熟保险市场的优秀经验，创造了中国保险业首个专门用于电话销售渠道的机动车辆保险产品（简称电销专用产品），开创了中国保险业新型销售模式的零突破。当年6月，经内蒙古保监局审核验收，批准平安财险内蒙古分公司成为首家获得在呼和浩特市地区开展电话营销车险资格保险公司。此后，平安财险又先后在包头、鄂尔多斯等各盟市相继开展电话营销车险。该新型的车险销售产品和销售模型在内蒙古保险市场一经推出，反响热烈，广大客户对此种新型的营销模式和定价方式纷纷表示认可和赞同。此后，各家保险公司相继相仿，陆续开展了电话营销车险等保险业务。

2011—2015年，内蒙古各财险公司紧密围绕以客户为中心转型这一主题，按照全面强化一切为了客户、一切服务基层的意识，着力提升发展能力、服务能力和盈利能力的工作思路，坚持推进车险有效发展。

2015年12月，内蒙古地区商车费改开始，人保财险成为内蒙古地区22家经营财产保险主体中第一家接受内蒙古保监局商车改革现场验收的公司，公司的商车改革准备工作不仅得到了内蒙古保监局验收组的充分肯定，还得到了总公司的高度认可。费改的定价、培训及制度建设等工作扎实、有效开展，确保了公司商车费改的平稳过渡。

（1）商业机动车辆保险

2001年，人保财险认真贯彻执行全国车险工作会议及全区保险工作会议精神，坚持"服务客户，加快发展，优化结构，提高效益"的方针，树立以客户为中心的经营理念，不断改进服务手段和方式，全面提升服务层次，拓宽服务领域，增强核心竞争力；进一步深化机动车险创名优工程建设，提升理赔服务质量，加快小额赔付速度，推出"生命绿色通道"救助担保卡服务，实施车险简易赔案处理办法，在部分地区开展理赔跟踪服务和机动车辆互碰赔案试点工作；加强"95518"服务专线电话建设，改进和提高服务质量，依托专线服务平台，架起与客户沟通的桥梁，进一步增强了公司市场竞争力。

2002年，人保财险、平安财险两家公司按照"与时俱进、加快发展、深化改革、加强管理、优化服务、开拓创新，牢固树立发展的观念，推动车险业务向着精细化、标准化、规范化、制度化方向发展"的总体要求，紧紧围绕发展主题，建章建制，采取激励措施，积极寻找车险业务新的增长点；进一步加强自身管理制度的建设，不断提升车险服务水平，增强市场竞争力，提升客户满意度，树立良好的品牌形象，为车险条款费率改革奠定了坚实的基础。

2003年，全国机动车辆保险改革正式启动。这是财险市场有史以来力度最大、步伐最快的一次改革。这次改革将一个在国内保险市场上统颁条款适用时间最长、监管最严厉的险种完全推向市场，使机动车辆保险成为市场化程度最高的险种。人保财险根据"更新观念，与时俱进；创新服务，打造品牌；细分市场，狠抓发展；精细管理，确保效益"的总体目标，本着"份额不降，市场不丢，效益不减，适度增长"的精神，进行了车险业务市场化改革的平稳过渡。面对保险市场竞争压力加大、费率走低、承保利润渐趋下降等带来的新挑战，公司全体员工积极转变思想观念，增强竞争意识，密切关注市场动态，适时采取应对措施，充分了解客户对条款费率变动的反应、客户的需求以及同业的展业方式、条款、费率的使用情况等，充分发挥公司的机构网络优势、品牌优势、人才和技术优势，以多种展业方式和一流服务水平巩固、拓宽车险的服务领域，使车险业务在改革中得到了稳步的发展。

2004年是车险条款个性化、费率市场化改革转入正轨的第一年，由于存在着相当大的不确定性，车险的营销服务工作还有待于进一步探索。人保财险等各公司明确了当年的工作重点：紧盯市场，研究市场行情，把握市场动态，及时调整销售策略；收集、分析、研究本地区、全国市场动态与趋势，同业市场发展目标、竞争策略、客户资源信息，研究对策，提升市场应变调控能力；根据对市场的分析和信息的收集整理，找出业务发展的特点，制定营销策略；扩展和创新车险业务的营销渠道，发展分散性业务；组织实施车险团体招标业务的应标工作，制定统一的招标规则，避免系统内部无序竞争；进一步加强经营管理，提高业务操作的科学化、标准化、精细化水平，推动公司制度化、规范化进程；对机动车辆保险业务进行实时监控，确保车险业务有效益发展。

2005年，自治区宏观经济环境为车险业务带来了良好的发展机遇。随着国内保险市场全面对外开放，自治区非寿险市场竞争主体的增加和中介机构的大量涌现，车险市场全面竞争的格局逐步形成。人保财险根据全国车辆保险工作会议提出的"突出一条主线，抓好两个关键，实现两大目标"的总体要求，确定了重点工作：积极配合Cognos系统运用，建立自治区、盟市两级车辆保险业务分析与监控体系；积极应对日益激烈的市场竞争，为客户量身定做承保方案，以优良的服务和优惠的价格吸引优质客户；积极应对客户对第三者责任险提高限额投保的新需求，及时调整和审批盟市分公司的经营授权和特殊申请，快速应对市场，满足客户的最大需求。

自治区内的其他财险公司2005年的商业机动车辆保险经营策略等情况与上述基本雷同。

2006年，人保财险贯彻落实全国车辆保险工作会议精神，结合公司实际情况，提出了"坚持有效益发展，大力提升车险业务竞争力，确保超额完成利润指标"的经营指导思想，进一步扩大车险监控体系应用范围，有效强化高风险业务管控，扎实推进车型标准信息数据库建设，初步建立了以"客户经理、销售经理、销售人员"为主要支柱的车险销售服务体系，精细化管理水平得到不断提升。根据总公司车险宣传月活动要求，各级公司在主要公共场所为公众提供全方位、多层次的车辆保险咨询服务，公司的知名度和美誉度得到有效提升。中国保险行业协会推出了包含车辆损失险和商业三者险两个主险种在内的A、B、C3套商业车险行业基本条款。车辆保险发展发生重大变革，车险市场进一步走向规范化。

自治区内的其他财险公司2006年的商业机动车辆保险经营策略等情况与上述基本雷同。

2007年是机动车辆保险市场环境相对较好的一年，也是机动车交通事故责任强制保险和新版商业车险稳定发展的一年。人保财险、中华财险等各财险公司坚持以科学发展观统领，切实贯彻各家总公司"规模服从效益，管理适应发展，一切服从转型"的原则，积极谋发展，努力推转型，精心促和谐，积极配合内蒙古行业协会建立交强险信息查询平台，积极协调行业协会完善行业自律公约，确保了交强险费率浮动后车险市场的稳定、高效运营。工作的总体要求是："解放思想，更新观念，在确保车险保费规模快速增长的同时，紧盯市场做业务。要牢固树立保持市场份额的观念，密切关注车险承保数量的变化，确保公司市场份额优势。"拖拉机交强险费率和新版车险条款、费率开始实施，新版车险条款中增加了车上人员责任险、盗抢险、不计免赔率特约险、玻璃单独破碎险、车身划痕损失险和可选免赔额等6个险种，并对费率调节系数进行了简化和规范。对微观系统分析平台从内容和形式等方面进行了完善，实现了各盟市公司对业务发展情况的及时、准确监控，保证了车险业务的健康发展；积极配合内蒙古行业协会建立交强险信息查询平台；积极协调行业协会完善行业自律公约，确保交强险费率浮动后车险市场的稳定；认真贯彻执行保监会和国家税务总局"经营交强险的保险主体要代收代缴车船税"的相关文件要求，积极协调有关部门，认真准备有关代收代缴车船税的各项事宜，并要求各盟市公司在开办此业务时向客户做好宣传解释工作，避免因开办车船税代收代缴工作而引发客户矛盾，影响公司车险业务发展。当年业务既保持了较高增长幅度，又取得了较好的经营效益。

2008年，行业自律进一步完善，区域车险市场竞争环境相对较好。人保财险等各财险公司机动车辆保险工作的总体思路是："以科学发展观为统领，正确认识和全面把握保险业面临的新形势，以提高产品线经营管理能力、创新能力和客户服务能力为重点，以分散性业务为突破口，统筹处理好加快发展与防范风险的关系，积极转变发展方式，不断探索新道路、新产品和新服务，确保以服务赢得市场、以管理提高效益、以创新推动业务可持续发展目标的实现。"保监会对交强险和商业车险费率实施调整，在详细测算费率调整对交强险和车险业务发展的影响的同时，组织全区车险员工对新旧车险费率差异和特点进行培训，使广大车险员工迅速掌握实务操作。根据市场发展形势，及时调整业务竞争策略和业务发展措施，坚持车险业务每旬点评制度，及时分析和通报全区车险业务发展情况和问题，并提出解决问题方法，对各盟市车险业务发展进行分类指导，随时调整发展与竞争策略，取得了良好的效果。积极与保监局和行业协会联系，推进机动车辆保险"见费出单"工作，从而改变了延续多年的车险保费结算方式，风险防范和控制能力得到进一步加强，为今后公司逐步化解车险应收保费风险创造良好条件。

2009年，人保财险等各财险公司机动车辆保险工作的总体要求是："以增强车险销售能力为基础,强化资源整合和渠道创新,完善制度建设和考核,确保车险业务快速发展。"制定《4S店专管专营管理办法》,树立紧盯市场、积极主动、快速发展的意识,增强发展的信心和决心;制定《续保考核办法》,加大续保业务考核力度;对全区车险业务进行分类监控、分析、督导,加强车险业务监控指导的针对性、及时性和系统性;强化承保管控,增强承保定价能力,提高保费充足率;修订《车险业务承保管理规定》,对盟市进行业务分类管理,实施差异化承保政策;扩大省集中核保范围,根据不同地区特点和管理水平对车险业务核保权限进行差异化授权。

2010年,内蒙古自治区机动车辆保险工作的总体要求是:"紧紧围绕车险有效益快速发展为中心,加强车险销售能力建设;以业务细分,结构调整,专业化经营和承保管控为手段,提高车险定价能力和保费充足率,增强车险盈利能力建设;以提高车险监控分析能力为基础,促进车险干部队伍素质提高,从而实现车险业务经营发展新跨越。"人保财险出台了《机动车辆验车验证管理办法》《新车号牌号码批改的管理办法》《对省级核保不通过业务建立定期通报制度》等一系列文件,对夯实业务的基础管理工作,进而全面提升业务的经营管理水平起到了积极的作用。进一步扩大监控系统的使用范围,为盟市分公司利用监控系统,监控、分析本公司的车险业务发展与承保政策的制定提供技术支持,为承保政策、销售政策的制定提供决策支持;将车险业务分为A、B、C、D、E5类,对不同类别的业务实施差异化销售政策,并在系统中配置了承保管控参数,按时设置启用车险核保辅助系统,加强业务的分类管理能力。

自治区内的其他财险公司2010年的商业机动车辆保险经营策略等情况与上述基本雷同。

2011年,面对变化剧烈、竞争激烈的市场环境,人保财险的车险产品线坚定不移地紧扣"转方式促发展、强合规增效益"的主基调,围绕总、分公司确定的战略目标和工作任务,深化车险专管专营机制,提升渠道销售能力和服务能力;深化销售费用差异化配置，不断优化资源利用效率；坚持经营业绩综合评价，强化分类管控机制；实现车险三代系统的顺利推广上线工作，确保业务的正常发展。通过稳步提升车险发展能力与盈利能力，取得了良好的经营业绩。

自治区内的其他财险公司2011年的商业机动车辆保险经营策略等情况与上述基本雷同。

2012年，人保财险按照"建平台、抓整合、强服务、促转型"的工作基调，贯彻落实上级公司以实施"使命2015计划"为总的行动纲领，突出销售渠道建设主线，全面构筑新的发展格局，继续巩固和提升行业和市场主导地位。坚持短期有效、长期有利的工作原则，加强份额管理、过程管理和量化管理，实施市场进取战略。2012年的工作重点：一是明确发展目标，全面谋划车险业务发展；二是强化承保管控，提高盈利水平；三是加强核保管理，积极推进落实授权管理制度；四是实施手续费差异化配置，增强风险选择能力；五是加强核保考核，提高核保效率；六是推动车险续保工作，加强续保管理。

自治区内的其他财险公司2012年的商业机动车辆保险经营策略等情况与上述基本雷同。

2013年，自治区宏观经济持续低迷，汽车运输市场及新车销售市场疲软，行业发展严重滞后，市场竞争进一步加剧。面对严峻形势，人保财险等公司车险产品线的广大员工同心协力、沉着应对，深入贯彻落实总分公司保险工作会议精神，紧密围绕"以客户为中心转型"这一主题，按照"强化基础、完善定价、过程管控、服务制胜"的十六字工作方针，坚持业务经营与市场对标。通过明确全年发展目标，分解任务计划，督促业务发展；加强车险承保业务管控，切实增强车险有效益发展能力；准确研判市场，迅速反应，稳定业务发展；坚持对标管理，实施手续费差异化配置，增强业务获取能力与风险选择能力；推广先进经验，狠抓严管车险续保工作；积极响应总公司开展的车险承保技能大赛工作等方面，积极推动车险业务发展，持续提升公司发展质量和效益。

2014年，宏观经济增量持续下行的信号更为强烈，煤炭价格的持续走低进一步导致汽车运输市场的继续低迷。受道路交通环境恶劣和机动车尾气环境污染治理双重挤压的影响，新车销售市场步入了销售的平和期，行业增速持续在低位徘徊，市场竞争进一步加剧。人保财险等公司始终坚持深入贯彻落实总、分公司保险工作会议精神，紧密围绕"打造人保财险升级版"这一主题，按照"以基层建设为主题，全面强化一切为了客户、一切服务基层的意识，着力提升发展能力、服务能力和盈利能力"的工作思路，坚持推进车险有效发展。2014年，人保财险内蒙古分公司设定全年车险业务的总体工作要求，提出业务发展重点和关键管理指标；鼓励优质业务发展，提升优质业务续保率、车均保费及保全保足率，加强优质业务的竞回和续存能力；进一步细化续保管理制度，狠抓续保业务过程管理；紧密围绕基层建设，完善顶层设计，着力构建车险大续保的业务模式；梳理车险团体业务情况，明确业务发展目标，大力推动新增、竞回业务的发展；强化监控分析，坚守合规底线，确保车险业务持续健康的发展。当年保费收入21.44亿元。

2015年，人保财险等各财险公司认真贯彻落实全区系统工作会议精神，按照分公司提出的"12345"等战略，以客户为中心全面转型，坚持对标市场、效益第一两大原则，建立日监控、周通报、月考核的管理制度；强化续保过程管控，定期对各盟市分公司和各旗县区支公司续保率的变化情况进行专门分析；加强话术的培训力度和运用能力，促进单均保费的提升。人保财险内蒙古分公司作为全国系统第二批商业车险改革试点的12家分公司之一，经过近3个月的精心准备，克服了时间紧、任务重的困难，通过加班加点，做了大量细致的准备工作，于2015年12月2日成为全区22家竞争主体中第一家通过保监局全面验收的主体，并于12月25日20时13分顺利完成系统切换上线，成功抢到了内蒙古地区商车改革的第一单。

（2）交通事故责任强制保险

2006年3月21日，根据第十届全国人民代表大会常务委员会第五次会议通过的《中华人民共和国道路交通安全法》，国务院常务会议原则上通过《机动车交通事故责任强制保险条例》（以下简称《交强险条例》），明确规定了机动车交通事故责任强制保险制度的适用范围、基本原则、保险各方当事人权利义务及监督管理机构的主要职责。这是中国历史上的第一个法定强制保险，具有强制性、广覆盖、公益性等特点，对于交强险制度在全国范围内的推行具有十分重要的意义。同年3月28日，《交强险条例》正式颁布。各财险公司的自治区、盟市、旗县三级公司均成立交强险工作领导小组，负责交强险的推行落实工作。为了确保交强险产品顺利上市，组织全区系统就交强险产品承保、理赔实务等内容进行全方位培训，提高全体员工业务素质和服务水平；为应对交强险产品上市后各车型承保保费、承保数量及投保险种结构变化给业务发展带来的不利影响，迅速调整市场策略，保证业务的平稳过渡与衔接，发展速度显著提升。当年全自治区交强险保费收入39944万元，占全区机动车辆保险保费收入的22.44%。

2007年，为全面贯彻执行交强险费率浮动暂行办法，推动交强险业务快速发展，部分财险公司印制了拖拉机交强险宣传手册，联系交管部门在广大农村牧区进行宣传，普及拖拉机交强险知识，为开展拖拉机交强险业务奠定了基础。此外，各财险公司积极配合内蒙古行业协会建立交强险信息查询平台，积极协调行业协会完善行业自律公约，避免各家主体利用交强险费率浮动违规降价承保，确保交强险费率浮动后车险市场的稳定。当年全区交强险保费收入117108万元，占全区车险总保费收入的42.54%。

2008年，为适应交强险费率调整的需要，组织力量全面开展新费率、新承保实务培训。各财险公司相继制定下发《2008版内蒙古自治区车险业务经营绩效考核奖励办法》等，加大考核力度，鼓励拓展交强险优质业务，促使车险业务占比效益化，最大限度地降低了交强险费率改革对业务发展带来的影响。当年全区交强险保费收入126747万元，占全区车险总保费收入的35.14%。

2009年，为切实加强车险盈利能力建设，强化车险多维度监控分析力度，促进车险精细化管理和差异化经营，确保车险业务平稳健康发展，各财险公司相继制定《中国人民财产保险股份有限公司内蒙古分公司车险经营业绩综合评价与分类管理办法》等，对交强险批减、批退、全单退保业务进行监控和分类评价，并制定了分类管理措施，确保了交强险业务的盈利能力。针对上年交强险与市场发展有差距的问题，进一步加强交强险发展，人保财险公司单独下发保费计划，单独考核奖励，极大地促进了交强险业务发展。全区当年交强险保费收入158311万元，占全区车险总保费收入的34.76%。

2010年，自治区各财险公司针对交强险与商业险业务发展之间反差较大，地区之间发展不均衡，交强险销售能力不强，过于依赖商业险发展的实际情况，牢固树立优先发展交强险的观念，继续加大考核力度，鼓励并督促各级公司制定单独的考核办法，大力发展交强险业务。在努力发展业务的同时，进一步加强交强险业务质量管控。人保财险等多个公司先后下发《关于加强交强险异地业务及车险应收保费管控的通知》等，对不符合技术标准的"变形拖拉机"及低速载货汽车悬挂拖拉机号牌的业务加强了管理，同时密切关注异地交强险业务的理赔动态，严防道德风险。全区当年交强险保费收入200873万元，占全区车险总保费收入的28.11%。

2011年，各财险公司高度重视交强险业务的发展。为最大限度地发挥保险的社会管理职能，针对县域市场"五小"车辆业务，大力宣传，积极引导客户投保，提醒客户以最少的投入获取最大的经济保障。全区当年交强险保费收入288962万元，占全区车险总保费收入的33.40%。

2012年，各财险公司积极开拓农村市场，为农村经济的稳定提供相应的保障，人保、中华、大地、太平洋、安华等财险公司因地制宜，以摩托车和农用拖拉机交强险业务为突破口，进一步引导农民客户群体积极投保，推动农村"五小"车辆保险业务快速发展。

2013年，内蒙古行业协会出台《关于3月1日后挂车交强险承保相关事宜的通知》。各家财险分公司为保护客户的利益，纷纷转发其总公司出台的《关于挂车不再投保交强险相关事项的通知》《关于挂车不保交强险相关实务问题的解答》等，要求全区各级严格遵照执行。为提升公司优质业务的获取能力，人保财险及时转发总公司《车险营销话术范本（试用版）》，要求盟、旗各级在业务的开展中积极运用。全区当年交强险保费收入349576万元，占全区车险总保费收入的39.79%。

2014年，各财险公司为强化交强险业务的拓展能力，先后于年初制定并下发了《关于进一步加强市场地图绘制工作的通知》等文件，确保新增、竞回业务工作的开展有的放矢。每季度进行全区业务分析，对交强险业务的发展单独进行点评，找原因、想对策，推进交强险业务的发展。全区当年交强险保费收入375456万元，占全区车险总保费收入的41.11%。

2015年，公司强化续保业务管理，进一步加强县域车险续保工作的过程管控，确保自有业务不流失。同时，为依法合规经营，对异地号牌车辆严加管控，坚决不予承保异地车辆。全区当年交强险保费收入401089万元，占全区车险总保费收入的40.59%。

2015年，中国保险行业协会对2012年版商业车险示范条款进行修订完善，发布《中保协机动车辆商业保险示范条款（2014版）》，商业车险迎来划时代意义的改革。内蒙古各财险公司严格按照监管部门、行业协会以及各自总公司的要求，认真研究费改内容并积极开展费改培训、费改测算与系统测试，顺利完成费改过渡。各公司充分利用费改契机，提高机构经营主动性，提升自主经营能力。全区当年交强险保费收入401089万元，占全区车险总保费收入的40.59%。

（六）农业保险

1. 农业保险发展的三大标志性数据

表2-12 内蒙古农业保险保额（责任限额）、保费、赔付情况表

金额单位：人民币亿元、百万元

年份	保额（责任限额）	保费收入	赔付支出	年份	保额（责任限额）	保费收入	赔付支出
1980	—	—	—	1998	11.05	8.34	10.18
1981	—	—	—	1999	2.06	1.96	4.11
1982	—	—	—	2000	1.58	1.10	0.32
1983	—	—	—	2001	0.08	0.26	0.37
1984	—	—	—	2002	0.01	0.35	0.62
1985	0.42	0.32	0.17	2003	0.18	0.48	0.05
1986	1.83	1.38	1.44	2004	—	—	—
1987	1.97	1.49	3.20	2005	0.64	0.08	—
1988	1.80	1.36	2.14	2006	8.15	2.68	0.33
1989	2.08	1.57	2.33	2007	48.79	432.93	334.35
1990	2.58	1.95	2.45	2008	121.95	1092.86	570.57
1991	3.87	2.92	3.27	2009	164.24	1407.21	942.47
1992	5.70	4.30	4.83	2010	195.12	1488.67	967.52
1993	12.59	9.50	9.68	2011	228.92	1720.14	993.56
1994	6.62	5.00	9.21	2012	263.37	1920.61	1067.78
1995	4.01	3.03	4.21	2013	1892.25	2784.19	1481.28
1996	5.75	4.34	3.41	2014	1940.08	3002.08	1447.49
1997	10.92	8.24	8.10	2015	3062.13	4066.67	1658.85

2. 2001—2015年农业保险发展状况

（1）农业保险情况概述

自2001年之后，内蒙古农业保险业务发展可以分为3个阶段。

第一阶段为2001—2006年，这一阶段的业务经历了一个由逐步下滑到缓慢回升的发展过程。在此期间，2001—2004年，人保财险按照总公司优化险种结构，提高经济效益的经营理念，开始压缩农险发展规模，保费增速逐年放缓。2005—2006年，人保财险随着国家服务"三农"政策措施力度的不断加大，农险业务开始回升。

这一阶段开办的险种主要有农作物火灾保险、奶牛养殖场综合保险、能繁母猪养殖保险、肉牛保险、农业（玉米）保险、农业（小麦）保险、农业（大豆）保险、林木火灾保险、农作物种植雹灾保险、温室园艺作物种植保险、奶牛保险等。

2001年，人保财险认真贯彻总公司2000年印发的《中国人民保险公司烟草种植保险条款（范本）》和《中国人民保险公司收获期农作物火灾保险条款（范本）》，制定《中国人民保险公司内蒙古分公司奶牛保险条款》，积极开展农业保险业务。公司批准锡林郭勒盟分公司在西乌旗奶牛基地开办奶牛保险，奶牛基地所有财产及员工全部参加财产保险和雇主责任保险；批复兴安盟公司开发家庭生态林财产保险产品，试办奶牛保险业务；转发总公司《加强奶牛保险业务管理的通知》，要求各地开办奶牛保险一定要采取谨慎态度，明确规定每头参保奶牛保险金额不得突破1800元，保险费率不得低于10%；制定《中国人民保险公司内蒙古分公司肉牛保险条款》，报总公司并向中国保监会备案。

2002年，人保财险认真贯彻总公司相继颁发的《中国人民财产保险公司苗木保险条款》《中国人民财产保险公司林木火灾保险条款》《中国人民财产保险公司农作物火灾保险条款》《中国人民财产保险公司农作物种植雹灾保险条款》《中国人民财产保险公司农作物种植雹灾保险附加收获期火灾保险条款》《中国人民财产保险公司温室园艺作物种植保险条款》《中国人民财产保险公司奶牛保险基本险条款》《奶牛保险附加结核病和布鲁氏菌病保险条款》《奶牛保险附加创伤性网胃炎和创伤性心包炎保险条款》及费率表。这一年，通辽公司开始试办肉牛保险业务。

2004年，中国保监会将内蒙古自治区列为全国奶牛保险试点省区之一，人保财险上下对此给予了高度重视，把发展奶牛保险作为积极响应国家服务"三农"政策、充分发挥保险经济保障功能的重要举措。公司成立了由一把手担任组长的农业保险领导小组，抽调专人对全区奶牛养殖和乳业发展情况进行了深入细致地调查研究，向内蒙古金融办公室、内蒙古保监局上报了《政策性奶牛保险发展方案》；向自治区人民政府请示在全区试办政策性奶牛保险业务，同时提交了《政府推动、政策扶持、公司经营的奶牛保险发展方案》和《中国人民财产保险股份有限公司内蒙古分公司奶牛保险条款》；印发了《关于积极试办奶牛保险的通知》，要求各基层公司积极与当地政府沟通联系，努力争取政策支持，选择具备必要条件的地区，稳健试办业务。

2005年，奶牛保险成为人保财险农险业务发展的一大亮点。公司开发了内蒙古区域性奶牛保险产品，制定了《中国人民财产保险股份有限公司内蒙古分公司奶牛保险条款》《中国人民财产保险股份有限公司内蒙古分公司奶牛养殖场综合保险条款》《中国人民财产保险股份有限公司内蒙古分公司奶牛养殖园区综合保险条款》，报经总公司批准并向中国保监会备案。呼和浩特市分公司在呼和浩特市赛罕区舍必崖村奶牛养殖小区（全国标准化示范养殖小区）签订了第一份奶牛保险单，承保奶牛10头，保费收入2000元；与蒙牛澳亚国际示范牧场签订了第一份奶牛养殖场综合保险单，收取该养殖场财产险保费7.7万元。兴安盟分公司承保乌兰浩特市永联镇奶牛养殖小区奶牛19头，保费收入3800元。当年保费收入8.2万元，赔款支出5000元。

2006年，为认真贯彻落实党中央、国务院关于坚持把解决好"三农"问题作为重中之重，实行工业反哺农业、城市支持农村，扎实推进社会主义新农村建设的有关方针政策，中国人保总公司印发了《关于做好农业保险试点工作的通知》。通知决定，将内蒙古分公司列为全国农业保险试点公司和奶牛保险试点基地，并给予政策扶持，明确按实收保费的5％给予费用奖励；同时将试点分公司试点业务纳入《2006年协议分保合约条件》和《2006年系统内超赔分保合约条件》，给予再保险支持。按照总公司的统一部署，在认真总结上年试办奶牛保险经验的基础上，人保公司继续在呼和浩特市、兴安盟等地区选点开办奶牛养殖保险，并将试点范围进一步扩大到乌兰察布市。全年共计承保奶牛6193头，实现保费收入191万元。其中，呼和浩特分公司承保蒙牛澳亚国际示范牧场奶牛6143头，保费收入188万元；兴安盟分公司承保奶牛30头，保费收入1.5万元；乌兰察布分公司首次在察右中旗试办区域性政策性奶牛保险，承保奶牛20头，收入保费5000元。此外，公司还在通辽、兴安盟等地试办林木保险，开始探索林木保险发展之路。

同年，安华农险公司开始试办农业保险业务，且业务量逐年增多。

第二阶段为2007—2010年。自2007年起，随着国家和自治区各项强农惠农政策措施的逐步落实到位，在各级政府大力支持下，在开办政策性种植业和养殖业保险的带动下，人保、中华、大地、安华等各财险公司农业保险步入健康、稳定、快速发展的新时期，先后开展了种植业保险、养殖业保险、林木保险等农业保险业务。

第三阶段为2011—2015年。随着国家和自治区各项强农惠农政策措施的逐步落实到位，人保、中华、大地、安华、太平洋、紫金等各财险公司农业保险步入了健康、稳定、快速发展的新时期。

(2)种植业保险

①政策性种植业保险

2007年,为贯彻落实中央1号文件精神,财政部出台《中央财政农业保险保费补贴试点管理办法》,选择内蒙古等6省区开展中央财政农业保险保费补贴试点工作。内蒙古财政厅印发了《内蒙古自治区财政农业保险保费补贴资金管理办法》,内蒙古农牧业厅和内蒙古财政厅联合印发了《内蒙古自治区农业保险保费补贴试点工作实施方案》。该方案明确开展政策性农业保险保费补贴试点工作的基本原则是"政府主导、财政扶持、基本保障、单独核算、稳步推进",人保公司被政府确定为试点单位之一,试点工作由内蒙古农业保险领导小组负责组织协调。试点参保面积为2006年全区小麦、玉米、大豆三大作物播种面积的30%,保费补贴品种为小麦、玉米、大豆三种农作物,保险责任为暴雨、洪水(政府行蓄除外)、内涝、雹灾、风灾、旱灾和冰(霜)冻,保险金额按农作物生长期直接物化成本确定,玉米每亩保额230元,小麦每亩保额300元,大豆每亩保额170元;保险费率玉米10%,小麦8%,大豆8%;保费补贴比例中央财政承担25%,自治区财政承担50%,盟市、旗县财政和农民共同承担10%,其余部分由相关保险公司承担。同时,将海拉尔农牧场管理局、大兴安岭农牧场管理局符合承保条件并愿意参加农业保险的小麦、玉米、大豆等全部列为农业保险保费补贴范围之内。

按照内蒙古自治区人民政府"划片承保"的原则,人保公司在呼伦贝尔、赤峰、锡林郭勒盟、阿拉善盟和通辽市的科左后旗、库伦旗、奈曼旗、扎鲁特旗、经济开发区开展了51个国营农场、1577个村、411个嘎查的农业保险试点,惠及农户726758户。承保的小麦、玉米、大豆总面积为748万亩,占公司所负责承保区域2006年实际播种面积2274万亩的33%,实现签单保费151.03百万元。其中,玉米承保455万亩,保费收入104.66百万元;小麦承保63万亩,保费收入15.06百万元;大豆承保230万亩,保费收入31.31百万元。在公司政策性种植险签单保费的151.03百万元中,中央及自治区财政应补贴保费113.27百万元,已到账补贴保费105.72百万元,占应补贴保费的93.33%。

2007年,通辽、赤峰、锡林郭勒盟等地遭遇了"五十年一遇"的重大旱灾损失。根据农业保险保费补贴试点工作领导小组确定的"当年总体赔款不超过收取的全部保费总额减去运营管理费"的赔付原则,人保财险公司在自治区本级财政保费补贴资金7.55百万元没有到账的情况下,于2007年12月29日将按签单保费151.03百万元的80%计算所得的120.82百万元赔款,全部支付给全区承保区域各受灾旗县区人民政府,受益对象涉及全部参保的34个旗县区的108个镇、23个乡、15个苏木、20个办事处、48个农牧场、1180个村、176个嘎查,受益农户达到366979户,占全部参保农户726758户的50.50%。另外,其他业务保费收入7万元。

同年,中华财险、大地财险、安华财险等公司也按照内蒙古自治区人民政府"划片承保"的原则,承保了大量的农作物,实现签单保费224.91百万元。

2008年,《内蒙古自治区农业保险保费补贴实施方案》扩大了种植业保费补贴品种范围,即在原有的玉米、小麦、大豆的基础上,增加了花生、葵花籽、油菜籽等油料作物;并调整了保险金额,对玉米、小麦的保险金额按旱地和水浇地分别确定,其中水地玉米、小麦各350元,旱地玉米200、小麦210元,大豆、葵花籽、油菜籽、马铃薯保险金额分别为180元、190元、150元、400元;明确了赔偿限额,即发生重大自然灾害,应赔款金额超过经办保险机构的全区种植业保险保费收入时,保险机构要继续赔付,直至达到200%。将保费补贴标准进行了调整:财政部补贴35%,自治区财政安排补贴55%(其中25%由自治区本级以专项资金的方式补贴,其余30%通过一般转移支付下达给旗县,由旗县财政予以补贴),农户或者农户与龙头企业等共同承担10%保费。保险业务经办机构的选定和承保区域的划分通过公开招标的办法进行,人保财险公司在中标的呼伦贝尔市、通辽市、赤峰市、锡林郭勒盟、包头市、鄂尔多斯市、巴彦淖尔市和阿拉善盟等8个盟市30个旗县区承保小麦、玉米、大豆、油菜、葵花1096万亩，占公司负责承保区域5类作物实际播种面积的62%，承保对象共涉及137个镇、19个乡、18个苏木、6个办事处、33个农场、6个牧场、3个龙头企业、2329个村，参保农户达到607404户，签单保费279.71百万元，赔款15873万元，受益农户312494户。另外，其他业务保费收入58万元，赔款13万元。

同年，中华财险、安华财险等公司也按照内蒙古自治区人民政府"划片承保"的原则，承保了大量的农作物，实现签单保费479.50百万元。

2009年，《内蒙古自治区农业保险保费补贴实施方案》将种植业保险保费补贴品种进一步扩大，即在补贴全区的玉米、小麦、大豆、油菜籽、葵花籽等农作物的基础上，在兴安盟、赤峰市、锡林郭勒盟、乌兰察布市开展马铃薯保险保费补贴试点。保费补贴比例调整为，玉米、小麦、大豆、油菜籽、葵花籽种植保险保费，中央财政补贴40%，自治区级财政补贴20%，旗县级财政使用2008年自治区下达以后年度仍然要用于种植业和奶牛保险保费补贴的一般性转移支付资金补贴的30%，前述一般性转移支付资金数额满足不了2009年旗县级保费补贴需要的，不足部分由旗县级财政承担；其余10%保费由农户或者农户与龙头企业等共同承担。马铃薯保险保费，自治区级财政补贴60%，盟市和旗县财政共同补贴30%，其余10%的保费由农户或者农户与龙头企业等共同承担。保险业务经办机构的选定及业务区域的划分仍然按照2008年公开招标确定的范围执行。按照实施方案的要求，人保财险公司先后为包头市、呼伦贝尔市、通辽市、赤峰市、锡林郭勒盟、鄂尔多斯市、巴彦淖尔市和阿拉善盟等8个盟市30个旗县区的137个镇、20个乡、64个苏木、4个办事处、46个农场、11个牧场、19个龙头企业、2980个村、753880户的农民承保小麦、玉米、大豆、油菜、葵花、马铃薯种植保险1335万亩，签单保费302.81百万元。当年，通辽、赤峰、锡林郭勒盟、兴安盟等地区再度发生重大旱灾，温家宝总理亲临通辽、赤峰灾区，视察灾情，指导抗旱救灾工作，并做了重要批示。全年支付赔款20001万元，受益农户634139户。另外，其他业务保费收入39万元，赔款26万元。

同年，中华财险、安华财险等公司也按照内蒙古自治区人民政府"划片承保"的原则和《内蒙古自治区农业保险保费补贴实施方案》，承保了大量的农作物，实现签单保费664.51百万元。

2010年，《自治区农业保险保费补贴实施方案》将马铃薯纳入全区种植业保费补贴品种范围，并进一步扩大了各补贴品种的承保面积，对种植业保险扩展了"病、虫、鼠害"责任，调高了有关品种的保险金额，降低了保险费率和起赔点。同时，分别根据各盟市财政收入状况分地区对保费补贴比例做了新的调整。人保财险公司为呼伦贝尔市、通辽市、赤峰市、锡林郭勒盟、包头市、鄂尔多斯市、巴彦淖尔市和阿拉善盟等8个盟市30个旗县区的134个镇、25个乡、31个苏木、11个办事处、35个农场、14个牧场、2751个村的912202户农民承保小麦、玉米、大豆、油菜、葵花、马铃薯1687万亩，较2009年增加354万亩，签单保费394.34百万元，较2009年增长30.24%；承担风险责任47.38亿元，较2009年增长44.25%。据自治区农牧业厅统计，人保财险公司政策性种植险的承保面积和保费规模增长幅度均位居全区4家经办公司之首位，这也是公司继2007年以来，连续4年圆满完成全区政策性种植险承保工作。当年赔款226.15百万元，受益农户467365户。另外，其他业务保费收入28万元，赔款27万元。

同年，中华财险、大地财险、安华农险等公司也按照内蒙古自治区人民政府"划片承保"的原则和《内蒙古自治区农业保险保费补贴实施方案》，承保了大量的农作物，实现签单保费653.59百万元。

2011年，《自治区农业保险保费补贴实施方案》在2010年全区种植业保费补贴品种范围的基础上，扩大在通辽市、赤峰市、包头市进行温室大棚保险保费补贴试点。《自治区农业保险保费补贴实施方案》明确，温室大棚保险金额按照大棚各构成部件平均建设或购置成本,分别确定钢架及类似结构大棚保险金额为13000元/亩,竹木结构大棚保险金额为8000元/亩,钢架及类似结构大棚保险费率为3%,竹木结构大棚费率为5%;保费补贴比例为自治区级财政补贴40%,盟市及旗县(市、区)财政补贴30%,农牧户与龙头企业等共同承担30%。根据农业生产风险与保险费率相匹配的原则,《自治区农业保险保费补贴实施方案》还明确,2011年在巴彦淖尔市开展种植业保险费率区划试点工作,选定种植业自然灾害风险相对较低的杭锦后旗、乌拉特后旗、临河区、磴口县、五原县、巴彦淖尔农垦地区(Ⅰ类地区),费率在执行2010年基准费率的基础上,下调0.5个百分点,即玉米为8.5%,小麦为6.5%,大豆、油料作物为7%,马铃薯为5.5%;巴彦淖尔市的乌拉特中旗、乌拉特前旗(Ⅱ类地区)以及全区其他地区种植业保险费率仍执行2010年基准费率,即玉米为9%,小麦为7%,大豆、油料作物为7.5%,马铃薯为6%。

同年,人保财险公司在包头、呼伦贝尔、通辽、赤峰、锡林郭勒盟、鄂尔多斯、巴彦淖尔、阿拉善盟8个盟市31个旗县区、191个乡镇苏木、1375个行政村、124个农牧场龙头企业全面完成政策性种植业保险承保工作,共为82.69万农户2007万亩的小麦、玉米、大豆、油菜、葵花、马铃薯作物提供了56.8亿元的风险保障,实现签单保费收入472.97百万元,承保面积、保费收入分别较上年纯增加320万亩和78.58百万元,分别增长18.97%和19.93%。按照2011年《自治区农业保险保费补贴实施方案》安排,赤峰市分公司在敖汉旗试点开办了地方财政补贴温室大棚保险工作,承保大棚758.2亩,实现保费收入29.6万元。

2011年,全区人保财险系统政策性种植险共计支付赔款261.17百万元,简单赔付率55.22%,受益农户550325户。

同年,中华财险、大地财险、安华农险等公司也按照内蒙古自治区人民政府"划片承保"的原则和《内蒙古自治区农业保险保费补贴实施方案》,承保了大量的农作物,实现签单保费785.05百万元。

2012年，人保财险内蒙古分公司在包头、呼伦贝尔、通辽、赤峰、锡林郭勒盟、鄂尔多斯、巴彦淖尔、阿拉善盟8个盟市31个旗县区、205个乡镇苏木、2064个行政村、108个农牧场龙头企业全面完成财政补贴种植业保险承保工作，共为88.1万农户的2373.7万亩的小麦、玉米、大豆、油料作物、糖料作物、马铃薯提供了69.2亿元的风险保障，实现保费收入569.94百万元。从同比情况来看，保费增长96.99百万元，增幅20.5%；承保亩数增加366.7万亩，增幅18.3%，除阿拉善盟分公司承保亩数同比略有下降（减少0.3万亩），其他7个盟市分公司均有不同程度的增加；承保户数增加5.4万户，增幅6.5%。

其中，承保旱地玉米641.36万亩，实现签单保费126.99百万元；水地玉米750.8万亩，签单保费268.01百万元；旱地小麦181.56万亩，签单保费27.96百万元；水地小麦81.75万亩，签单保费21.61百万元；大豆172.4万亩，签单保费25.87百万元；油料作物444.6万亩，签单保费74.95百万元；甜菜4.4万亩，签单保费1.34百万元；马铃薯96.67万亩，签单保费23.20百万元。

按照2012年内蒙古自治区财政补贴农业保险承保工作方案安排，包头市、通辽市、赤峰市分公司继续试办地方财政补贴温室大棚附加棚内作物保险工作，承保大棚457.2亩，实现保费收入29.9万元。其中，包头市分公司承保65.4亩，保费收入4.3万元；通辽市分公司承保266亩，保费收入17.5万元；赤峰市分公司承保125.8亩，保费收入8.1万元。

2012年，全区系统政策性种植险共计支付赔款356.39百万元，较上年增加95.16百万元，简单赔付率62.50%，受益农户629109户。其中，支付巴彦淖尔市特大洪灾赔款92.24百万元，受益农户105207户；支付鄂尔多斯暴雨、洪涝灾害赔款46.63百万元，受益农户27521户；支付通辽市内涝、雹灾、旱灾、洪水、霜冻等自然灾害赔款116.60百万元，受益农户286567户。

同年，中华财险、大地财险、安华农险等公司也按照内蒙古自治区人民政府"划片承保"的原则和《内蒙古自治区农业保险保费补贴实施方案》，承保了大量的农作物,实现签单保费822.12百万元。

2013年,人保财险内蒙古分公司在包头、呼伦贝尔、兴安盟、通辽、赤峰、锡林郭勒盟、鄂尔多斯、巴彦淖尔、阿拉善盟9个盟市30个旗县区、210个乡镇苏木、2759个行政村、74个农牧场、37个龙头企业全面完成政策性种植业保险承保签单工作,共为96.96万农户的2529.15万亩的小麦、玉米、大豆、水稻、棉花、油料作物、糖料作物、马铃薯提供了74.47亿元的风险保障,实现签单保费收入613.65百万元,保费同比增长41.06万元,增幅7.17%;承保亩数同比增加149.66万亩,同比增幅6.29%;承保户数增加7.03万户,增幅7.82%。

其中,承保旱地玉米747.67万亩,签单保费148.04百万元;水地玉米858.01万亩,签单保费306.33百万元;旱地小麦130.75万亩,签单保费20.13百万元;水地小麦50.04万亩,签单保费13.21百万元;大豆178.82万亩,签单保费26.82百万元;水稻13.68万亩,签单保费2.74百万元;棉花1.38万亩,签单保费27.53万元;油料作物619.20万亩,签单保费95.31百万元;甜菜4.74万亩,签单保费1.42百万元;马铃薯97.64万亩,签单保费23.43百万元。

2013年,兴安盟分公司首次开办财政补贴型种植业保险,保费收入297.4万元。阿拉善盟分公司开办地方财政补贴型西瓜(蜜瓜)、葡萄种植保险,承保西瓜(蜜瓜)5万亩,保费收入175.57万元;承保葡萄1万亩,保费收入100万元。通辽、赤峰分公司继续开办地方财政补贴温室大棚保险,分别承保大棚553亩和1271亩,实现保费收入33.18万元和78.04万元。呼伦贝尔、通辽、赤峰、鄂尔多斯、阿拉善盟分公司政策性种植险保费收入同比增长分别为25.3%、6.4%、20.6%、32.3%、13.5%。

2013年,全区政策性种植险赔付金额共计为37175.62万元。其中,中央政策性种植险赔款36999.06万元,简单赔付率60.57%;地方政策性种植险赔款176.56万元,简单赔付率为41.23%。包头分公司赔付387.99万元,呼伦贝尔分公司赔付4307.73万元,兴安分公司赔付287.6万元,通辽分公司赔付14962.2万元,赤峰分公司赔付5922.13万元,锡林郭勒分公司赔付1358.77万元,鄂尔多斯分公司赔付4429.53万元,巴彦淖尔分公司赔付4630.7万元,阿拉善分公司赔付888.96万元(中央政策性种植险赔款712.4万元,地方政策性赔款176.56万元)。

同年,中华财险、大地财险、安华财险等公司也按照内蒙古自治区人民政府"划片承保"的原则和《内蒙古自治区农业保险保费补贴实施方案》,承保了大量的农作物,实现签单保费1140.05百万元。

2014年,人保财险内蒙古分公司在包头、呼伦贝尔、兴安盟、通辽、赤峰、锡林郭勒盟、鄂尔多斯、巴彦淖尔、阿拉善盟9个盟市31个旗县区、210个乡镇苏木、2759个行政村、74个农牧场、37个龙头企业全面完成政策性种植业保险承保签单工作,共为95.38万户次农户的2641.47万亩的小麦、玉米、大豆、水稻、棉花、油料作物、糖料作物、马铃薯提供了75.82亿元的风险保障,实现签单保费收入638.41百万元,保费同比增长24.77百万元,增幅4.03%;承保亩数同比增加112.32万亩,同比增幅4.44%。

其中,承保旱地玉米734.34万亩,签单保费145.40百万元;水地玉米930.71万亩,签单保费332.59百万元;旱地小麦154.91万亩,签单保费23.86百万元;水地小麦39.36万亩,签单保费10.39百万元;大豆220.29万亩,签单保费33.04百万元;水稻14.07万亩,签单保费2.81百万元;棉花1.28万亩,签单保费0.26百万元;油料作物459.5万亩,签单保费69.00百万元;甜菜3.08万亩,签单保费0.93百万元;马铃薯83.9万亩,签单保费20.14百万元。

2014年,阿拉善盟分公司继续开办地方财政补贴型西瓜(蜜瓜)、葡萄种植保险,总承保西瓜(蜜瓜)、葡萄6.5万亩,共收取保费2.93百万元。其中,承保西瓜(蜜瓜)5.5万亩,保费收入1.93百万元;承保葡萄1万亩,保费收入100万元。赤峰、包头分公司开办的政策性温室大棚分别承保3826.81亩和573亩,实现保费收入1.82百万元和0.27百万元。包头市、呼伦贝尔、兴安盟、通辽市、赤峰市、鄂尔多斯市、阿拉善盟分公司保费收入同比增长分别为108.58%、0.44%、20.31%、4.13%、8.41%、0.22%、18.83%。锡林郭勒盟、巴彦淖尔分公司政策性种植险保费同比负增长分别为13.71%和4.06%。

2014年，全区政策性种植险赔付金额共计360.20百万元，简单赔付率56.42%。包头分公司赔付金额为2.34百万元，呼伦贝尔分公司赔付金额为23.44百万元，兴安分公司赔付金额为2.30百万元，通辽分公司赔付金额为168.97百万元，赤峰分公司赔付金额为81.49百万元，锡林郭勒盟分公司赔付金额为12.97百万元，鄂尔多斯分公司赔付金额为31.08百万元，巴彦淖尔分公司赔付金额为29.82百万元，阿拉善盟分公司赔付金额为7.79百万元。

同年，中华财险、大地财险、太平洋财险、安华农险等公司也按照内蒙古自治区人民政府"划片承保"的原则和《内蒙古自治区农业保险保费补贴实施方案》，承保了大量的农作物，实现签单保费1302.36百万元。

2015年，人保财险内蒙古分公司在包头、呼伦贝尔、兴安盟、通辽、赤峰、锡林郭勒盟、鄂尔多斯、巴彦淖尔、阿拉善盟9个盟市30个旗县区、218个乡镇苏木、2751个行政村、71个农牧场、58个龙头企业全面完成政策性种植业保险承保签单工作，共为86.5万农户次的2244.6万亩的小麦、玉米、大豆、水稻、棉花、油料作物、糖料作物、马铃薯提供了83.62亿元的风险保障，实现签单保费收入536.32百万元。同时，呼和浩特、包头、呼伦贝尔、赤峰、鄂尔多斯、巴彦淖尔、阿拉善盟7个盟市地区温室大棚保险工作也全面启动，年度承保面积达到0.83万亩，承担风险责任总额2.43亿元，保费收入4.54百万元。此外，阿拉善盟分公司继续开办地方财政补贴型西瓜（蜜瓜）、葡萄种植保险，承保西瓜（蜜瓜）5.61万亩，保费收入1.96百万元；承保葡萄1万亩，保费收入100万元。

2015年，全区政策性种植险已决赔款金额128.83百万元，未决赔款282.39百万元，年度赔付率75.81%。

同年,中华财险、大地财险、太平洋财险、安华农险、紫金财险等公司也按照内蒙古自治区人民政府"划片承保"的原则和《内蒙古自治区农业保险保费补贴实施方案》,承保了大量的农作物,实现签单保费1767.05百万元。

②商业性种植业保险

2007年,人保财险商业性种植业保险保费收入2.4万元。

2008年,人保财险自治区分公司先后开发了《中国人保财险内蒙古分公司番茄种植保险条款》《中国人保财险内蒙古分公司马铃薯种植保险条款》《中国人保财险内蒙古分公司油葵种植保险条款》《中国人保财险内蒙古分公司温室大棚保险条款》《中国人保财险内蒙古分公司油菜种植保险条款》等5个区域型商业性种植业保险产品,报经总公司和内蒙古保监局批准。当年保费收入35.65万元,赔款支出16.86万元。

2009年,保费收入30.37万元,赔款支出18.16万元。

2010年,保费收入5.01万元,赔款支出1.56万元。

另外,还开展了商业性林木保险和政策性林木保险。商业性林木保险从2007年开始试办。2010年3月,为了争取在全区开办政策性林木保险业务,公司主动向自治区财政补贴农业保险领导小组提交了《关于在我区试点开办财政补贴森林保险的报告》和《保险建议书》,得到了地方政府和有关部门的支持。

2011年,公司商业性种植业保险实现保费收入82.03万元,支付赔款6.04万元,简单赔付率7.36%。

2011年初,自治区分公司相继开发了《中国人民财产保险股份有限公司内蒙古自治区分公司棉花种植保险条款》《中国人民财产保险股份有限公司内蒙古自治区分公司西瓜(蜜瓜)种植保险条款》,修订了《中国人民财产保险股份有限公司内蒙古分公司温室大棚保险条款》及附加险条款,并报经总公司、保监会批准。

2011年，满洲里分公司与满洲里市东湖区人民政府达成合作承保东湖区设施农业保险的协议。为帮助农户解决交付保险费的困难，东湖区人民政府出台了相关的保费补贴政策，即保险费由政府补贴给参保农户每户560元，农户自行承担100元。2011年9月7日，满洲里分公司首次签单承保温室大棚124户，承担风险责任272.8万元，实现保费收入81840元。同年12月，阿拉善盟分公司也结合当地实际，尝试开办了地方财政补贴温室大棚保险，承保大棚1809亩，实现签单保费收入73.85万元。

2012年，人保财险内蒙古分公司积极推进地方特色农产品保险工作。阿拉善盟分公司开办了地方财政补贴型西瓜（蜜瓜）、葡萄种植保险，其中西瓜（蜜瓜）种植保险承保6473亩，收取保费22.7万元；葡萄种植保险承保1万亩，收取保费100万元。

2013年，人保财险内蒙古分公司商业性种植业保险实现保费收入42.12万元，赔款支出21.07万元，简单赔付率50.02%。巴彦淖尔市分公司承保番茄245亩，收取保费0.69万元，赔款支出0.8万元，简单赔付率116.33%；阿拉善盟分公司承保温室大棚950亩，收取保费35.64万元；满洲里分公司承保温室大棚88亩，收取保费5.81万元，赔款支出3.18万元，简单赔付率54.73%。

2014年，人保财险阿拉善盟分公司和满洲里市分公司承保温室大棚保险保费收入分别为35.01万元、4.75万元。

2015年，种植险类创新开办的马铃薯目标价格保险在人保财险呼和浩特武川县、包头达茂旗、固阳县、乌兰察布四子王旗实现签单保费5.55万元；玉米产值综合保险在兴安盟科右前旗成功落地，承保玉米1268亩，实现保费收入5.07万元；紫花苜蓿保险在鄂尔多斯承保18095亩，实现保费收入34.19万元，为全区第一单。

（3）养殖业保险

①政策性能繁母猪保险和育肥猪保险

2007年，针对全国生猪生产逐步下滑，国内市场连续几个月猪肉供应偏紧，价格出现较大幅度上涨的情况，国务院下发了《国务院关于促进生猪生产发展稳定市场供应的意见》，明确提出要建立能繁母猪补贴制度，积极推进能繁母猪保险工作。财政部出台了《能繁母猪保险保费补贴管理暂行办法》，内蒙古自治区人民政府办公厅印发了《内蒙古自治区能繁母猪保险保费补贴工作实施方案》。《内蒙古自治区能繁母猪保险保费补贴工作实施方案》明确，保险金额为每头1000元，保险费率为6%，存栏量30头以上；未达到此规模的，要通过专业合作组织或以村、乡为单位，以统保方式参加保险；饲养圈舍卫生条件能够保证饲养质量；保费补贴比例为中央财政承担50%，自治区本级财政承担20%，盟市财政承担10%，旗县财政承担10%，养猪农户承担10%。

按照总公司的统一部署，根据内蒙古自治区《能繁母猪保险保费补贴管理暂行办法》的有关规定，人保财险公司启动了试点工作，全年承保能繁母猪212103头，占全区能繁母猪存栏数的32.4%；开展业务遍及全区11个盟市、48个旗县区、3534个村，参保农户达178387户，签单保费1273万元。全年承保能繁母猪出险1752头，占总承保头数的0.6%，已决头数563头，已决赔款53万元，简单赔付率4.18%。

2008年，人保财险公司承保212783头，签单保费1277万元，已决赔款1302万元。

2009年，人保财险公司承保350252头，签单保费2102万元，已决赔款1872万元。

2010年，自治区农业保险保费补贴实施方案对能繁母猪保险的经办机构和业务区域以旗县为单位进行划分，明确落实到人保财险公司一家保险机构负责办理。针对保险赔付率长期居高不下、经营亏损的实际情况，本着有效益经营的原则，人保公司相继限制了部分地区的承保规模，停办了个别公司的保险业务。当年，公司承保84290头，签单保费506万元，支付赔款1239万元。

2011年，人保财险承保能繁母猪1886头，承担风险金额188.6万元，签单保费11.32万元，已决赔款183.37万元，简单赔付率为1619.88%。

2012年，人保财险公司承保能繁母猪796头，保费收入4.77万元，支付赔款8.1万元，赔付81头；承保育肥猪700头，保费收入2.1万元；支付赔款0.4万元，赔付8头。

2013年，人保财险公司承保能繁母猪2.83万头，保费收入169.92万元，支付赔款16.8万元，赔付171头，简单赔付率为9.9%；承保育肥猪27.84万头，保费收入835.2万元；支付赔款329.55万元，赔付6643头，简单赔付率为39.46%。

2014年，人保财险公司承保能繁母猪7.45万头，保费收入447.13万元，支付赔款279.8万元，简单赔付率为62.58%；承保育肥猪68.76万头，保费收入2062.85万元；支付赔款1354.68万元，简单赔付率为65.67%。

2015年，人保财险公司承保能繁母猪4.18万头，保费收入250.6万元，支付赔款270.5万元，简单赔付率为107.94%；承保育肥猪62.05万头，保费收入1861.53万元；支付赔款922.14万元，简单赔付率为49.54%。

②政策性奶牛保险

2007年，人保财险内蒙古分公司会同锡林郭勒盟分公司与当地政府沟通，尝试开办地方财政补贴型奶牛保险（国家尚未将奶牛保险纳入财政补贴农业保险范围）。当年承保奶牛559头，收取保费16万元，赔付奶牛164头，赔付金额为6.5万元。

2008年，财政部下发《中央财政养殖业保险保费补贴管理办法》，对落实2008年度奶牛保险保费补贴政策做出了明确规定。同年，内蒙古自治区人民政府办公厅印发《内蒙古自治区2008年农业保险保费补贴实施方案》，将奶牛保险纳入财政补贴农业保险范围。《内蒙古自治区2008年农业保险保费补贴实施方案》明确，保险金额为每头5000元，保险费率为8%。人保财险公司当年承保奶牛37680头，签单保费收入1484万元。保费补贴为财政部补贴30%，自治区财政安排补贴50%，其中20%由自治区本级以专项资金的方式补贴，30%通过一般转移支付下达给旗县，由旗县财政予以补贴，其余20%保费由农户或者农户与养殖企业等共同承担。参保对象涉及31个养殖场、34个养殖小区和2418户养殖户。全年累计赔付奶牛512头，已决赔款248万元。

2009年，《内蒙古自治区农业保险保费补贴实施方案》中，一是将奶牛保险保费补贴比例调整为中央财政补贴30%，自治区级财政补贴20%，旗县级财政使用2008年自治区下达以后年度仍然要用于种植业和奶牛保险保费补贴的一般性转移支付资金补贴30%；前述一般性转移支付资金数额满足不了当年旗县级保费补贴需要的，不足部分由旗县级财政承担，其余20%保费由农户或者农户与养殖企业等共同承担。二是规定按不同品种、年龄、产奶量和市场价格差异，分别按每头奶牛4000元、5000元和6000元3个档次确定保险金额，具体由奶牛养殖户和保险经办机构协商确定，但保险金额不得超过该品种奶牛市场价格的70%。当年承保奶牛59979头，签单保费2399万元，赔付奶牛3429头，已决赔款1377万元。

2010年，人保财险公司承保奶牛45033头，签单保费1837万元，支付赔款2496万元。

2011年，人保财险公司政策性奶牛保险累计承保奶牛31711头，实现签单保费收入1369.14万元，支付赔款760.15万元，简单赔付率55.52%。

2012年，公司政策性奶牛保险承保奶牛72253头，保费收入3347.89万元，支付赔款720.26万元，赔付1362头。

2013年，公司政策性奶牛保险承保奶牛10.52万头，保费收入5018.34万元，支付赔款1148.68万元，赔付2028头，简单赔付率22.89%。

2014年，公司政策性奶牛保险承保奶牛17.82万头，保费收入8310.57万元，支付赔款2549.3万元，简单赔付率30.67%。

2015年，公司政策性奶牛保险承保奶牛18.84万头，保费收入9218.05万元，支付赔款1566.19万元，简单赔付率16.99%。

③商业性养殖业保险

2007年，人保财险公司保费收入461万元，赔款支出243万元。

2008年，人保财险公司保费收入452万元，赔款支出334万元。

2009年，人保财险公司保费收入819万元，赔款支出176万元。其中，呼和浩特市分公司在承保和林格尔现代牧业有限公司（原蒙牛澳亚示范牧场）的基础上，经总公司批准，又成功承保宝鸡现代牧业有限公司（陕西）、尚志现代牧场有限公司（黑龙江）和张家口塞北现代牧场有限公司（河北）3家牧场的奶牛保险，共计承保现代牧业集团奶牛18828头，实现保费收入801万元，为日后牧场承保项目积累了宝贵经验。

2010年，人保财险公司启动与现代牧业集团有限公司奶牛保险项目战略合作协议的草拟谈判工作，同时促成其旗下部分牧场奶牛的签单承保。至2010年末，共计承保6个牧场、40402头奶牛，签单保费1719万元，直接赔款528万元。同年，公司还先后开发了牲畜免疫副反应保险、肉羊保险、鸡养殖保险等新产品，推动了商业性养殖险业务的全面发展。当年实现保费收入1773万元，赔款支出570万元，简单赔付率为32.16%。

2011年，人保财险公司商业性养殖险实现保费收入3199.62万元，支付赔款1553.80万元，简单赔付率为48.56%。商业性奶牛保险呈现出强劲的发展势头。

2011年5月26日，中国人民财产保险股份有限公司与现代牧业（集团）有限责任公司在呼和浩特市正式签订《保险项目合作协议》，协议明确现代牧业集团所辖全部牧场的奶牛养殖保险业务全部交由人保财险呼和浩特市分公司承保，保险合作期限为5年。此次合作成功，进一步扩大了人保财险内蒙古分公司奶牛保险的保源。据统计，2011年1—11月，人保财险呼和浩特市分公司已承保现代牧业（集团）有限公司所属8个牧场的奶牛62960头，实现保费收入2678.95万元。年内，呼和浩特市分公司还与东营澳亚现代牧场有限公司、泰安澳亚现代牧场有限公司建立了奶牛保险业务合作关系，共计承保两家牧场奶牛10567头，收入保费489.89万元。

2012年，人保财险公司商业性养殖险实现保费收入4141.64万元，支付赔款2231.27万元，简单赔付率53.87%。呼和浩特市分公司继续引领全区商业性奶牛保险市场，全年承保奶牛109212头，保费收入4094.63万元。

2013年，人保财险公司商业性养殖险实现保费收入4118.6万元，支付赔款2831.67万元，简单赔付率68.75%。呼和浩特市分公司共承保奶牛147687头，种鸡275802只，收入保费4102.85万元，赔款支出2826.92万元，简单赔付率68.9%；通辽市分公司开办牲畜免疫副反应保险，共承保各类牲畜89375头，保费收入10.24万元，赔款支出7.11万元，简单赔付率69.42%；锡林郭勒盟分公司开办参赛牲畜保险，共承保骆驼、马27头，实现保费收入2.16万元。

2014年，人保财险公司商业性养殖险实现保费收入4288.21万元，支付赔款3059.57万元，简单赔付率为71.34%。呼和浩特市分公司共承保奶牛14.53万头，种鸡67.7万只，种猪1136头，肉羊2005只，实现保费收入4242.27万元，赔款支出3004.47万元，简单赔付率为70.82%。兴安盟分公司全部为肉羊养殖保险，共承保羊6249只，收入保费41475.4元，零赔款。赤峰市分公司全部为肉羊养殖保险，共承保羊2886只，收入保费67330.38元，赔款155520元，简单赔付率为230%。鄂尔多斯市分公司全部为肉羊养殖保险，共承保羊26652只，收入保费140137.9元，赔款40050元，简单赔付率为28.57%。巴彦淖尔市分公司全部为肉羊养殖保险，共承保羊58746只，收入保费210455.2元，赔款95850元，简单赔付率为45.54%。

2015年，人保财险公司累计实现商业性农险保费收入4768.92万元，年度已决赔款金额3500.27万元，未决赔款金额35.4万元，年度赔付率为74.14%。养殖险除了继续服务全国最大的牧场奶牛养殖企业现代牧业集团奶牛养殖保险（本年度承保17个牧场的16.17万头奶牛，实现保费收入4412.39万元，简单赔付率66.40%）项目，参保品种范围扩展到了肉牛养殖保险（承保972头肉牛，实现保费收入28.43万元，简单赔付率26.70%），肉羊养殖保险（承保108358头肉羊，实现保费收入231.06万元，简单赔付率201.94%），参赛牲畜保险（承保马匹29匹，实现保费收入2.32万元），草原牧区牛羊天气指数保险（承保220970头，实现保费收入220.97万元）。

（4）林木保险

①政策性林木保险

2011年3月，为了争取在全区开办政策性林木保险业务，人保财险内蒙古分公司主动向自治区财政补贴农业保险领导小组提交了《关于在我区试点开办财政补贴森林保险的报告》和《保险建议书》。

2012年，人保财险内蒙古分公司通过与自治区林业厅、财政厅多次反复沟通，协助自治区有关部门初步完成了《内蒙古自治区森林保险实施方案》和《内蒙古自治区森林保险条款》的拟定工作。

2013年，内蒙古自治区首次开办政策性林木保险。2月28日，自治区人民政府印发《内蒙古自治区森林保险保费补贴实施方案》，提出了开展森林保险的指导思想和基本原则：按照"政府引导、政策支持、市场运作、协同推进"的基本原则，坚持以政府引导为依托，以政策支持为保障，以市场化运作为手段，以协同推进为要求，探索建立防范和化解林业风险的保障机制，增强抵御风险和可持续发展的能力，促进林业生态安全体系建设。

一是坚持分类实施原则，生态公益林实行统保，商品林实行自愿投保，各级财政部门对生态公益林和商品林按照不同比例予以适度补贴。二是坚持"三个兼顾"原则，即兼顾林业生产经营者投保缴费能力、财政负担能力、保险公司风险承受能力。三是坚持"两低一保"原则，即低保额、低保费、保成本，保险金额原则上为林木损失后的再植成本，包括郁闭前的整地、苗木、栽植、施肥、管护、抚育等费用。四是坚持"协调配合、整体推进"原则，即财政、林业、保险监管、保险机构等部门和单位要加强协调配合，建立森林保险工作协调机制，合理划分职责，理顺工作关系，形成有效合力，整体推进宣传、承保、理赔、恢复生产等森林保险各项工作。五是坚持"公开、及时、透明、到户"原则，规范保险理赔服务。

《内蒙古自治区森林保险费补贴实施方案》规定了森林保险的具体内容。保险标的为生长和管理正常的公益林、商品林。保险期为1年，一年一投保，一年一签单。保险责任是在保险期内因以人力无法抗拒的自然灾害为主，包括火灾、暴雨、暴风、洪水、泥石流、冰雹、霜冻、暴雪、旱灾、病虫鼠兔害，造成被保险森林流失、掩埋、主干折断、倒伏、烧毁、死亡的损失，保险公司按照保险合同的约定负责赔偿。保险金额以亩为计量单位，保险金额为每亩保险金额与参保森林面积的乘积。其中，公益林：乔木林地按照再植成本每亩500元计算，灌木林地按照再植成本每亩300元计算；商品林：乔木林地按照再植成本每亩600元计算，灌木林地按照再植成本每亩300元计算。保险费率统一采取森林综合保险，保险费率不超过4‰。赔偿处理方面，在保险期限内，被保险森林发生保险责任范围内的损失的，保险人按照自治区森林保险条款规定承担赔偿责任。

《内蒙古自治区森林保险保费补贴实施方案》还制定了森林保险的操作方式。

一是公益林保险。以旗县（市、区）为单位统一投保、统一管理保险资金、统一标准恢复重建，即由旗县（市、区）林业部门作为代理投保人与保险公司签订保险协议，并同时经自治区林业部门审定备案。公益林保险理赔时，承保机构先行将保险赔偿金支付到自治区公益林保险理赔资金专户，待森林灾害发生地区的旗县（市、区）林业部门按照统一标准组织进行恢复造林后，再按照造林进度分期拨付保险赔偿金，以确保保险赔偿资金专项用于灾后森林植被恢复和更新。具体实施细则另行制定。

内蒙古森工集团有限责任公司（以下简称森工集团）实行统一投保。保险理赔时，承保机构先将保险赔偿金支付到森工集团保险理赔资金专户，待所属企业单位按照统一标准组织进行恢复造林并经验收后，再由森工集团拨付保险赔偿金。

二是商品林保险。商品林实行森林综合保险，是否投保由森林经营者自主决定。商品林森林灾害损失赔款，由承保机构直接赔付给森林经营者，由森林灾害发生地区的旗县（市、区）林业部门监督其进行灾后恢复造林。

《内蒙古自治区森林保险保费补实施方案》明确了森林保险的保费补贴比例及财政保费补贴资金结算方式：保费补贴按照投保则补、不保不补的原则进行补贴。

公益林：中央财政补贴50%，自治区财政补贴40%，盟市、旗县财政补贴10%；对森工集团，公益林中央财政补贴50%，自治区财政补贴40%，企业承担10%。

商品林：中央财政补贴30%，自治区财政补贴25%，盟市、旗县财政补贴15%，经营者承担30%。

财政保费补贴资金结算方式要求各级财政部门要确保森林保险保费补贴资金落实到位，为全区森林保险保费补贴工作提供财力保障。各级财政承担的森林保险保费补贴资金必须列入当年预算并及时拨付。旗县（市、区）承担森林保险业务的保险经办机构，及时将投保明细情况报旗县（市、区）林业、财政部门审核盖章确认，并经盟市林业、财政部门核实汇总后，上报自治区林业、财政部门备案。自治区财政根据各盟市森林保险投保情况，及时将中央和自治区本级财政补贴资金拨付至盟市财政，盟市财政原则上将其中的20%下拨至旗县（市、区），其余保险补贴资金全部由盟市财政直接拨付至盟市级保险经办机构。各级财政部门要及时拨付森林保险保费补贴资金，并加强对森林保险保费补贴资金使用情况的监督检查。

森工集团由自治区财政厅根据企业参保情况，将中央财政承担的50%和自治区财政承担的40%保费补贴资金，划拨到保险承办机构的自治区级公司；企业承担的10%保费部分，直接交付当地保险承办机构。每年年末进行资金清算，并接受财政、审计部门对森林保险保费补贴资金使用情况的监督检查。

按照自治区农业保险领导小组的工作安排，2013年4月19日，人保财险内蒙古分公司应邀参加自治区森林保险招标项目，以93.2分的绝对优势，成功竞得自治区森林保险承办资格（承保区域为呼伦贝尔市、兴安盟、通辽市、赤峰市、乌兰察布市、锡林郭勒盟行政区域内地方管辖的和内蒙古森工集团管辖的公益林和商品林）；成功中标两个标段中大标段的承保项目。2013年6月27日，人保财险内蒙古分公司向内蒙古森林工业集团有限公司签出了自治区首笔政策性森林保险保单，承担风险总额739.77亿元，实现保费收入2.96亿元，成为当时国内最大的一单农业保险业务。

2013年，人保财险内蒙古分公司共承保自治区东部6个盟市所辖70个旗县区林业局及内蒙古森工集团管辖的各类林地29775.13万亩，承担风险总额为1351.65亿元，实现签单保费53956.16万元，森林保险市场份额达到83.85%，成为全国人保系统森林保险保费规模最大的省级分公司。

按树种类型划分，承保乔木林地20663.23万亩，承担风险总额为1069.31亿元，实现签单保费42779.32万元；承保灌木林地9111.9万亩，承担风险总额为282.34亿元，实现签单保费11176.84万元。按林地属性划分，承保公益林25782.86万亩，承担风险总额为1122.92亿元，实现签单保费44706.85万元；承保商品林3992.27万亩，承担风险总额为228.73亿元，实现签单保费9149.31万元。按被保险人性质划分，承保了70个旗县区林业局的各类林地14770.61万亩，承担风险总额为611.89亿元，实现签单保费24365.51万元；承保了内蒙古森工集团管辖的各类林地15004.52万亩，承担风险总额为739.77亿元，实现签单保费29590.64万元。

2013年7月，内蒙古大兴安岭林区大范围出现降水严重偏多的情况，水害较为严重，给林木的正常生长发育造成不利影响，导致森林病害、虫害面积较常年偏重发生。至2013年末，人保财险呼伦贝尔市分公司共计支付森林保险赔款2970.3万元（其中公益林赔款1639.1万元，商品林赔款1331.2万元），发生未决赔款1973.8万元。

2014年，人保财险内蒙古分公司共承保乌兰察布市及以东6个盟市的70个地方林业局和内蒙古森工集团的各类林地28001.59万亩，实现签单保费52128.67万元。其中，承保公益林24297.64万亩，实现签单保费43295.39万元；承保商品林（全部为森工集团林地）3703.95万亩，实现签单保费8833.28万元。截至2014年12月末，全区森林保险共赔款12707.69万元，未决赔款5250万元。

2015年，人保财险内蒙古分公司共承保各类林27819.95万亩，实现签单保费收入51285.55万元。其中，承保公益林24116.39万亩，实现签单保费收入43063.72万元；承保商品林3703.57万亩，实现签单保费收入8297.9万元。年度已决赔款金额23317.33万元，年度赔付率为45.47%。

（七）特殊风险保险（含石油、航天、航空、核电保险等）

1. 特殊风险保险发展的三大标志性数据

表2-13 内蒙古特殊风险保险保额（责任限额）、保费、赔付情况表

金额单位：人民币亿元、百万元

年份	保额（责任限额）	保费收入	赔付支出	年份	保额（责任限额）	保费收入	赔付支出
1980	—	—	—	1998	11.05	8.34	10.18
1981	—	—	—	1999	2.06	1.96	4.11
1982	—	—	—	2000	1.58	1.10	0.32
1983	—	—	—	2001	0.08	0.26	0.37
1984	—	—	—	2002	0.01	0.35	0.62
1985	0.42	0.32	0.17	2003	0.18	0.48	0.05
1986	1.83	1.38	1.44	2004	—	—	—
1987	1.97	1.49	3.20	2005	0.64	0.08	—
1988	1.80	1.36	2.14	2006	8.15	2.68	0.33
1989	2.08	1.57	2.33	2007	48.79	432.93	334.35
1990	2.58	1.95	2.45	2008	121.95	1092.86	570.57
1991	3.87	2.92	3.27	2009	164.24	1407.21	942.47
1992	5.70	4.30	4.83	2010	195.12	1488.67	967.52
1993	12.59	9.50	9.68	2011	228.92	1720.14	993.56
1994	6.62	5.00	9.21	2012	263.37	1920.61	1067.78
1995	4.01	3.03	4.21	2013	1892.25	2784.19	1481.28
1996	5.75	4.34	3.41	2014	1940.08	3002.08	1447.49
1997	10.92	8.24	8.10	2015	3062.13	4066.67	1658.85

2.特殊风险保险发展状况

开办的险种主要有飞机保险、飞行员意外险、机身和零备件一切险及责任险、机队机身免赔额保险、火箭发射前保险、卫星发射前保险、石油勘探开发综合保险等。

自治区的特殊风险保险业务从2003年就开始办理，但业务量较小。参与办理该项业务的有人保财险、平安财险、中华财险、大地财险、太平洋财险等少数财险公司。

（八）责任保险

1. 责任保险发展的三大标志性数据

表2-14 内蒙古责任保险保额（责任限额）、保费、赔付情况表

金额单位：人民币亿元、百万元

年份	保额（责任限额）	保费收入	赔付支出	年份	保额（责任限额）	保费收入	赔付支出
1980	—	—	—	1998	24.67	12.19	3.12
1981	—	—	—	1999	46.43	21.62	8.07
1982	—	—	—	2000	57.28	25.45	12.05
1983	—	—	—	2001	77.95	34.67	14.51
1984	—	—	—	2002	84.98	40.65	21.82
1985	—	—	—	2003	166.11	33.62	20.82
1986	—	—	—	2004	120.41	23.13	17.51
1987	—	—	—	2005	307.28	38.70	13.16
1988	—	—	—	2006	601.15	55.67	20.42
1989	—	—	—	2007	2999.50	84.08	33.05
1990	—	—	—	2008	5891.12	106.36	44.43
1991	—	—	—	2009	4669.44	130.92	49.84
1992	—	—	—	2010	3309.21	164.52	61.22
1993	0.76	0.34	—	2011	744.09	211.38	67.76
1994	1.33	0.59	0.12	2012	1115.81	238.30	90.59
1995	1.24	0.55	0.57	2013	5373.81	295.62	121.95
1996	5.55	2.47	0.37	2014	5719.09	325.78	116.63
1997	13.22	5.94	1.43	2015	6425.50	367.46	143.09

2.2001—2015年责任保险发展状况

开办的险种主要有雇主责任保险、产品责任保险、产品质量保证保险、企事业环境污染责任险、供电责任保险、电梯安全责任保险、公共营业场所综合保险、餐饮场所责任保险、食品安全责任险、公众责任保险、律师职业责任保险、建筑工程设计责任保险、注册会计师职业责任保险、医疗责任保险、校园方责任保险、物业管理责任保险、安全生产责任保险、承运人责任保险、监护人责任保险、诉讼保全责任保险、医师责任险、外派劳务人员履约保证保险、旅行社综合保险、家政服务责任保险、银行综合责任保险、出口产品责任保险、道路客运承运人责任保险、道路危险货物承运人责任保险、保险代理人职业责任保险、财产保险附加第三者责任保险、财产保险附加雇主责任保险、财产保险附加用电综合责任保险等。

2001年，人保财险内蒙古分公司根据总公司总体要求，采取分行业、分系统突破的办法，在加强风险控制的前提下，不断扩大雇主责任险、产品责任险、公众责任险等传统险种业务规模。在推广医疗责任险、餐饮责任险、校园方责任险、供电责任险、职业责任险、旅游责任险、物业责任险方面进行探索的同时，进一步优化险种结构，提高经营效益，加强产品创新，有效强化了市场竞争意识。

平安财险2001年的责任保险经营策略等情况与上述基本雷同。

2002年，人保财险内蒙古分公司根据总公司发展战略部署，通过行业公关和分散展业并举的方式开发各种责任保险。在食品卫生、司法、银行、经贸、建设、公安等行业、系统的统保方面进行探索；在扩大传统险种业务规模的同时，扩大校园方责任险、供电责任险、旅行社责任险、律师和会计师责任险等业务；大力销售责任险定额保单，推广拼盘式、捆绑式承保方式，提高规模效益。

平安财险2002年的责任保险经营策略等情况与上述基本雷同。

2003年，人保财险内蒙古分公司根据"高标准、高起点，向管理要效益，形成后发优势；个险与团险同时开拓，全面铺开，迅速上规模"的要求，制定业务管理规定，把业务与现有的产品、客户、渠道等结合起来，在继续加大行业统保力度的同时，转变营销方式，结合企业风险特点，进行险种的拼盘搭配，推出一揽子保险的营销方式，实现多险种全面开花；在注重经济效益的前提下，努力挖掘市场潜力，加强新产品的推广工作，开辟新兴业务领域。但是由于受费率下滑等因素影响，业务发展迟缓。

平安财险2003年的责任保险经营策略等情况与上述基本雷同。

2004年，人保财险内蒙古分公司综合分析市场经营形势，提出了"重新定位、找准优势、合理规划、加强管理、提高效益"的发展思路，不断改进经营方式和手段，积极参与竞争，努力寻找新的业务增长点；充分利用人保的品牌、网络、销售服务体系，整合展业营销资源，拓展营销渠道，创新营销手段，提高销售能力。但业务滑坡的不利局面依然未得到有效扭转，导致业务继续出现负增长。

平安财险2004年的责任保险经营策略等情况与上述基本雷同。

2005年，为有效遏制业务连续两年下滑的不利形势，人保财险内蒙古分公司提出了"深入贯彻落实中共十六届四中全会精神，牢固树立科学发展观，坚持效益第一，深化改革，协调发展，调整结构，夯实基础，进一步提高核心竞争力"的经营思路，通过加大展业力度，采取强有力措施，彻底扭转近年来业务逐年萎缩的局面。对现有产品进行了认真筛选和整合，结合各地实际，确定主打产品，全力公关，重点突破；抓住自治区实施强制公众责任保险的契机，加强与消防部门合作，加大以火灾为主要责任的公众责任险的宣传、展业力度；利用全区开展"压事故、保安全、迎春运"专项行动的机遇，加强与交通运输管理部门的联系、沟通，进一步拓宽旅客道路承运人责任险和危险货物责任险业务承保面；认真分析雇主责任险赔付居高不下的原因，加强盈亏平衡分析,按照不同行业细分客户群,改善承保条件,增加承保限制,提高雇主责任险盈利能力;承保了全区政法干警因公伤亡责任险,发挥社会管理职能,有力地推动业务实现较快发展,较好地扭转了业务滑坡的不利局面。

平安财险、中华财险、大地财险、太平洋财险内蒙古分公司2005年的责任保险经营策略等情况与上述基本雷同。

2006年,人保财险内蒙古分公司根据总公司部署,积极参与"百舸争流"业务竞赛活动并获得总公司责任保险营销策划奖励;加强与主管部门沟通,促进了承运人责任险、公众责任险、医疗责任险、产品责任险业务的快速增长和雇主责任险业务的平稳发展,其中承运人责任险成功把握住全区市场,保费收入同比增长46%;加强与自治区公安消防总队、卫生厅、教育厅、旅游局等有关部门的沟通,赢得政策支持和认可,为业务发展创造良好的外部环境。

平安财险等其他各财险公司2006年的责任保险经营策略等情况与上述基本雷同。

2007年,人保财险内蒙古分公司根据总公司的提出的"确保效益、突出发展、提高效率、降低成本"的经营原则和要求,以突出社会管理职能、创造多赢局面为着力点,与各级消防部门合作推进火灾公众责任险业务;就煤炭行业强制雇主责任险进行调研公关,促成煤炭工业局等3个部门下发《关于在煤炭企业推行强制责任保险试点工作的意见》,在赤峰、乌海地区试点;全面推开校(园)方责任险业务,在呼和浩特、赤峰、巴彦淖尔三地实现市教育局统保;加强与政府及教育、消防、医疗等主管部门的沟通,利用政策支持,把业务增长与市场拓展结合起来,大力拓展业务空间。

自治区内的其他财险公司2007年的责任保险经营策略等情况与上述基本雷同。

2008年,人保财险内蒙古分公司的基本工作思路是,深入落实总公司"促发展、保效益,防风险"的方针,紧盯市场,稳步发展;突出效益,规范经营；推动专业能力建设，创新营销模式，实施精细化管理，为实现新腾飞奠定坚实的基础。积极开展奥运营销，为奥运火炬在自治区传递提供意外伤害保险保障；针对责任险产品多、政策性强的特点，努力协调在煤炭等高危行业及医疗、教育、环保、消防等部门扩大业务范围；加强对销售人员培训，帮助其掌握各个产品的卖点和销售对象，有针对性地开展公关展业，在更宽领域、更多险种上实现突破，催动责任险业务"全面开花"；与相关行业和部门加强沟通，扩大合作成果，应对政策变化，促进承运人责任险、校（园）方责任险、医疗责任险等较快发展。

自治区内的其他财险公司2008年的责任保险经营策略等情况与上述基本雷同。

2009年，人保财险内蒙古分公司全面落实"促发展、保效益、防风险"的方针，以"解放思想，勇于创新，推动业务健康发展"为目标，开拓进取，狠抓落实，有效提升了市场竞争力，实现了业务的持续快速发展。积极与内蒙古安监局、保监局沟通与合作，促成内蒙古保监局试点延期、扩面、保护文件的批复，强化公司在安全生产领域业务的控制力度和竞争优势；与各有关厅局加强沟通联系，特别是对已经签订合作协议或下发专门文件的煤炭雇主责任险、火灾公众责任险等业务，狠抓落实，见到成效；坚持"固土"与"扩疆"相结合，在抓好传统骨干险种续保拓展工作的同时，积极试点和发展职业责任险、职业院校学生实习责任保险；明确重点业务领域，疏通行业渠道，重点推动道路客运和危险货物承运人责任险、雇主责任险、火灾公众责任险、医疗责任险、校园方责任险等业务拓展。

自治区内的其他财险公司2009年的责任保险经营策略等情况与上述基本雷同。

2010年，人保财险内蒙古分公司根据"强化合规经营，严控数据质量；夯实管理基础，提升管理水平；落实效益第一，调整业务结构；提升销售能力，积蓄发展后劲"的基本工作思路，抓住重点业务和新型业务领域，推动承运人责任险、安全生产责任险、产品责任险等与公众利益密切相关、社会关注度高的责任保险发展；积极与经纪人公司合作完成全区旅行社责任保险业务的统保服务工作；启动环境污染责任保险试点，推动中等职业学校实习生责任保险发展，实现该项业务的突破。

自治区内的其他财险公司2010年的责任保险经营策略等情况与上述基本雷同。

2011年，人保财险内蒙古分公司确立以"转方式、调结构、促发展、强合规、增效益、抓管理、控风险"为主线，借助《内蒙古自治区消防条例》重新修订，要求"公共娱乐场所和生产、储存、运输、销售易燃易爆化学危险品的单位，应当按照国家和自治区有关规定投保火灾公众责任保险"的机会，争取实现与消防部门合作，大力开展火灾公众责任险。全面开展中等职业院校实习生责任保险；做好环境污染责任保险试点工作；推动《关于加强医疗纠纷人民调解工作的实施意见》的下发，促进医责险业务发展，获得了保监局关于安责险创新性项目延期保护的支持，并被安监局指定为唯一一家具有安责险承办资格的保险公司，为安责险的发展营造了有利的发展环境；试点自治区、盟市、旗县三级营销模式，提升销售能力建设，尝试建立一支专业化的团队，为客户提供专业化服务。

自治区内的其他财险公司2011年的责任保险经营策略等情况与上述基本雷同。

2012年，人保财险内蒙古分公司按照公司"转方式促发展，强合规增效益"的工作主基调，以"快发展、增效益、提服务、控风险、求创新"为主线，确立了责任信用险保费收入增长20%，承保利润率达到8%，应收保费余额不高于2011年水平的经营目标。

自治区内的其他财险公司2012年的责任保险经营策略等情况与上述基本雷

同。

2013年，人保财险内蒙古分公司确立了"以责任险事业部成立为契机，建立四级营销模式，加强销售能力，激发产品线活力；关注民生保险，强化对政府的营销，以行业性、重点性项目为重点，挖掘市场潜力，提升核心竞争力；以巩固传统业务为基础，提高续保率，稳住市场份额，增强市场话语权；以完善各项内控制度和管理制度为着力点，提高风险识别能力，强化风险管控，夯实盈利基础；以培训为提升点，加大对展业人员的培训，提升基层对责任保险的认知度，扩大责任保险的份额"的经营思路。

2013年初，公司全面梳理了核保政策，对承保管理进行了一次系统的规范。抓住政府加大和改进民生工作的契机，做好民生保险的开展与推进工作，在自然灾害公众责任险领域，包头和鄂尔多斯快速启动自然灾害公众责任保险，收取保费608万元。在养老责任保险领域，人保财险分公司向内蒙古自治区金融办和民政厅提交了《内蒙古自治区养老机构及敬老院责任保险项目推动方案》。在环境污染责任险领域，积极应对海峡经纪公司的环污险招标工作，内蒙古分公司承保环污险37笔，收取保费276万元，海峡经纪公司及招标的共保体未开展一笔环污险业务。在医疗责任险领域，内蒙古分公司继续与自治区卫生厅合作，推广医疗责任保险统保事宜。医责险同比增加394万元，同比增速41.43%。在特种设备第三者责任险领域，内蒙古分公司加大特种设备责任险的推动工作，首先向自治区金融办上报推动文件，该文件经政府批复执行。

自治区内的其他财险公司2013年的责任保险经营策略等情况与上述基本雷同。

2014年，人保财险内蒙古分公司确立了"加强政策营销，关注民生保险；加强盟市产品线建设，重点发展政策性业务和团体客户；依托高端业务团队，开拓高端市场；加大续保率考核，稳固传统业务市场；加大奖励力度，重视直销业务和竞回业务；对接各类渠道，培育分散性业务"的工作思路，确定了

"在有效益发展的前提下,对标市场,坚守市场份额"的发展目标。加强与政府的沟通,强化合作,行业业务取得新进展。

食品安全责任险方面,通过与国家食品药品监督管理总局多方合作,得到了国家食品监督管总局方面的认可,被确定为2015年承担试点工作的保险公司。环境污染责任险方面,通过创新服务、创新机制,探索建立承保前风险评估机制,免费为企业进行承保前的风险评估,赢得了环保厅和企业的认可。2014年,保费收入456万元,同比增长65.82%。医疗责任险方面,锡林郭勒盟公司独家中标锡林郭勒盟地区的医责险业务,保费规模360万元。乌兰察布独家中标乡村及乡镇卫生机构统保项目,保费规模近300万元。2014年,医责险保费规模2001万元,同比增长48.77%。校园类业务再创新高,在校园方附加无过失责任、校车、校餐、监护人责任险等方面都取得了突破,校园方责任险保费规模实现了历史新高。截至2014年12月末,全区校园类责任险业务保费收入达到1409万元,同比增长7.48%。开拓创新,延保业务取得重大突破,加强内部协作,超额完成总公司重点推动车辆维修企业责任保险,完成总公司计划的139.50%。

自治区内的其他财险公司2014年的责任保险经营策略等情况与上述基本雷同。

2015年,人保财险内蒙古分公司确立"把握新国十条政策出台的契机,把机遇变成产能,借政策东风,强化与政府合作深度,大力发展责任险业务;借助公司加大非车险业务发展的契机,加强专业化团队建设;通过销售费用差异化配置,改善业务结构;通过精细化管理,提高效益"的经营思路,确立"实现责任险同比增速10%,利润率3%,力争责任险增速与市场持平,坚守市场份额"的发展目标。认真贯彻落实新"国十条"和"自治区实施意见",加快列明险种的落地转化。积极推进环境污染责任险,自治区环保厅通过竞争性谈判模式招投标选择人保财险内蒙古分公司为首席承保人,份额70%。

在食品安全责任险方面，人保财险内蒙古分公司共承保食品安全责任险878笔，保费191万元，市场份额居第一。在电梯责任险方面，人保财险内蒙古分公司被自治区特设质选为首席承保人，份额56%。向自治区保监局、自治区经济和信息化委员会报送了《中国人民财产保险股份有限公司内蒙古分公司首台（套）重大技术装备保险项目推动方案》。医疗责任险从2007年开始在自治区分公司的指导下由各盟市分公司根据当地的实际情况因地制宜得到发展，形成了东西部各具特色的发展模式，所有盟市全面开展并落地。截至12月底，人保财险内蒙古分公司医疗责任险实现签单524笔，保费2746万元。积极推广诉讼财产保全责任险，主动对接自治区高级人民法院，得到认定并被纳入诉讼保险全指导意见中。车延保得到突破，共收取保费450万元。

自治区内的其他财险公司2015年的责任保险经营策略等情况与上述基本雷同。

（九）保证保险

1.保证保险发展的三大标志性数据

表2-15 内蒙古保证保险保额（责任限额）、保费、赔付情况表

金额单位：人民币亿元、百万元

年份	保额（责任限额）	保费收入	赔付支出	年份	保额（责任限额）	保费收入	赔付支出
1980	—	—	—	1998	6.48	1.91	0.76
1981	—	—	—	1999	3.54	1.33	1.96
1982	—	—	—	2000	9.20	3.46	0.14
1983	—	—	—	2001	—	—	—
1984	—	—	—	2002	—	0.01	—
1985	—	—	—	2003	38.68	14.53	—
1986	—	—	—	2004	6.41	3.95	1.81
1987	—	—	—	2005	8.95	3.05	2.06
1988	—	—	—	2006	10.44	3.79	0.38
1989	—	—	—	2007	12.78	4.18	3.97
1990	—	—	—	2008	14.44	4.56	0.81
1991	—	—	—	2009	30.66	5.75	1.46
1992	—	—	—	2010	68.30	10.10	3.90
1993	—	—	—	2011	181.42	26.09	1.50
1994	—	—	—	2012	193.10	56.59	1.68
1995	—	—	—	2013	141.59	57.70	6.41
1996	—	—	—	2014	249.00	165.33	4.42
1997	1.16	0.44	0.30	2015	251.88	255.05	61.66

2.2001—2015年保证保险发展状况

开办的险种主要有产品质量保证险、雇员忠诚保险、购车抵押贷款险、购房抵押贷款险等。

2001—2013年,自治区的各财险公司开办的险种比较单一,市场环境和各种条件尚未成熟,这13年间,业务发展成效不大。

2001—2002年,各公司主要以宣传产品质量保证险为主,很少开办具体业务。

2003年,房地产市场和车市开始活跃,购房抵押贷款险、购车抵押贷款险发展迅速。

2004年起,各公司根据上级公司要求,综合考虑责任风险,停办了车贷险业务,并且客户退保情形增多。同时,还完银行贷款的房贷险客户也开始退保。2004—2013年,主要以产品质量保证险为主。

2014年,全区的保证保险业务开展进入稳步快速发展阶段,但购房抵押贷款险开始停办。当年保费达到16533万元。

2015年,全区的保证保险业务继续稳步快速发展,总保费收入达到25505万元。

三、人身保险业务种类和发展状况

（一）人身保险业务综合发展状况

表 2-16　1996—2015 年内蒙古人身保险分业务种类保费收入情况表

年份	合计	分险种保费收入					
		人寿保险				个人业务	
		普通寿险	分红寿险	投资连接保险	万能保险	意外伤害险	健康险
1996	424.03	287.79	—	—	—	—	—
1997	667.61	371.19	—	—	—	—	13.32
1998	931.25	721.44	—	—	—	—	17.64
1999	1120.28	817.15	—	—	—	—	22.14
2000	1338.89	1054.79	—	—	—	—	29.53
2001	1579.57	1092.80	151.65	—	28.43	1.56	29.42
2002	2422.73	1159.19	965.38	—	15.96	3.30	43.34
2003	3144.06	1377.54	1376.30	—	14.49	127.81	142.06
2004	4021.85	1097.46	1523.50	—	49.53	87.32	127.26
2005	4268.86	1340.35	1273.22	—	244.32	93.85	156.42
2006	4895.08	1779.61	1489.64	—	337.74	98.10	198.74
2007	5879.72	1999.03	1664.41	12.22	460.20	64.72	224.01
2008	8574.23	2261.10	2773.21	13.79	761.33	89.74	347.90

金额单位：人民币百万元

分险种保费收入								
					团体业务			
年金保险	人寿保险				意外伤害保险	健康险	年金保险
	普通寿险	分红寿险	投资连接保险	万能保险			
—	—	—	—	—	135.92	0.32	—
—	105.40	—	—	—	174.07	3.63	—
—	—	—	—	—	183.09	9.08	—
—	88.10	—	—	—	190.77	2.12	—
—	57.42	—	—	—	197.08	0.07	—
—	85.66	—	—	—	108.56	81.49	—
—	18.24	10.31	—	—	122.20	84.81	—
—	18.22	50.09	—	—	13.40	24.15	—
190.74	326.86	0.02	—	—	64.58	73.88	425.65
183.72	261.48	46.05	—	—	69.30	66.59	348.36
284.52	83.90	32.62	—	—	70.07	65.67	135.82
455.45	91.76	63.43	—	—	132.79	72.65	193.02
778.59	85.30	13.33	—	—	120.85	59.98	382.37

续表

年份	合计	分险种保费收入					
		人寿保险				个人业务	
		普通寿险	分红寿险	投资连接保险	万能保险	意外伤害险	健康险
2009	10051.55	2363.32	3621.34	12.45	955.58	93.84	331.31
2010	10485.86	2128.30	5340.17	1.96	367.35	92.96	559.63
2011	11133.69	2059.65	5998.26	2.08	206.71	93.83	719.41
2012	12525.78	2028.26	6969.73	2.13	228.10	97.34	939.34
2013	15122.83	2144.27	7906.88	2.13	1353.18	117.73	1138.15
2014	18418.12	3140.16	8312.20	2.05	1579.02	156.27	1747.20
2015	28772.67	4907.11	10238.58	2.00	3781.87	225.71	2606.36

金额单位：人民币百万元

分险种保费收入							
团体业务							
年金保险	人寿保险				意外伤害保险	健康险	年金保险
	普通寿险	分红寿险	投资连接保险	万能保险			
653.84	69.84	69.46	—	—	135.22	219.07	343.67
1145.01	76.01	231.28	—	—	196.22	62.64	284.33
1477.77	70.79	129.28	—	—	247.57	117.10	11.24
1530.95	69.13	211.82	—	—	243.42	169.42	36.14
1568.99	64.53	234.01	—	—	243.47	268.20	81.29
2450.72	315.00	91.06	—	—	255.23	326.32	42.89
5921.49	379.59	36.52	—	—	269.28	373.40	30.76

表 2-17 2001—2015 年内蒙古人身保险分险种保险金额情况表

年份	分险种保险金额						
	合计	人寿保险				个人业务	
		普通寿险	分红寿险	投资连接保险	万能保险	意外伤害险	健康险
1996	608.42	20.69	—	—	—	—	—
1997	889.40	30.71	—	—	—	—	3.08
1998	1083.54	190.66	—	—	—	—	0.48
1999	224.86	28.47	—	—	—	—	0.60
2000	964.11	348.43	—	—	—	—	0.80
2001	1956.89	0.07	2.03	0.83	—	—	0.20
2002	2366.62	0.07	1.92	0.38	—	0.04	1.74
2003	4047.60	0.11	2.04	0.03	—	0.10	3.74
2004	2294.34	64.39	21.03	—	2.43	229.94	114.55
2005	2506.71	83.61	33.29	—	7.14	245.02	88.32
2006	3246.20	112.18	35.18	—	9.19	241.85	117.64
2007	3916.21	14.30	24.97	—	52.88	359.55	142.28
2008	5659.86	69.51	72.05	0.14	147.33	813.55	941.08
2009	7576.53	218.96	74.66	0.04	183.05	690.21	191.19

金额单位：人民币亿元

分险种保险金额								
团体业务								
年金保险	人寿保险				意外伤害保险	健康险	年金保险
	普通寿险	分红寿险	投资连接保险	万能保险			
—	—	—	—	—	587.72	0.01	—
—	—	—	—	—	852.89	2.72	—
—	—	—	—	—	891.31	1.09	—
—	—	—	—	—	119.72	76.07	—
—	—	—	—	—	606.83	8.05	—
0.01	2.93	0.08	2.03	0.83	—	—	—
0.01	2.38	0.08	1.92	0.38	—	0.04	—
0.05	2.23	0.16	2.04	0.03	—	0.10	—
1.69	5.24	0.37	2.69	—	1032.93	813.75	4.11
1.82	14.23	1.47	6.98	—	1163.87	853.09	3.55
2.34	19.06	1.20	9.83	—	1921.95	751.37	0.90
1.01	36.04	0.08	10.67	—	2447.56	783.32	1.22
5.42	59.90	7.89	10.38	0.14	3324.85	114.20	3.09
11.10	229.29	6.46	7.87	0.04	4632.73	1105.74	2.60

续表

| 年份 | 合计 | 分险种保险金额 |||||||
| | | 人寿保险 |||| 个人业务 ||
		普通寿险	分红寿险	投资连接保险	万能保险	意外伤害险	健康险
2010	11436.27	624.42	150.93	0.33	106.10	1274.86	713.87
2011	7500.85	717.99	119.96	0.92	298.74	1072.06	274.02
2012	8997.82	392.44	121.99	0.48	325.92	2098.00	561.01
2013	11303.85	351.76	114.23	0.17	348.43	2781.01	480.89
2014	14416.60	351.84	131.96	0.22	460.22	2631.80	560.05
2015	15957.16	635.24	158.54	0.64	688.28	3899.31	883.36

金额单位：人民币亿元

分险种保险金额							
团体业务							
年金保险	人寿保险				意外伤害保险	健康险	年金保险
	普通寿险	分红寿险	投资连接保险	万能保险			
21.31	474.70	3.40	4.92	0.33	6916.57	1144.24	0.29
25.60	148.41	1.74	5.71	0.92	4597.34	237.43	0.01
9.52	417.53	3.52	7.29	0.48	4811.99	247.62	0.03
4.48	615.83	3.06	9.01	0.15	5703.00	891.42	0.41
14.51	837.14	9.05	18.83	0.22	7266.38	2134.24	0.14
69.60	923.59	58.53	29.29	0.72	7648.07	961.94	0.05

表2-18 1996—2015年内蒙古人身保险赔款和给付支出情况表

年份	赔案件数合计（万件）	赔款金额合计	赔付支出情况		
			个人业务		
			赔款支出	死伤医疗给付	满期给付
1996	54.07	184.08	120.87	—	—
1997	33.30	275.19	275.03	—	—
1998	82.89	356.28	355.05	—	—
1999	52.90	365.41	364.99	—	—
2000	51.62	403.41	403.21	—	—
2001	3.57	375.11	268.76	30.32	—
2002	3.08	354.11	221.40	24.66	0.21
2003	2.92	389.64	234.52	25.58	0.33
2004	3.83	499.61	335.98	23.06	5.10
2005	4.76	638.16	336.72	40.24	141.22
2006	6.19	670.17	367.60	40.57	175.88
2007	5.39	1210.86	567.05	42.01	439.70
2008	14.07	1610.59	714.44	49.35	675.31
2009	13.45	2298.23	1359.13	48.15	715.85
2010	14.02	1795.57	113.07	276.69	714.51
2011	16.78	2048.64	126.64	345.28	1015.52
2012	15.25	2314.96	138.62	425.40	1003.75
2013	18.85	3031.29	150.30	510.22	1286.16
2014	17.99	3950.03	147.70	620.37	1898.24
2015	20.78	4866.20	163.25	756.88	2359.71

第二章 内蒙古保险业务种类和发展状况 151

金额单位：人民币百万元

赔付支出情况					退保金
	团体业务				
年金给付	赔款支出	死伤医疗给付	满期给付	年金给付	
—	63.21	—	—	—	91.43
—	0.16	—	—	—	135.43
—	0.23	—	—	—	188.37
—	0.42	—	—	—	479.00
—	0.20	—	—	—	494.31
—	11.06	7.25	57.72	—	92.93
—	23.66	6.31	77.87	—	91.43
—	47.84	4.66	76.71	—	135.43
—	45.06	6.85	83.56	—	188.37
—	40.24	5.33	74.41	—	479.00
—	40.97	4.41	40.74	—	494.31
—	42.01	4.33	115.76	—	802.08
—	49.35	3.79	118.35	—	795.74
—	48.15	3.49	123.46	—	825.18
197.78	100.72	101.56	235.57	55.67	934.10
202.46	83.81	8.96	236.39	29.58	1326.65
309.36	125.48	9.21	272.79	30.35	1082.31
341.75	230.64	56.94	411.75	43.53	1815.01
403.88	270.11	68.85	505.32	35.56	2826.71
813.96	270.75	70.51	388.96	42.18	3269.56

（二）传统人身保险

1.传统人身保险发展的三大标志性数据

表2-19　内蒙古传统人身保险保额（责任限额）、保费、赔付情况表

金额单位：人民币亿元、百万元

年份	保额（责任限额）	保费收入	赔付支出	年份	保额（责任限额）	保费收入	赔付支出
1996	20.69	287.79	184.08	2006	131.24	1863.51	204.48
1997	30.71	476.59	275.19	2007	50.34	2090.79	296.76
1998	190.66	721.44	356.28	2008	129.41	2346.40	303.34
1999	28.47	905.25	365.41	2009	448.25	2433.16	482.82
2000	348.43	1112.21	403.41	2010	1099.12	2204.31	57.86
2001	3.00	1178.46	242.73	2011	866.40	2130.44	52.95
2002	2.45	1177.43	133.02	2012	809.97	2097.39	58.25
2003	2.34	1395.76	138.93	2013	967.59	2208.80	71.89
2004	69.63	1424.32	181.07	2014	1188.98	3455.16	107.42
2005	97.84	1601.83	190.76	2015	1558.83	5286.70	118.60

2.传统人身保险发展状况

传统人身保险就是定期寿险中的普通人寿保险，是内蒙古各人身保险公司的主要业务险种。

（1）个人业务（普通人寿保险）

据统计，自治区内的17家人身保险公司于1996—2015年累计推出传统人寿保险产品约169款。剔除历年停售的58款，到2015年尚有111款传统人寿保险产品在售。例如，国寿康宁宝贝少儿两全保险、国寿鑫福年年养老年金保险；新

华锦绣前程（教育）、新华健康长青（防癌）；泰康金满仓两全分红型保险、泰康金满仓B款年金保险（分红型）；人民健康福利双全个人护理保险、人民健康百万安行个人护理保险；华夏一号两全保险（A款尊享版）、华夏常青树重大疾病保险2015；阳光康睿重大疾病保险，阳光人寿账户式安康重大疾病保险；太平真爱定期寿险2015、太平鑫享世承年金保险；富德生命附加定期寿险（A款）、富德生命鑫宝贝少儿年金保险；百年畅行两全保险，百年康泰终身重大疾病保险；等等。

（2）团体业务（普通人寿保险）

据统计，自治区内中国人寿、泰康人寿和富德生命人寿3家保险公司于2001—2015年累计推出普通人寿保险产品13款。截至2015年，13款普通人寿保险产品仍然在售。例如，国寿乐康宝特定恶性肿瘤疾病保险、国寿乐鑫宝终身寿险；泰康团体疾病身故定期寿险、泰康生命永惠团体每年续保定期寿险；富德生命安惠定期寿险、富德生命永信借款人定期寿险。

（三）新型人身保险

1.新型人身保险发展的三大标志性数据

表2-20　内蒙古新型人身保险保额（责任限额）、保费、赔付情况表

金额单位：人民币亿元、百万元

年份	保额（责任限额）	保费收入	赔付支出	年份	保额（责任限额）	保费收入	赔付支出
1996	—	—	—	2006	55.40	1860.00	204.09
1997	—	—	—	2007	88.60	2200.26	312.30
1998	—	—	—	2008	237.93	3561.66	460.45
1999	—	—	—	2009	272.12	4658.83	9244.46
2000	—	—	—	2010	266.01	5940.76	155.93
2001	5.80	180.08	37.09	2011	427.99	6336.33	157.50
2002	4.68	991.65	112.04	2012	459.68	7411.78	205.85
2003	4.30	1440.88	143.43	2013	475.05	9496.20	309.05
2004	26.52	1573.05	199.97	2014	620.50	9984.33	310.41
2005	48.88	1563.59	186.20	2015	936.00	14058.87	315.40

2.新型人身保险业务发展状况

（1）个人业务

①分红保险

分红保险是指保险公司将其实际经营成果优于定价假设所产生的盈余，按照一定比例向保单持有人进行分配的人寿保险。按分红方式可分为现金分红产品和保额分红产品。

据统计，自治区内的17家人身保险公司2001—2015年累计推出分红保险

产品约214款。剔除历年停售的28款,到2015年尚有187款分红保险产品在售。如:国寿瑞鑫两全保险(分红型)(典藏版)、国寿鸿运少儿两全保险(分红型);平安金裕人生两全分红险,平安吉星送宝少儿两全分红险;新华喜盈宝顺(分红型)、新华鑫宝年金保险;泰康畅赢人生年金保险(分红型)、泰康鑫享人生年金保险(分红型);人保寿险财寿双盈两全保险(分红型)、人保寿险美好生活年金保险(分红型)(B款);人民健康康利人生两全保险(分红型);太平洋红福宝两全保险(分红型)、太平洋吉祥安康两全(分红型);华夏五福临门年金(分红型)保险、华夏福临门年金(分红型)保险;阳光宝贝终身寿险(分红型),阳光人寿十全十美两全保险(分红型);太平吉祥福临门年金保险(分红型);太平福利健康终身寿险(分红型);富德百万赢家年金保险,富德金翰林少儿教育年金保险;华泰百万赢家年金保险、华泰金翰林少儿教育年金保险;百年富贵尊享终身年金保险(分红型)B款、百年富贵尊享终身年金保险(分红型)C款。

②万能保险

万能保险是指包含保险功能并设立有保底投资账户的人寿保险。它具有以下特点:一是交费灵活,二是费用透明,三是提供最低保证利率。

据统计,自治区内的4家人身保险公司2004—2015年累计推出分红保险产品约70款。剔除历年停售的7款,到2015年尚有63款万能保险产品在售。如:国寿瑞丰两全保险(万能型)、国寿裕丰投资联结保险;平安成人智悦人生(万能型)、平安少儿智能星(万能型);华夏一号两全保险C款(万能型)、华夏财富一号两全保险D款(万能型);阳光人寿金祥裕终身寿险B款、阳光人寿附加金账户终身寿险B款;富德生命e理财C款年金保险(万能型)、富德生命云理财D款年金保险(万能型)。

③投资联结保险

据统计,自治区内的投资联结保险业务只在2007—2015年有少量办理,9

年累计保费收入5121万元。

（2）团体业务

①分红保险

据统计，自治区内中国人寿和人民人寿两家保险公司于2001—2015年累计推出团体分红人寿保险产品32款。到2015年，32款分红人寿保险产品仍然在售。如：国寿鸿福稳盈年金保险（分红型）、国寿鑫泰两全保险（分红型），人民人寿团体年金保险（分红型）（B款）。

②万能保险

据统计，自治区内的团体保险业务只在2015年有少量办理，保费收入1000万元。

（四）年金保险

1.个人年金保险

（1）个人年金保险业务发展的三大标志性数据

表2-21 内蒙古个人年金保险保额（责任限额）、保费、赔付情况表

金额单位：人民币亿元、百万元

年份	保额（责任限额）	保费收入	赔付支出	年份	保额（责任限额）	保费收入	赔付支出
1996	—	—	—	2006	2.34	284.52	—
1997	—	—	—	2007	1.01	455.45	5.45
1998	—	—	—	2008	5.42	778.59	8.25
1999	—	—	—	2009	11.10	653.84	237.14
2000	—	—	—	2010	21.31	1145.01	197.78
2001	0.01	—	—	2011	25.60	1477.77	202.46
2002	0.01	—	—	2012	9.52	1530.95	309.36
2003	0.05	—	—	2013	4.48	1568.99	341.75
2004	1.69	190.74	—	2014	14.51	2450.72	403.88
2005	1.82	183.72	—	2015	69.60	5921.49	813.96

（2）个人年金保险发展状况

年金保险是指以被保险人生存为给付保险金条件，并按约定的时间间隔分期给付生存保险金的人身保险。

据统计，自治区内的11家人身保险公司2008—2015年累计推出个人年金保险产品约42款。到2015年，42款健康保险产品仍然在售。如：人保寿险安享人生个人养老年金保险（分红型）、人保寿险乐享人生团体年金保险（分红型）；华夏福临门年金保险（2015铂金版）、华夏财富一号年金保险（F款）；太平盛世连年终身年金保险（分红型）、太平鑫享世承年金保险；富德生命如意宝一号年金保险、富德生命固盈B款年金保险。

2.团体年金保险

（1）团体年金保险发展的三大标志性数据

表2-22 内蒙古团体年金保险保额（责任限额）、保费、赔付情况表

金额单位：人民币亿元、百万元

年份	保额（责任限额）	保费收入	赔付支出	年份	保额（责任限额）	保费收入	赔付支出
1996	—	—	—	2006	0.90	135.82	—
1997	—	—	—	2007	1.22	193.02	5.21
1998	—	—	—	2008	3.09	382.37	5.75
1999	—	—	—	2009	2.60	343.67	9.08
2000	—	—	—	2010	0.29	284.33	55.67
2001	—	—	—	2011	0.01	11.24	29.58
2002	—	—	—	2012	0.03	36.14	30.35
2003	—	—	—	2013	0.41	81.29	43.53
2004	4.11	425.65	—	2014	0.14	42.89	35.56
2005	3.55	348.36	—	2015	0.05	30.76	42.18

（2）团体年金保险发展状况

据统计，自治区内5家人身险公司于2004—2015年累计推出团体年金保险产品10款。到2015年，10款团体健康保险产品仍然在售。如：国寿养老金保险、国寿稳健一生团体年金保险（万能型）；泰康金满仓B款年金保险、泰康幸福人生A款终身年金保险；平安养老盈管家年金保险（A款）、平安养老盈管家年金保险（B款）;人保寿险乐享人生团体年金保险、人保寿险乐享人生团体年金保险（B款）；富德生命永乐团体养老年金保险（B款）（分红型）、富德生命永欣团体年金保险（万能型）。

（五）人身意外伤害保险

1.团体（个人）人身意外伤害保险

（1）人身意外伤害保险发展的三大标志性数据

①人身保险业务内的意外伤害保险

表2-23 内蒙古（人）意外伤害保险保额（责任限额）、保费、赔付情况表

金额单位：人民币亿元、百万元

年份	保额（责任限额）	保费收入	赔付支出	年份	保额（责任限额）	保费收入	赔付支出
1996	587.72	135.92	—	2006	2163.80	168.17	—
1997	852.89	174.07	—	2007	2807.11	197.51	—
1998	892.31	183.09	—	2008	4138.40	210.59	31.22
1999	119.72	190.77	—	2009	5322.94	229.06	57.25
2000	606.83	197.08	—	2010	8191.43	289.18	378.25
2001	—	110.12	—	2011	5669.40	341.40	354.24
2002	0.04	125.50	—	2012	6909.99	340.76	434.61
2003	0.10	141.21	—	2013	8484.01	361.20	567.16
2004	1262.87	151.90	—	2014	9898.18	411.50	689.22
2005	1408.89	163.15	—	2015	11547.38	494.99	827.39

②财产保险业务内的意外伤害保险

表2-24 内蒙古(财)意外伤害保险保额(责任限额)、保费、赔付情况表

金额单位：人民币亿元、百万元

年份	保额（责任限额）	保费收入	赔付支出	年份	保额（责任限额）	保费收入	赔付支出
1996	—	—	—	2006	1203.67	112.69	51.89
1997	—	—	—	2007	1069.92	153.55	72.83
1998	—	—	—	2008	1139.68	167.01	68.16
1999	—	—	—	2009	793.99	173.19	69.32
2000	—	—	—	2010	776.20	170.70	59.16
2001	—	—	—	2011	858.50	231.95	57.97
2002	—	—	—	2012	1206.43	282.80	71.74
2003	519.82	36.05	1.73	2013	898.00	331.06	92.35
2004	444.19	58.32	14.51	2014	1413.89	327.67	101.93
2005	777.45	82.97	25.34	2015	2239.07	318.78	112.74

2.人身意外伤害保险发展状况

意外伤害保险是指以被保险人因意外事故而导致身故、残疾或者发生保险合同约定的其他事故为给付保险金条件的人身保险。

（1）人身保险业务内的意外伤害保险业务发展状况

①个人业务中的意外伤害保险

据统计，自治区内的10家人身保险公司2005—2015年累计推出意外伤害保险产品约69款。到2015年，69款意外伤害保险产品仍然在售。如：平安无忧意外伤害保险、平安无忧意外伤害医疗保险；泰康意外伤害医疗保险、泰康如意

宝意外伤害保险；人保寿险安祥意外伤害保险、人保寿险公共交通工具意外伤害保险；人保健康守护无忧意外伤害保险、人保健康畅行无忧交通工具意外伤害保险；阳光爱随行意外伤害保险B款、阳光人寿真顺心意外伤害保险；太平附加守护天使意外伤害保险、太平爱相随意外伤害保险；富德生命附加长期意外伤害保险、富德生命附加意外伤害保险（C款）；华泰无忧意外伤害、华泰无忧意外伤害医疗保险；百年畅行两全两全保险。

②团体业务中的意外伤害保险

据统计，自治区内8家人身险公司于2001—2015年累计推出团体意外伤害保险产品约113款。到2015年，113款团体意外伤害保险产品仍然在售。如：国寿旅行综合团体意外伤害保险、国寿安心贷借款人意外伤害保险；泰康团体普通意外伤害保险、泰康学生平安保险；人保寿险团体意外伤害保险（新标准版）；人保健康建设工程施工人员团体意外伤害保险、人保健康高新技术企业高管人员和关键研发人员人身意外伤害保险；太平洋安贷宝意外伤害保险、太平洋民用燃气用户意外伤害保险；华夏燃气用户意外伤害保险、华夏建筑工程团体意外伤害保险；阳光人寿和顺团体交通工具意外伤害保险、阳光人寿团体交通工具意外伤害保险；富德生命永泰意外伤害保险、富德生命综合交通意外伤害保险。

（2）财产保险业务内的意外伤害保险业务发展状况（略）

（六）健康保险

1.健康保险发展的三大标志性数据

（1）人身保险业务内的健康保险

表2-25 内蒙古（人）健康保险保额（责任限额）、保费、赔付情况表

金额单位：人民币亿元、百万元

年份	保额（责任限额）	保费收入	赔付支出	年份	保额（责任限额）	保费收入	赔付支出
1996	0.01	0.32	—	2006	869.01	264.41	216.62
1997	5.80	16.95	—	2007	925.60	296.66	555.46
1998	1.57	26.72	—	2008	1055.28	407.88	793.66
1999	76.67	24.26	—	2009	1296.93	550.38	839.31
2000	8.85	29.60	—	2010	1858.11	622.27	950.08
2001	0.20	110.91	57.72	2011	511.45	836.51	1251.91
2002	1.78	128.15	78.08	2012	808.63	1108.76	1276.54
2003	3.84	166.21	77.04	2013	1372.31	1406.35	1697.91
2004	928.30	201.14	88.66	2014	2694.29	2073.52	2403.56
2005	941.41	223.01	215.63	2015	1845.30	2979.76	2748.67

（2）财产保险业务内的短期健康保险

表2-26 内蒙古（财）短期健康保险保额（责任限额）、保费、赔付情况表

金额单位：人民币亿元、百万元

年份	保额（责任限额）	保费收入	赔付支出	年份	保额（责任限额）	保费收入	赔付支出
1996	—	—	—	2006	20.66	3.36	0.19
1997	—	—	—	2007	61.09	7.69	5.95
1998	—	—	—	2008	58.27	28.50	21.36
1999	—	—	—	2009	485.51	55.07	34.82
2000	—	—	—	2010	670.32	73.91	34.22
2001	—	—	—	2011	831.45	81.04	37.78
2002	—	—	—	2012	2622.95	107.76	45.69
2003	0.04	0.15	0.01	2013	21547.79	238.38	119.37
2004	0.16	0.53	0.07	2014	20196.58	296.92	390.95
2005	0.08	1.93	0.19	2015	22966.93	398.60	298.11

2.人身保险业务内的健康保险业务发展状况

健康保险是指以因健康原因导致损失为给付保险金条件的人身保险。短期个人健康保险产品可以进行费率浮动，长期健康保险是指保险期限在1年期以上的健康保险。

据统计，自治区内11家人身险公司于2001—2015年累计推出团体健康保险产品103款。到2015年，103款团体健康保险产品仍然在售。如：国寿关爱女性特定疾病保险（A款）、国寿病员安康团体意外伤害保险；泰康乐宁终身重大疾病保险、泰康吉祥健康保险计划；人保寿险补充团体医疗保险（C/D/E/F

款）；人保健康阳光关爱母婴安康医疗保险、人保健康守护专家健康无忧团体医疗保险；太平洋人寿意外伤害住院补贴团体医疗保险、太平洋人寿团体重大疾病保险；华夏人寿团体住院医疗保险、华夏人寿特需医疗金团体医疗保险；阳光人寿附加团体意外伤害医疗保险、阳光人寿附加团体住院费用医疗保险A款；富德生命意外住院每日补贴、富德生命永康门急诊保险。

第三节 保险中介业务发展状况

一、保险专、兼业代理机构

截至2015年，内蒙古自治区的保险专、兼业代理机构共有4060家。

（一）专业代理机构

2002—2015年，经保监局审批准入的保险专业代理机构（保险代理和保险经纪）有85家及155个分支机构，其间退出6家代理公司，撤销下辖59个分支机构。截至2015年底，内蒙古自治区拥有70家保险代理公司及其67个分支机构，拥有9家保险经纪公司及其1个分支机构。

表2-27 2002—2010年内蒙古保险代理公司准入、退出情况表

序号	机构名称	设立时间	保有下辖机构（个）	备注
1	内蒙古利安保险代理有限公司	2002年	1	—
2	内蒙古国立保险代理有限公司	2002年	—	—
3	内蒙古环成保险代理有限公司	2003年	1	2008年撤销下辖机构6个
4	内蒙古康安保险代理有限公司	2003年	—	—
5	内蒙古蒙凯保险代理有限责任公司	2003年	2	—
6	内蒙古国祥保险代理有限责任公司	2003年	—	—
7	内蒙古中联堂保险代理有限公司	2003年	—	2006年撤销下辖机构1个
8	内蒙古福连泰保险代理有限责任公司	2003年	—	—
9	内蒙古福泰安保险代理有限责任公司	2004年	—	—
10	内蒙古新龙保险代理有限公司	2004年	—	—
11	内蒙古巴运保险代理有限责任公司	2004年	3	—
12	内蒙古金龙保险代理有限责任公司	2004年	—	2006年撤销下辖机构2个
13	内蒙古利丰保险代理有限责任公司	2004年	4	—
14	内蒙古保惠保险代理有限公司	2004年	—	—
15	内蒙古博盛保险代理有限责任公司	2004年	—	—
16	内蒙古凯博特保险代理有限责任公司	2004年11月	—	2008年12月退出
17	内蒙古坤兴保险代理有限公司	2004年12月	—	2008年2月退出
18	内蒙古安泰祥保险代理有限责任公司	2004年12月	3	—
19	内蒙古邮政保险代理有限责任公司	2005年2月	12	—

续表 1

序号	机构名称	设立时间	保有下辖机构（个）	备注
20	内蒙古和硕保险代理有限公司	2005年5月	—	2006年3季度退出
21	内蒙古得众信保险代理有限公司	2005年5月	7	—
22	内蒙古顺安保险代理有限责任公司	2005年5月	—	—
23	内蒙古昕万达保险代理有限责任公司	2005年5月	—	—
24	内蒙古中联保险代理有限公司	2005年5月	—	—
25	内蒙古陆地保险代理有限责任公司	2005年5月	—	—
26	内蒙古永超保险代理有限责任公司	2005年5月	1	—
27	内蒙古东鑫保险代理有限公司	2005年6月	—	—
28	内蒙古金顺航保险代理有限责任公司	2005年6月	—	—
29	内蒙古安快保险代理有限责任公司	2005年6月	—	—
30	内蒙古宏桥保险代理有限责任公司	2005年6月	—	—
31	内蒙古华威保险代理有限责任公司	2005年6月	—	—
32	内蒙古安平保险代理有限责任公司	2005年6月	1	—
33	内蒙古惠丰保险代理有限公司	2005年6月	2	—
34	内蒙古大草原保险代理有限公司	2005年6月	3	—
35	内蒙古联合保险代理有限公司	2005年6月	3	—
36	内蒙古万鼎保险代理有限责任公司	2005年6月	3	—
37	内蒙古捷安保险代理有限公司	2005年6月	—	—
38	内蒙古泰安保险代理有限责任公司	2005年6月	1	—
39	内蒙古通九保险代理有限公司	2005年8月	—	—
40	内蒙古华厦联合保险代理有限公司	2005年8月	3	—

续表2

序号	机构名称	设立时间	保有下辖机构（个）	备注
41	内蒙古保平保险代理有限公司	2005年9月	—	—
42	内蒙古美亚宏泰保险代理有限公司	2005年9月	—	—
43	内蒙古金实保险代理有限公司	2005年9月	—	—
44	内蒙古金辉煌保险代理有限公司	2005年9月	2	—
45	内蒙古鸿阳保险代理有限公司	2005年11月	—	—
46	内蒙古保利保险代理有限公司	2005年11月	—	—
47	内蒙古金瑞保险代理有限公司	2005年12月	—	2010年6月退出
48	内蒙古神龙保险代理有限公司	2005年12月	—	—
49	内蒙古志诚保险代理有限公司	2005年12月	—	—
50	内蒙古保泰隆保险代理有限公司	2005年12月	—	—
51	内蒙古宝龙保险代理有限公司	2005年12月	—	—
52	内蒙古金信诺保险代理有限公司	2006年2月	—	—
53	内蒙古亿安达保险代理有限公司	2006年2月	—	—
54	内蒙古诚达伟业保险代理有限责任公司	2006年4月	3	2010年撤销下辖机构1个
55	内蒙古万华凯保险代理有限责任公司	2006年4月	3	—
56	鄂尔多斯市联运保险代理有限公司	2006年7月	—	—
57	包头市晨宇保险代理有限责任公司	2006年8月	—	2008年3月退出
58	内蒙古威力斯保险代理有限责任公司	2006年11月	—	2008年5月退出

续表 3

序号	机构名称	设立时间	保有下辖机构（个）	备注
59	呼和浩特市建安保险代理有限公司	2006 年 12 月	—	—
60	伊金霍洛旗众信保险代理有限责任公司	2006 年 12 月	3	—
61	兴安盟鑫泰安保险代理有限公司	2007 年 6 月	—	—
62	内蒙古首信保险代理有限责任公司	2007 年 6 月	—	—
63	鄂尔多斯市东胜区联华保险代理有限责任公司	2007 年 7 月	—	—
64	兴安盟和信保险代理有限公司	2007 年 8 月	1	—
65	呼伦贝尔万达保险代理有限责任公司	2007 年 8 月	—	—
66	乌海市恒泰隆保险代理有限责任公司	2008 年 4 月	—	—
67	呼和浩特市利众保险代理有限责任公司	2008 年 5 月	2	—
68	呼和浩特市鼎盛联华保险代理有限责任公司	2008 年 11 月	—	—
69	通辽市金顺保险代理有限责任公司	2008 年 11 月	2	—
70	包头市中安保险代理有限责任公司	2008 年 12 月	—	—
71	鄂尔多斯市东胜区泓诚保险代理有限公司	2008 年 12 月	—	—
72	包头市融丰保险代理有限责任公司	2009 年 1 月	—	—
73	内蒙古互众保险代理有限责任公司	2009 年 3 月	—	—
74	五原县诚信保险代理有限责任公司	2009 年 4 月	1	—
75	鄂尔多斯东胜区新大地保险代理有限责任公司	2009 年 5 月	—	—
76	鄂尔多斯市四方益通保险代理有限责任公司	2009 年 5 月	—	—

表2-28 2002—2015年内蒙古保险经纪公司准入、退出情况表

序号	机构名称	设立时间	保有下辖机构（个）	备注
1	长安保险经纪公司内蒙古分公司	2002年	—	—
2	江泰保险经纪公司内蒙古分公司	2003年	—	—
3	内蒙古弘泰保险经纪有限公司	2005年3月	—	—
4	北京联合保险经纪有限公司内蒙古分公司	2006年12月	1	—
5	长安保险经纪有限公司内蒙古分公司	2007年5月	—	—
6	华泰保险经纪有限公司内蒙古分公司	2007年7月	—	—
7	北京金诚国际保险经纪有限公司呼和浩特分公司	2007年8月	—	—
8	广东汇优保险经纪有限公司呼和浩特分公司	2008年11月	—	—
9	北京中汇国际保险经纪有限公司内蒙古分公司	2009年4月	—	—

（二）兼业代理机构

内蒙古地区的保险兼业代理机构主要来自5个方面：一是各家银行的自治区级机构及其盟市、旗县、乡镇等各个分支机构；二是中国邮政的自治区级机构及其盟市、旗县、乡镇等各个分支机构；三是自治区境内铁路线上的各个货运站点；四是自治区境内各个民航机场及其售票点；五是自治区境内各个机动车辆销售、维修点。

2001年，内蒙古的兼业代理机构总数为2805个，随着境内的保险主体增多、代理需求增大，兼业代理机构的数量也在逐步增多。截至2015年，总数已达3990个。

二、营销员及专、兼业代理机构保险业务发展状况

2001—2015年，在保险监管部门和保险社团组织的监管、扶持下，在各保险公司的组织培植和社会各界的支持下，经过保险营销员及专、兼业代理机构

的艰苦努力,在内蒙古保险业的保险产品营销工作中,保险营销员及专、兼业代理机构的保险代理营销业务量很大,且逐年增多。保费收入由2001年的14.04亿元逐步增至2015年的402.77亿元,增长了28.69倍;保费收入占全自治区总保费收入的比例,也由2001年的56.70%增长至2015年的91.39%。

表2-29 2001—2015年内蒙古营销员及时专、兼业机构代理保费收入及占比情况表

项目 年度	合计		营销员		专业代理机构		兼业代理机构	
	保费收入金额（亿元）	占全区总保费百分比	保费收入金额（亿元）	占全区总保费百分比	保费收入金额（亿元）	占全区总保费百分比	保费收入金额（亿元）	占全区总保费百分比
2001	14.04	56.70	11.99	48.42	0.08	0.32	1.97	7.96
2002	19.37	56.64	14.45	42.25	0.09	0.26	4.82	14.09
2003	29.72	69.98	21.14	49.78	0.20	0.47	8.38	19.73
2004	38.46	69.64	25.50	46.17	0.05	0.09	12.91	23.37
2005	44.56	71.85	31.49	50.77	0.46	0.74	12.61	20.33
2006	57.67	80.51	44.17	61.66	0.91	1.27	12.59	17.58
2007	80.22	82.07	58.55	59.90	2.34	2.39	19.33	19.77
2008	114.08	80.69	76.50	54.11	4.62	3.27	32.96	23.31
2009	139.87	76.52	92.10	50.39	6.72	3.68	41.05	22.46
2010	169.14	72.69	111.91	48.09	12.81	5.51	44.42	19.09
2011	167.09	72.32	90.38	39.12	18.03	7.80	58.68	25.40
2012	163.78	65.81	82.50	33.15	20.61	8.28	60.67	24.38
2013	191.00	66.63	97.65	34.07	25.27	8.82	68.08	23.75
2014	256.87	78.15	135.40	41.20	34.50	10.50	86.97	26.46
2015	402.77	91.39	185.77	42.15	64.57	14.65	152.43	34.59

（一）营销员代理保险业务发展状况

2001—2015年，在保险监管部门和保险社团组织的监管、扶持下，在各保险公司的组织培植和社会各界的支持下，经过全体保险营销员的艰苦努力，在内蒙古保险业的保险产品营销工作中，保险营销员的代理营销业务量逐年增多。保费收入由2001年的11.99亿元增至2015年的185.77亿元，增长了15.49倍。

表2-30　2001—2015年内蒙古保险营销员代理保费收入及占比情况表

项目 年度	合计		代理财险		代理寿险	
	保费收入金额（亿元）	占全区总保费百分比	保费收入金额（亿元）	占财险总保费百分比	保费收入金额（亿元）	占寿险总保费百分比
2001	11.99	48.42	0.67	7.48	11.32	71.65
2002	14.45	42.25	0.67	6.71	13.78	56.90
2003	21.14	49.78	0.73	6.62	20.41	64.90
2004	25.50	46.17	2.74	18.24	22.76	56.60
2005	31.49	50.77	5.23	27.06	26.26	61.51
2006	44.17	61.66	9.01	39.73	35.16	71.83
2007	58.55	59.90	17.66	45.33	40.89	69.55
2008	76.50	54.11	23.97	43.17	52.52	61.17
2009	92.10	50.39	29.20	41.94	62.91	61.81
2010	111.91	48.09	46.54	47.15	65.37	62.35
2011	90.38	39.12	48.56	40.56	41.82	37.56
2012	82.50	33.15	44.10	35.67	38.40	30.66
2013	97.65	34.07	43.00	31.75	54.65	36.14
2014	135.40	41.20	44.02	30.47	91.38	49.61
2015	185.77	42.15	47.37	30.39	138.40	48.08

（二）专业代理机构代理保险业务发展状况

2001—2015年，在保险监管部门和保险社团组织的监管、扶持下，在各保险公司的组织培植和社会各界的支持下，经过各专业代理机构的艰苦努力，在内蒙古保险业的保险产品营销工作中，专业代理机构的代理营销业务量除2004年，其余均逐年增多。保费收入由2001年的0.08亿元逐步增至2015年的64.57亿元，增长了807.13倍；保费收入占全自治区总保费收入的比例，也由2001年的0.32%增长至2015年的14.65%。

表2-31　2001—2015年内蒙古专业代理机构代理保费收入及占比情况表

项目 年度	合计		专业代理财险		专业代理寿险	
	保费收入金额（亿元）	占全区总保费百分比	保费收入金额（亿元）	占财险总保费百分比	保费收入金额（亿元）	占寿险总保费百分比
2001	0.08	0.32	0.08	0.89	0	0
2002	0.09	0.26	0.09	0.90	0	0
2003	0.20	0.47	0.20	1.81	0	0
2004	0.05	0.09	0.05	0.33	0	0
2005	0.46	0.74	0.46	2.38	0	0
2006	0.91	1.27	0.91	4.01	0	0
2007	2.34	2.39	2.26	5.80	0.08	0.14
2008	4.62	3.27	3.56	6.41	1.06	1.23
2009	6.72	3.68	5.06	7.27	1.66	1.63
2010	12.81	5.51	8.92	9.04	3.89	3.71
2011	18.03	7.80	11.82	9.87	6.21	5.58
2012	20.61	8.28	11.62	9.40	8.99	7.18
2013	25.27	8.82	12.87	9.50	12.40	8.20
2014	34.50	10.50	14.11	9.77	20.39	11.07
2015	64.57	14.65	12.90	8.28	51.67	17.95

（三）兼业代理机构代理保险业务发展状况

2001—2015年，在保险监管部门和保险社团组织的监管、扶持下，在各保险公司的组织培植和社会各界的支持下，经过银行、邮政、铁路、航空、车商等各兼业代理机构的艰苦努力，在内蒙古保险业的保险产品营销工作中，兼业代理机构的代理营销业务量除2005年、2006年，其余均逐年增多。保费收入由2001年的1.97亿元逐步增至2015年的152.43亿元，增长了77.38倍；保费收入占全自治区总保费收入的比例，也由2001年的7.96%增长至2015年的34.59%。

表2-32　2001—2015年内蒙古兼业代理机构代理保费收入及占比情况表

项目 年度	合计		兼业代理财险		兼业代理寿险	
	保费收入金额（亿元）	占全区总保费百分比	保费收入金额（亿元）	占财险总保费百分比	保费收入金额（亿元）	占寿险总保费百分比
2001	1.97	7.96	0.36	4.02	1.61	10.19
2002	4.82	14.09	0.02	0.20	4.80	19.82
2003	8.38	19.73	1.39	12.61	6.99	22.23
2004	12.91	23.37	3.58	23.83	9.93	23.20
2005	12.61	20.33	4.40	22.76	8.21	19.23
2006	12.59	17.58	3.25	14.33	9.34	19.08
2007	19.33	19.77	7.84	20.12	11.49	19.54
2008	32.96	23.31	10.93	19.69	22.03	25.66
2009	41.05	22.46	15.56	22.35	25.49	25.04
2010	44.42	19.09	17.76	17.99	26.66	25.43
2011	58.68	25.40	33.92	28.34	24.76	22.24
2012	60.67	24.38	31.91	25.81	28.76	22.96
2013	68.08	23.75	29.14	21.52	38.94	25.75
2014	86.97	26.46	29.77	20.60	57.20	31.05
2015	152.43	34.59	26.27	16.86	126.16	43.83

第 三 章

内蒙古保险理赔和主要赔案

第一节　财产保险理赔概况

一、财产保险理赔管理概况

1981—1995年，人保财险内蒙古分公司系统发生赔案116.36万件，赔款合计122023万元。

1996年5月3日，包头地区发生里氏6.4级破坏性地震，造成直接经济损失58.15亿元。人保财险内蒙古分公司在中国人寿内蒙古分公司的协助下，经过2个多月的查勘，对受灾的1206户投保企业和1552户家庭及时赔付2.14亿元。

1998年7—8月，与东三省相连的、内蒙古东部的呼伦贝尔盟、兴安盟、哲里木盟、赤峰市等地区发生了百年不遇的特大洪涝灾害。保险公司对1051户受灾保险企业和1707户受灾家庭及时支付赔款近1.49亿元（其中企业赔款1.12亿元），帮助受灾保户抢救出各类财产价值达1.3亿元。

自2001年起，各家财险公司开始逐步设立客服理赔部、X险理赔部、理赔中心等，统一秉承"安心、简单、温暖"等品牌价值主张，经过长期的经营和发展，建立了以客户为导向的各险理赔服务体系。依托各自总部的IT平台及先进的互联网创新型管理理念，在全国统一的24小时95518、95512、95585、95590、95500、95540等服务热线，网络化的客户服务门店以及直赔中心，专业化的理赔服务队伍，网上全国通赔，全程E化审批，后援集中，规范化投诉管理等服务模式的基础上，成功开发了以好车主APP、微信、云平台为代表的沟通互动平台，丰富了客户业务办理的方式及沟通互动的通道。客户可根据自身需求，通过线上自助的方式，随时随地完成车险等各险报案、上传理赔资料、自主选择修理厂、自助批改车牌等一系列便捷服务，逐步健全和完善了理赔数据查询分析系统，提高了理赔质量和服务水平，落实了理赔质量、理赔规章制度的建立、处罚等相关制度。

2010年，人保财险等各内蒙古分公司按照总公司批复的《内蒙古分公司理赔省集中方案》中"先车险，后非车险"的原则，积极落实了核损核赔中心职场的选定和设备的配备，确保了理赔省集中工作的顺利推进。

2012年，各财险内蒙古分公司贯彻落实了各自总公司下发的《车险理赔服务标准化指引》和保监会《中国保监会关于加强和改进财产保险理赔服务质量的意见》（保监发〔2012〕5号）、《中国保监会综合治理车险理赔难的工作方案》（保监产险〔2012〕252号）文件精神，制定了《综合治理"理赔难"工作方案》。

2015年，多数财险内蒙古分公司完善理赔集中管控模式的上级要求，进一步优化了理赔运营模式和流程，筹建了理算工厂，大大提高了理赔时效，使内蒙古财险的理赔服务水平发生了质的飞跃。

二、2001—2015 年财产保险理赔支出概况

表 3-1 2001—2015 年内蒙古财产保险分险种赔付支出情况表

金额单位：人民币百万元

年份	赔案件合计（万件）	赔付金额	赔款支出情况												未决赔款准备金
			企业财产保险	家庭财产保险	机动车辆保险	责任保险	工程保险	货物运输保险	船舶保险	信用保险	保证保险	特殊风险保险	农业保险	短期健康保险	意外伤害保险	其他	
2001	4.84	393.61	124.06	4.89	239.07	14.51	2.46	7.41	0.00	0.00	0.00	0.00	0.37	0.00	0.00	0.84	97.40
2002	5.74	466.95	159.82	6.11	263.94	21.82	4.42	8.96	0.00	0.00	0.00	0.00	0.62	0.00	0.00	1.26	122.53
2003	7.42	534.42	163.71	6.04	320.25	20.82	6.98	13.36	0.00	0.00	0.00	0.00	0.05	0.01	1.73	1.47	148.97
2004	28.44	651.25	112.02	4.27	484.17	17.51	7.70	8.45	0.00	0.00	1.81	0.00	0.00	0.07	14.51	0.74	305.19
2005	42.86	784.59	75.02	4.48	646.01	13.43	6.16	9.15	0.00	0.00	2.06	0.00	0.00	0.19	25.34	2.75	302.30
2006	39.06	1050.01	102.32	5.54	859.01	20.42	5.90	10.63	0.00	0.00	0.38	0.00	0.33	0.19	43.04	2.25	345.39
2007	44.82	1973.31	152.99	7.02	1329.58	32.92	12.67	12.91	0.00	0.00	3.97	6.58	334.35	5.95	72.77	1.60	388.74
2008	66.80	2686.83	181.02	10.99	1759.49	44.27	13.03	14.72	0.00	0.00	0.81	0.02	570.57	21.36	67.88	2.67	535.00
2009	90.86	3470.53	163.11	13.16	2151.49	49.59	24.10	15.75	0.00	0.00	1.46	3.19	942.47	34.82	69.09	2.30	797.93
2010	90.89	4228.99	200.63	13.91	2843.87	61.06	20.62	19.19	0.00	1.21	2.69	0.00	967.52	34.22	59.08	4.99	1233.73

续表

金额单位：人民币百万元

赔款支出情况

年份	赔案件合计（万件）	赔付金额	企业财产保险	家庭财产保险	机动车辆保险	责任保险	工程保险	货物运输保险	船舶保险	信用保险	保证保险	特殊风险保险	农业保险	短期健康保险	意外伤害保险	其他	未决赔款准备金
2011	87.11	5120.93	239.34	12.99	3643.62	67.66	50.12	13.59	0.00	0.00	1.50	0.01	993.56	37.78	57.89	2.87	1748.92
2012	101.11	6022.62	282.49	21.01	4369.88	90.49	45.65	20.55	0.00	0.00	1.68	0.00	1067.78	45.69	71.74	5.66	2281.47
2013	115.17	6777.08	356.10	17.96	4498.67	121.81	58.62	10.19	0.01	12.13	1.38	0.03	1481.28	119.37	92.30	7.23	2385.76
2014	121.93	6899.28	273.73	25.08	4398.90	116.55	41.96	14.69	0.02	80.19	1.55	0.04	1447.49	390.95	101.79	6.34	2530.47
2015	137.72	7730.36	276.98	26.59	4890.03	143.04	63.37	18.02	0.02	213.61	0.38	12.57	1658.85	298.11	119.77	9.02	3031.74

三、2001—2015 年财产保险主要理赔、给付案件

2001年

牙克石龙风公司海市龙凤大厦（财产险）火灾案，出险时间为2001年1月18日，支付赔款105.36万元。

内蒙古北方工业公司（财产险）火灾案，出险时间为2001年3月24日，支付赔款151.06万元。

内蒙古化肥厂（机损险）机损案，出险时间为2001年8月5日，支付赔款148.98万元。

呼和浩特市新华书店（财产险）火灾案，出险时间为2001年11月27日，支付赔款147万元。

呼和浩特宾馆（财产险）火灾案，出险时间为2001年12月19日，支付赔款487.47万元。

2002年

兴安盟科右前旗电力公司（财产险）暴风雪案，出险时间为2002年4月16日，支付赔款136.32万元。

赤峰市元宝山发电厂（机损险）设备自身缺陷案，出险时间为2002年7月12日，支付赔款497.94万元。

赤峰市富龙热电厂（财产险）暴风案，出险时间为2002年9月1日，支付赔款153.99万元。

内蒙古集通铁路有限公司（财产险）风灾案，出险时间为2002年3月4日，支付赔款281.86万元。

兴安盟电力有限公司（财产险）雪灾、暴风案，出险时间为2002年4月16日，支付赔款758.08万元。

呼伦贝尔市乌尔其汉森林工业有限公司（财产险）火灾案，出险时间为2002年11月12日，支付赔款246.58万元。

2003年

乌兰浩特钢铁责任有限公司（财产险）供电、供水中断案，出险时间为2002年4月16日，支付赔款131.73万元。

丰镇发电厂（财产险）机器设备受损案，出险时间为2002年9月30日，支付赔款160.45万元。

内蒙古丰镇发电有限责任公司（财产险）火灾案，出险时间为2003年6月2日，支付赔款2869.56万元。

伊敏华能东电煤电公司（财产险）机器设备受损案，出险时间为2003年6月15日，支付赔款487.18万元。

包头市铝业公司（财产险）电器短路案，出险时间为2003年7月4日，支付赔款271.54万元。

内蒙古天野化工有限责任公司（财产险）爆炸案，出险时间为2003年4月23日，支付赔款222.32万元。

鄂尔多斯电业局（财产险）暴雨、雷击案，出险时间为2003年7月29日，支付赔款204.65万元。

北方重工集团有限公司（企财综合险）操作失误案，出险时间为2003年8月19日，支付赔款154.96万元。

蒙达发电有限责任公司（企财综合险）爆炸案，出险时间为2003年8月21日，支付赔款141.46万元。

内蒙古丰泰发电有限责任公司（企财综合险）火灾案，出险时间为2003年12月19日，支付赔款150.26万元。

2004年

伊金霍洛旗天骄人造板有限公司（企财综合险）火灾案，出险时间为2004年7月28日，支付赔款169万元。

丰镇发电有限责任公司（企财综合险附加机损险）设计错误案，出险时间为2004年10月8日，支付赔款355.59万元。

2005年

赤峰市电业局（企财综合险）变压器设备意外事故案，出险时间为2005年3月22日，预付赔款100万元。经过理算，支付赔款155万元。

东方希望包头稀土铝业公司（企财综合险附加机损险）机组爆炸案，出险时间2005年6月2日，支付赔款433万元。

呼伦贝尔市电业局岭东分局（企财综合险）龙卷风袭击案，出险时间为2005年7月15日，支付赔款92万元。

满洲里国际旅行社（企财综合险）火灾案，出险时间为2005年5月19日，支付赔款203.46万元。

北方重工集团（企财综合险）操作人员疏忽案，出险时间为2005年5月19日，支付赔款201.08万元。

蒙达发电有限责任公司（企财综合险）爆炸案，出险时间为2005年5月23日，支付赔款145.87万元。

巴彦淖尔市运通运输服务有限责任公司蒙L07963车，于2005年12月24日，在杭锦旗境内的黄河冰面上行驶时压塌冰层，坠入9米深的冰水中，车上27人遇难，按照保险合同约定赔付140万元。

2006年

包钢（集团）有限责任公司及其下属子公司、关联公司（公众责任保险）供水管线爆裂案，出险时间为2006年1月，支付赔款131.8万元。

内蒙古岱海发电有限公司（企财综合险附加机损险）发电机短路放电损坏

案，出险时间为2006年3月，支付赔款107.31万元。

通辽市电业局供电公司（企财综合险）冰凌和强暴风雪灾害案，出险时间为2006年4月，支付赔款117.12万元。

乌海市电业局（企财综合险）变压器短路损坏案，出险时间为2006年7月，支付赔款154.89万元。

大唐赤峰赛罕坝风力发电有限公司（公路货物运输险）碰撞货物受损案，出险时间为2005年5月26日，支付赔款231.72万元。

安泰热电公司满洲里热电厂（企财综合险）火灾案，出险时间为2005年5月9日，支付赔款288.19万元。

鄂尔多斯市汽车运输公司一分公司（承运人责任险）翻车造成人员伤亡案，出险时间为2006年2月27日，支付赔款162.87万元。

乌海电业局有限责任公司（企财综合险附加机损险）变压器接地短路事故案，出险时间为2006年8月，支付赔款333.32万元。

通辽市运输有限责任公司（道路承运人责任险），2006年12月，被保险车辆在行驶途中与一大货车相撞，致使两车受损，被保险车辆上4人死亡、28人受伤。向遇难人员家属及受伤人员给付保险金99.87万元。

通辽市运输公司（承运人责任险）碰撞造成人员伤亡案，出险时间为2006年12月16日，支付赔款98.89万元。

2007年

乌海电业局有限公司（企财综合险附加机损险）开关柜烧毁案，出险时间为2007年3月，支付赔款273万元。

全区政法干警责任保险案，2007年5月16日，呼和浩特市玉泉区公安分局刑警大队三中队指导员宝力格在抓捕罪犯时，左臂腋下大动脉被罪犯用尖刀刺破，抢救无效，于2007年5月17日23时40分英勇牺牲。根据合同约定，向烈士亲属给付保险金20万元。

鄂尔多斯市汽车运输集团有限公司蒙K38738车，于2007年6月17日，在109线鄂旗察汉淖尔路段行驶中翻车，造成3人死亡、29人受伤，支付赔款146万元。

通辽发电总厂（财产一切险附加机损险）变压器受损案，出险时间为2007年6月29日，支付赔款276万元。

2007年7—9月，通辽、赤峰、锡林郭勒盟等地遭遇了"五十年一遇"的重大旱灾损失，当年共计支付政策性种植险赔款20001.31万元。

赤峰元宝山发电有限公司（安装工程一切险）火灾案，出险时间为2007年5月6日，支付赔款217.32万元。

内蒙古华电包头发电公司（机损险）因操作不当机损案，出险时间为2007年11月8日，支付赔款327.46万元。

内蒙古北方重工业集团有限公司（企财综合险）爆炸案，出险时间为2007年11月27日，支付赔款158.41万元。

2008年

1月14日，扎赉诺尔煤业有限责任公司发生煤矿冒顶塌方事故，依据保险合同相关规定，支付赔款379万元。

4月19日，满归镇发生大面积火灾，呼伦贝尔分公司向受灾企业和家庭预付赔款300万元，并捐款20万元，经过理算，支付赔款405万元。

7月5日，通辽市奈曼旗通兴运输有限责任公司蒙G17396客运车辆行驶时翻车，造成5人死亡，支付赔款161万元。

呼伦贝尔森工集团根河森林工业公司（企财综合险）火灾案，出险时间为2008年6月13日，支付赔款356.33万元。

通辽市奈曼旗通兴运输有限责任公司蒙G17396客运车辆，于2008年7月5日行驶时翻车，造成5人死亡，支付赔款161万元。

内蒙古乌海化工股份有限公司（企财综合险附加机损险）氯化氢蒸汽合

成炉、石墨吸收器发生损坏案，出险时间为2008年10月11日，支付赔款108万元。

突泉县好邻居购物广场（个体工商户财产险）火灾案，出险时间为2008年11月7日，支付赔款174万元。

2009年

内蒙古华电包头发电有限公司（机损、利损险）爆炸案，出险时间为2009年3月26日，支付赔款1033.02万元（利润420.86万元、机损612.16万元）。

呼和浩特中铁十三局锡乌铁路项目（建筑施工一切险）洪水案，出险时间为2009年8月16日，支付赔款204.08万元。

全区政法干警责任保险案，2009年10月17日下午，呼和浩特第二监狱4名重刑犯杀害狱警兰建国后越狱潜逃。根据合同约定，向遇害者兰建国亲属给付保险金20万元。

内蒙古伊泰煤制油有限责任公司（财产一切险）火灾案，出险时间为2009年4月8日，支付赔款565万元。

兴安盟突泉县水泉粮贸公司（财产综合险）火灾案，出险时间为2009年4月12日，支付赔款144.43万元。

鄂尔多斯苏里格天然气化工有限责任公司（财产一切险）意外事故案，出险时间为2009年2月23日，支付赔款162.21万元。

薛家湾供电局长胜变电站（机损险）短路案，出险时间为2009年5月31日，支付赔款282.86万元。

阿拉善盟中盐吉兰泰氯碱化工有限责任公司（财产基本险）操作失误案，出险时间为2009年11月9日，支付赔款174.76万元。

兴安盟金鹿运业集团突泉县通达运输有限责任公司蒙F11088客运车，2009年1月6日，在牙克石兴安岭路段倾覆，车上乘客7人遇难，22人受伤，依据承运人责任险条款规定，支付赔款222万元。

5月28日，赤峰市中昊运输有限责任公司翁牛特旗分公司蒙D29926客运车辆行驶中，造成翻车，车上人员重伤2人，30人受伤，依据承运人责任险条款规定，支付赔款122万元。

鄂尔多斯东方能源化工有限责任公司（财产一切险）火灾案，出险时间为2009年3月24日，支付赔款287.93万元。

2010年

内蒙古电力达拉特旗供电局（机损险）短路案，出险时间为2010年3月18日，支付赔款271.04万元。

中铁六局集团呼和浩特铁路建设包头至满都拉项目部（建筑施工人员团体人身意外伤害险），由于火车车体倾覆造成12人意外身亡，出险时间为2010年8月13日，支付赔款221.79万元。

中国神华集团煤制油化工有限责任公司（财产一切险及扩展条款）火灾案，出险时间为2010年5月7日，支付赔款949.35万元，内蒙古再保险份额占32.68%，实际赔付310.25万元。

内蒙古太西煤集团公司（财产综合险）暴风案，出险时间为2010年11月11日，支付赔款307.63万元。

锡林郭勒神华北电胜利能源有限责任公司（财产综合险）火灾案，出险时间为2010年3月19日，支付赔款305万元。

2011年

内蒙古北方龙源风力发电有限责任公司（电厂机损险）机损案，出险时间为2011年5月26日，支付赔款268.34万元。

内蒙古神舟硅业有限责任公司（财产险）雪灾案，出险时间为2011年12月29日，支付赔款417．79万元。

内蒙古神舟硅业有限责任公司（机损险）机损案，出险时间为2011年8月20日，支付赔款280.51万元。

内蒙古威林酒业有限责任公司（财产险）暴雨案，出险时间为2011年7月28日，支付赔款307.59万元。

2012年

内蒙古呼运（集团）有限责任公司（道路客运承运人责任险）车祸案，出险时间为2012年8月26日，支付赔款760万元。

神华宁夏煤业集团有限责任公司（财产险）爆炸案，出险时间为2012年3月23日，支付赔款557.27万元。

通辽金煤化工有限公司（机损险）机损案，出险时间为2012年8月28日，支付赔款509.57万元。

2013年

兴业银行股份有限公司呼和浩特分行（金融机构贷款损失信用保险）贷款逾期案，出险时间为2013年12月16日，支付赔款1767.52万元。

内蒙古包钢钢联股份有限公司炼钢炼铁厂（财产一切险）爆炸案，出险时间为2013年12月13日，支付赔款956.99万元。

大唐（赤峰）新能源有限公司（风电企业运营期一切险）火灾案，出险时间为2013年8月25日，支付赔款864.29万元。

2014年

兴业银行股份有限公司呼和浩特分行（金融机构贷款损失信用保险）贷款逾期案，出险时间为2014年11月20日，支付赔款1700万元。

内蒙古大唐国际克什克腾煤制天然气有限责任公司（安装工程一切险）火灾案，出险时间为2014年1月14日，支付赔款1235.51万元。

中国内蒙古森林工业集团有限责任公司（森林综合保险）火灾案，出险时间为2014年4月29日，支付赔款3220.90万元。

中国内蒙古森林工业集团有限责任公司（森林综合保险）病虫害案，出险时间为2014年7月16日，支付赔款1195.76万元。

中国内蒙古森林工业集团有限责任公司（森林综合保险）病虫害案，出险时间为2014年7月17日，支付赔款1024.23万元。

呼准鄂铁路有限责任公司（建筑工程一切险）暴雨案，出险时间为2014年7月29日，支付赔款357.80万元。

2015年

尚志现代牧场有限公司（财产一切险）火灾案，出险时间为2015年5月5日，支付赔款418.67万元。

中国内蒙古森林工业集团有限责任公司（森林综合保险）雪灾案，出险时间为2015年3月11日，支付赔款1292.72万元。

中国内蒙古森林工业集团有限责任公司（森林综合保险）雪灾案，出险时间为2015年3月12日，支付赔款291.74万元。

中国内蒙古森林工业集团有限责任公司（森林综合保险）雪灾案，出险时间为2015年3月26日，支付赔款2088.86万元。

中国内蒙古森林工业集团有限责任公司（森林综合保险）雪灾案，出险时间为2015年5月2日，支付赔款1699.29万元。

呼伦贝尔市乌奴耳林业局（森林综合保险）病虫害案，出险时间为2015年7月30日，支付赔款321.45万元。

内蒙古电力（集团）有限责任公司阿拉善电业局（财产一切险）意外事故案，出险时间为2015年4月15日，支付赔款200.87万元。

第二节　人身保险理赔概况

一、人身保险理赔管理概况

1996年10月，平安人寿内蒙古办事处按照其总公司制定的《中国平安保险公司寿险核赔人制度》设立理赔岗，案件经审核后由机构负责人签批赔付。

中国人寿内蒙古分公司坚持按照分业经营前的人寿保险业务之各项理赔规章严格进行理赔工作。

1997年6月，平安人寿总公司在总结经验的基础上，对1995年实行的《中国平安保险公司寿险核赔人制度》做了较大修订，并于1997年7月1日起施行。这一年，平安人寿内蒙古办事处选派人员到总公司培训，通过寿险核赔人资格考试，取得了核赔人资格证书。

1998年1月，马玲被聘为平安人寿内蒙古办事处（寿险）第一位核保人，代表总公司独立行使审核与签批，权限为一般给付险2万元以下，短期给付险1万元以下。5月，在总公司"优化平保品牌，建立忠诚客户群"的主导思想下，平安保险内蒙古办事处开展了第一届以"提升业务品质，杜绝劣质保单"为宗旨的宣传活动。

1999年5月，平安人寿内蒙古办事处开展了以"开放的理赔在平保"为主题的第二届理赔服务周活动。随着保险业务的继续开展,案件量迅速增加。年内,处理了平安人寿内蒙古寿险成立以来最大的一笔赔案,即1999年11月6日,和林格尔县发生4人因煤气中毒死亡事件,其中程某为投保客户,生前曾为自己投保意外伤害保险5万元,为其子投保少儿终身平安保险10份,平安人寿内蒙古办事处在接到报案后,迅速调查取证,确定属保险责任后,及时向受益人支付保险金5万元,豁免少儿终身平安保险保费3.6万元,保险责任继续有效。其子在15至25周岁总计可领生存金、教育金、婚嫁金56110元,60周岁起每年可领养老金17310元,直至身故。

2001年,中国人寿内蒙古分公司和平安人寿呼和浩特分公司的理赔管理工作如前继续。

2002年,中国人寿内蒙古分公司为进一步提高公司代查勘、理赔服务工作,转发了总公司的《中国人寿保险公司代查勘、理赔管理办法》。

2003年,平安人寿实现全国通赔,客户不论是在哪个城市购买平安人寿保单,只要发生保险事故,均可就近在任何一个寿险柜面办理理赔。同年9月下旬,中国平安人寿正式启动"温馨理赔系列工程",为客户提供"理赔申请免填单""本地投保,异地理赔"等温馨、周到的理赔服务。

2004年,中国人寿内蒙古分公司为进一步加强理赔服务管理,提高理赔效率,提升客户满意度,转发了总公司的《中国人寿保险股份有限公司理赔时效与评估管理办法(试行)》和《中国人寿保险股份有限公司代查勘、理赔管理办法》。同年,业管中心理赔部也转发了总公司的《中国人寿保险股份有限公司理赔争议案件管理规定(试行)》和《理赔手册(2004版)》并认真贯彻执行。

新华人寿内蒙古分公司从2004年开业起,核赔业务均实施总公司垂直化管理,即分公司审核审批人负责各自权限内的案件处理,超出分公司最高审核审批权限的案件由总公司进行处理。分公司审核审批人员以及所辖各机构专职查勘人员每年度接受一次总公司组织的专业能力测试，由总公司根据考试成绩以及年度工作表现调整相应权限。分公司层面负责对所辖所有三、四级机构专职查勘人员进行理赔培训、调查管理和案件的沟通协调工作。

从2004年开始，中国人寿、平安人寿、新华人寿、合众人寿、泰康人寿等各寿险公司陆续依托各自总部的IT平台及先进的互联网创新型管理理念，在全国统一的24小时95519、95511、95567、95515、95522等服务热线，网络化的客户服务门店以及直赔中心，专业化的理赔服务队伍，网上全国通赔，全程E化审批，后援集中，规范化投诉管理等服务模式的基础上，成功开发了以好车主APP、微信、云平台为代表的沟通互动平台，丰富了客户业务办理的方式及沟通互动的通道。客户可根据自身需求，通过线上自助的方式随时随地完成车险等各险报案、上传理赔资料、自主选择修理厂、自助批改车牌等一系列便捷服务。

2005年，中国人寿内蒙古分公司推广应用《寿险实务（2005版）》。

2006年5月，中国人寿全国运营管理中心在上海张江投入运营，成为亚洲最大的集中运营平台，实现了系统平台、审核标准化、审核时效的快速提升。

2006年，深圳市金融创新评选，平安人寿内蒙古分公司的医疗万里通项目荣获金融创新三等奖，获得30万元奖金。

2008年，平安人寿内蒙古分公司前沿开展理赔自动化探索，借助科技力量，将原来需数小时人工审核的理赔案件的时效缩至几秒，显著提升了理赔效率，让客户快速获得理赔给付。

2009年，中国人寿内蒙古分公司为了提高理赔时效，更好地服务客户，制定了理赔上机的给付流程标准，按月度抽取各公司理赔案件，对理赔时效的真实性进行核查，及时找出不足，规范理赔操作流程，不断提高理赔管理水平。

同年，为提高理赔质量，公司全年进行了4次理赔案件会审，结合各盟市理赔工作中存在的问题，多次举办全区的视频现场交流会议并提出整改意见，做到全区理赔工作的统一标准、统一管理，使理赔工作更加规范和更具有可操作性。

2009年，平安人寿内蒙古分公司首次通过新闻发布会公开向社会承诺"信守合约，为您寻找理赔的理由"：在合约内，主动、用心帮助客户寻找赔付的事实及依据；理赔争议案件在条款及法律规定范围内，做有利于客户的解释。

2009年初，新华保险总公司建立并实施了标准化、规范化、制度化的理赔服务星级评定管理机制，内蒙古分公司认真维护执行。这种先进的理赔服务管理机制的建立与运行，不仅得到了客户的良好评价，还得到了中国保监会极高的关注，并发布了"新华保险创建星级评定管理机制，推进理赔服务标准化建设的保险工作简报"。

2010年，合众人寿提出"透明理赔、贴心服务"。其中，"透明理赔"是指将理赔的整个过程完全向客户公开，客户可以通过电话中心、公司外网等多种途径了解理赔流程、理赔进展、赔付依据等理赔相关信息；通过短信通知、电话回访等方式积极反馈理赔结论。"贴心服务"是指进一步完善上门服务、异地理赔流程。结案后针对不同保险事故，随同结案通知书寄发《健康小贴士》，为客户提供个性化服务。

2011年，中国人寿内蒙古分公司完成省级、盟市D3类公司的权限内理赔案件集中工作，完成了盟市60%的D2类公司的权限内理赔案件集中工作；推广新版《理赔实务》，并印发新版单证。

2011年，平安人寿内蒙古分公司向社会公开承诺"标准案件、资料齐全、3日赔付"，即标准案件（指符合保险责任且不需要进行调查的案件）在材料提供齐全后，2个工作日内完成案件审批。

3G移动理赔是新华保险内蒙古分公司于2011年推出的全新的理赔服务模式。理赔查勘人员面见客户收取理赔资料时，只需通过平板或手机拍照，即可将相关影响资料发送至新华保险核心业务系统，衔接立案外包快速录入和自动理赔系统，20~30分钟内完成案件处理。从2013年3月起，该公司又做出大胆尝试，开始为公司销售绩优业务明星配备移动设备，完成了寿险业内首个由业务员直接运用平板为客户即时办理移动理赔的案例，将3G移动理赔这一创新理赔服务模式扩展至绩优业务员人群。2015年11月起，该公司实行上线微信理赔，所有业务人员均可运用手机微信对客户出险材料进行拍照上传，让更多的客户体验到"更快、更易、更关怀"的人性化理赔服务。

2011年，泰康人寿内蒙古分公司为使理赔人员加深基础服务理念，熟悉应用3G电子化理赔及"健保通"系统，运营部在呼和浩特市成功召开了内蒙古分公司2011年理赔系列人员培训会。课程涉及理赔系统、调查实务、健保通流程的讲解，3G电子化理赔的宣导等，本次会议总结了2011年理赔工作，明确了2012年工作方向：深入贯彻总公司"以价值为导向、经营客户、建设团队"的新三年战略，总结2011年理赔工作，统一2012年理赔工作思路，全面布达"助力开门红"理赔工作和对接开门红理赔服务方案，启动"3G电子化理赔"推广工作，加强风险防范与反欺诈的专业化能力。

2012年，中国人寿内蒙古分公司下发《关于进一步做好理赔服务管理的通知》，优化理赔服务；完成了盟市D2类公司的权限内理赔案件集中工作；完成了调查业务管理系统上线工作。

2013年，中国人寿内蒙古分公司组织全区系统理赔管理培训班，并向全区柜面推广理赔统一作业平台。

2013年，平安人寿内蒙古分公司重磅推出"足不出户，上门理赔"服务承诺，实现客户只需通过95511电话中心或平安官网提出理赔上门服务需求，平安人寿即安排专人预约上门服务，让客户足不出户享受便捷的理赔服务。同年，平安人寿服务再度升级，标准案件、资料齐全的赔付时效升级至2日。

2014年，中国人寿内蒙古分公司在其微信公众号中完成了理赔服务的搭建，通过该公众号可以进行"理赔流程、理赔服务须知、理赔资料及单证填写"的查询。

2015年，中国人寿内蒙古分公司下发《关于做好推广智能理赔系统的通知》，向全区系统推广"智能理赔"系统操作。

2015年，平安人寿内蒙古分公司为打造有温度的理赔，行业首推"重疾先赔、特案预赔"服务，在客户不幸罹患恶性肿瘤、遭遇突发重特大事故和严重意外伤害时，为客户主动服务，先付、预付理赔款，以解客户燃眉之急。

2015年，泰康人寿总公司开展"移动、跨界"与"互联网+大健康"战略，打造手机理赔服务，持续创新，领跑同业。根据各分支机构调研，总公司运营中心核赔部联合数据信息中心共同研发手机理赔人寿微信3.0系统版本。新版本重点优化影像上传方式并完善页面展现形式，提升系统操控性和舒适性，更好地提升了客户服务体验。泰康人寿内蒙古分公司大力推广手机理赔服务，推动销售人员参与代办，助力销售、促二开；理赔服务走进一线，全力支持大个险业务。手机理赔服务是继3G移动理赔服务后，公司的又一创新服务项目。以有效报案率为切入点，做到了"三早"，即早报案、早服务、早结案。

其他寿险公司内蒙古分公司的理赔工作情况基本与上述情况相近。

二、2001—2015 年人身保险理赔支出概况

表 3-2　2001—2015 年人身险公司内蒙古分公司赔款和给付支出情况表

年份	赔款支出情况				
	赔案件数合计（万件）	赔款金额合计	个人业务		
			赔款支出	死伤医疗给付	满期给付
2001	3.57	375.11	0.00	0.00	0.00
2002	3.08	354.11	0.00	0.00	0.00
2003	2.92	390.10	0.00	0.00	0.00
2004	3.83	499.14	0.00	0.00	0.00
2005	4.76	638.45	0.00	0.00	0.00
2006	6.19	670.71	0.10	0.11	0.00
2007	5.39	1211.47	9.96	19.55	24.84
2008	14.07	1611.21	11.17	30.85	42.38
2009	13.45	2297.49	16.07	56.02	285.28
2010	14.02	1795.57	113.07	276.69	714.51
2011	16.78	2048.64	126.64	345.28	1015.52
2012	15.25	2314.96	138.616	425.4	1003.75
2013	18.85	3031.29	150.3	510.22	1286.16
2014	17.99	3950.03	147.7	620.37	1898.24
2015	20.78	4866.2	163.25	756.88	2359.71

金额单位：人民币百万元

赔款支出情况					退保金
	团体业务				
年金给付	赔款支出	死伤医疗给付	满期给付	年金给付	
0.00	0.00	0.00	0.00	0.00	92.93
0.00	0.00	0.00	0.00	0.00	91.43
0.00	0.00	0.00	0.00	0.00	135.43
0.00	0.00	0.00	0.00	0.00	188.37
0.00	0.00	0.00	0.00	0.00	479.00
0.00	0.00	0.00	0.00	0.00	494.31
5.45	13.03	0.46	−0.01	5.21	802.08
8.25	22.82	0.37	0.00	5.75	795.74
237.14	30.01	1.23	0.28	9.08	825.18
197.78	100.72	101.56	235.57	55.67	934.10
202.46	83.81	8.96	236.39	29.58	1326.65
309.36	125.484	9.21	272.79	30.35	1082.31
341.75	230.64	56.94	411.75	43.53	1815.01
403.88	270.11	68.85	505.32	35.56	2826.71
813.96	270.75	70.51	388.96	42.18	3269.56

三、2001—2015 年人身保险主要理赔、给付案件

2001年

被保险人陈某于2000年7月8日在呼伦贝尔分公司投保国寿康宁终身保险，保额10万元。2001年4月13日，被保险人患乳腺癌住院手术治疗。公司给付其重大疾病保险金20万元。

2002年

被保险人孙某于2001年11月30日在包头分公司投国寿保祥和定期保险，保额46万元。2002年1月27日，被保险人遭遇车祸身亡。公司给付其身故保险金46万元。

被保险人乌兰察布丰镇市第二中学于2002年9月1日投保国寿学生平安保险，每人保险金额为死亡伤残保险9000元，意外医疗保险2000元，疾病住院医疗保险30000元。2002年9月23日，丰镇市第二中学学生放学下楼时，护栏折倒，发生踩踏恶性事故，当场因窒息死亡学生20人，接送学生人员1人，伤47人，共计死伤68人。公司累计给付近50万元。

2003年

被保险人杨某于2003年3月31日在赤峰分公司投保国寿鸿泰两全保险（分红型），保额39.7万元。2003年5月13日，被保险人因心肌梗死身故。公司给付其身故保险金38万元。

被保险人詹某于2000年7月4日在锡林郭勒分公司投保国寿福馨两全保险，保额29.5万元。2002年6月5日，被保险人因白血病不治身故。公司给付其身故保险金29.5万元。

2004年

11月21日，由包头飞往上海的航班在包头机场起飞1分钟后，坠落于机场

附近的南海公园，造成47名乘客及6名机组人员全部遇难。其中，有25人投保了国寿的航空意外保险，8人投保了其他险种。事故发生后，公司领导和工作人员第一时间赶赴现场，开展事故认定和赔付工作。截至2005年4月，公司共给付保险金1059万元。

投保人李某于1998年8月在包头分公司为被保险人赵某投保国"寿88鸿利"终身保险（1997版）、附加意外伤害保险、附加意外伤害医疗保险、鸿寿养老金保险（1997版）等，保额30万元。投保人赵某于1998年8月在巴彦淖尔分公司又为被保险人赵某投保"88鸿利"终身保险（1997版），保额50万元。保额合计80万。1999年4月11日，被保险人和李某一同去丹东途中，行至辽宁省庄河县—盖州市地界，赵某被劫匪勒死。2003年11月，包头分公司依据《包头市中级人民法院民事调解书》给付身故保险金50.4万元。2005年8月，巴彦淖尔分公司依据法院调解给付身故保险金27万元，合计给付77.4万元。

被保险人姜某于2000年4月7日在通辽分公司投保国寿祥和定期保险，保额30万元。2003年12月23日，被保险人因车祸死亡。公司给付其保险金30万元。

投保人任某于2000年3月19日在通辽分公司为被保险人任某投保国寿祥和定期保险，保额30万元。2003年12月23日，被保险人因车祸死亡。公司给付保险金30万元。

被保险人张某于2000年6月15日在满洲里分公司投保国寿康宁终身保险，保额10万元。2004年10月11日，被保险人因心脏病死亡。公司给付其身故保险金30万元。

2005年

被保险人李某于2004年1月14日在呼和浩特分公司投保国寿鸿泰两全保险（2003版分红型），保额31.4万元。2004年8月14日，被保险人遭遇车祸死亡。公司给付其保险金31.4万元。

被保险人马某于2000年9月18日在包头分公司投保国寿康宁终身保险，保额10万元。2003年3月24日,被保险人因患肝癌医治无效死亡,公司给付其身故保险金30万元。

2005年11月5日,包头大安钢铁公司炼铁厂高炉车间因煤气泄漏,导致6名被保险人死亡(其中5人投保)。被保险人周某等5人生前于2005年4—5月分别在中国人寿包头分公司投保了吉雅泰A、B以及鸿丰两全保险等险种,保额2~15万元。此事故发生后,经国家公安部、安检局介入,11月8日公司给付身故保险金37万元。

2006年

被保险人唐某于2005年2月3日在赤峰分公司投国寿保康宁定期保险,保额27万元。2006年1月1日,被保险人患慢性肾衰尿毒症住院治疗。公司给付其重大疾病保险金27万元。

被保险人李某于2001年6月8日在中国人寿鄂尔多斯分公司投保康宁终身保险,保额9万元。2005年10月13日,被保险人因故死亡。公司给付其身故保险金27万元。

被保险人贾某于2001年6月22日在中国人寿包头分公司投保康宁终身保险,保额9.9万元。2005年8月25日,被保险人因心脏病死亡。公司给付其身故保险金29.7万元。

2007年

被保险人郑某于2004年5月6日在中国人寿呼和浩特分公司投保鸿泰两全保险(2003版分红型),保额41.9万元。2007年2月5日,被保险人因患肝癌、肺转移癌身故。公司给付其身故保险金41.87万元。

投保人张某于2005年11月24日为被保险人陈某在中国人寿赤峰分公司投保康宁终身保险,保额3万元。2007年1月23日,陈某本人投保国寿鸿丰两全保险(分红型),保额10.6万元。2007年8月1日,被保险人因车祸死亡。公司给付其身故保险金40.9万元。

被保险人包某在中国人寿呼和浩特分公司于2005年9月21日投保国寿鸿鑫两全保险（分红型），保额5万元；2005年10月13日，投保康宁终身保险，保额8万元；投保附加意外伤害保险，保额5万元。2006年10月25日，被保险人因颅脑重伤不治身故。公司给付其身故保险金84万元。

赤峰克旗土城子镇太平矿煤于2007年4月为矿工在赤峰克旗公司投保国寿团体人身意外伤害保险，保额每人20万元。2007年6月7日，该煤矿发生塌方事故，3名矿工被土方掩埋死亡。公司于2007年8月20日给付死亡保险金60万元。

2008年

被保险人杨某在中国人寿呼和浩特分公司分别于2006年4月20日、21日，2007年6月29日投保国寿福馨两全保险、康宁定期保险、国寿鸿丰两全保险（分红型），保额合计16.6万元。2007年9月22日，被保险人遭遇车祸死亡。公司给付其身故保险金37.8万元。

被保险人李某于2007年1月20日在中国人寿呼和浩特分公司投保国寿鸿丰两全保险（分红型），保额10.6万元。2008年7月1日，被保险人在挖沙时塌方致死。公司给付其身故保险金31.8万元。

被保险人郭某于2006年4月15日在中国人寿乌海分公司投保国寿鸿丰两全保险（分红型），保额10.6万元。2008年6月13日，被保险人一氧化碳中毒死亡。公司给付其身故保险金31.9万元。

被保险人梅某于1998年9月至2006年12月，分别投保了国寿鸿寿养老保险、重大疾病定期保险、康宁定期保险、祥和定期保险、康宁终身保险、鸿丰两全保险和鸿寿年金保险。2007年10月7日，被保险人因交通事故死亡。公司给付其死亡保险金32万元，保险合同终止。

被保险人王某于2007年9月投保国寿人身意外伤害保险。2008年3月5日，被保险人因交通事故身亡。公司给付其死亡保险金33万元，保险合同终止。

2009年

被保险人刘某于2006年6月23日在中国人寿乌海分公司投保康宁终身保险，保额32.9万元。2009年2月14日，被保险人因患心肌梗死住院治疗。公司给付其重大疾病保险金65.8万元。

投保人吴某于2007年1月15日为被保险人吴某在中国人寿通辽分公司投保国寿美满一生年金保险（分红型），保额15万；投保康宁终身保险（两次），基本保额5万；投保《国寿鸿瑞两全保险》（分红型），保额12万。2009年3月，被保险人因患白血病不治身故。2009年9月，公司给付其身故保险金50.2万元。

被保险人续某于2008年8月27日在包头分公司投保国寿康宁终身保险，保额10万元。2009年8月9日，被保险人发生车祸抢救无效死亡。公司给付其身故保险金30万元。

2010年

投保人殷某于2008年6月28日为被保险人殷国维在中国人寿阿拉善分公司投保国寿康恒重大疾病保险条款（2007修订版）、国寿金彩明天两全保险（B款、分红型），保额合计30万元。2009年3月14日，被保险人在酒泉被人用利器刺伤后不治身亡。公司给付其身故保险金合计50万元。

被保险人王某于2009年3月25日在中国人寿呼和浩特分公司投保国寿鸿丰两全保险（分红型），保额30.7万元。2010年3月29日，被保险人因急性心梗抢救无效死亡。公司给付其重大疾病保险金30.7万元。

被保险人李某于2009年1月22日在中国人寿峰分公司投保国寿鸿丰两全保险（分红型），保额21.2万元。2010年7月17日，被保险人不慎触电身亡。公司给付其身故保险金63.7万元。

被保险人李某于2009年8月19日在中国人寿通辽分公司投保康宁终身保险（2007修订版），保额10万元。2010年8月13日，被保险人因心肌梗死抢救无效身故。公司给付其身故保险金30万元。

被保险人赵某等11人于2010年3月14日在中国人寿乌兰察布分公司投保国寿旅游意外伤害保险。2010年3月14日，被保险人赵某等11人乘坐大巴车随旅行团外出游游，由于雪天路滑，大巴车在行驶途中冲出护栏翻车，造成赵某等11人当场死亡。公司给付11人死亡身故金共计71.5万元。

被保险人陈某于2005年5月至2009年3月在中国人寿通辽分公司投保康宁终身、国寿鸿丰两全、人身意外伤害综合保险。2009年10月26日，被保险人自行驾车发生交通事故死亡。公司给付其身故保险金共计45.1万元，保险合同终止。

被保险人王某于1999年6月至2009年12月在中国人寿包头分公司投保鸿寿养老、康宁终身保险。2009年12月10日，被保险人因心脏病猝死。公司给付其身故保险金及退还本金共计38.3万元，保险合同终止。

被保险人杨某于2010年5月在中国人寿鄂尔多斯分公司投保公司国寿小额贷款意外伤害保险，保额200万元。2010年6月30日，杨某触电死亡。公司给付其身故保险金200万元，保险合同终止。

被保险人李某于2004年3—10月在中国人寿呼和浩特分公司投保康宁终身、鸿鑫两全保险。2010年11月1日，被保险人因患胆管细胞癌医治无效身故。公司合计给付32万元。

2011年

平安人寿内蒙古分公司客户潘某某于2008年投保809险种/0W/60份。2011年5月11日，潘某某不幸发生车祸意外身故，5月12日，平安人寿内蒙古分公司接到报案。2011年8月3日，按《金彩人生条款》责任条款规定，给付其身故保险金人民币65.2万元，给付意外身故保险金人民币65.2万元。该案件共计给付人民币130.4万元。

投保人潘某于2008年5月2日为其本人投保国寿鸿丰两全保险（分红型）险种，保额31.86万元。2011年5月11日，潘某因意外车祸事故死亡。经审核，公司给付其意外身故保险金95.58万元。

投保人马某于2008年7月9日为其本人投保两份国寿康宁终身保险，保额分别为10万元。2009年12月4日，马某因肺炎、支气哮喘在扎旗蒙医院抢救无效死亡。经审核，公司同意给付其身故保险金60万元。

投保人刘某于2009年3月18日为其本人投保国寿鸿丰两全保险（分红型）险种。2009年9月13日，刘某到自家的地窖中拿土豆，因在未打开窖盖使空气流通，致使一氧化碳中毒死亡。经审核，公司给付其意外身故保险金54.11万元。

2011年2月，王某投保泰康人寿健康人生定期重大疾病保险和身故责任保险，于2012年1月17日因脑出血就诊扎赉特旗人民医院，因脑胶质瘤医治无效身故。公司给付其家属人民币36.7万元。

投保人吴某于2008年10月6日为其本人投保泰康人寿康宁定期保险（2007修订版）险种，保额40万元。2011年3月8日，吴某在宁城县医院住院治疗确诊为肾衰、尿毒症。经审核，公司给付重大疾病保险金40万元。

2011年4月7日，平安养老险内蒙古分公司承保内蒙古乌审旗勇泰房地产开发有限责任公司不记名统括建工险，保费38000元，其中平安建筑工程团体意外伤害保险，保险金额8万；平安建筑工程团体意外伤害医疗保险，保险金额0.8万。保险期间为2011年4月7日至2012年7月10日。

2011年5月1日11时50分左右，乌审旗勇泰房地产开发有限责任公司承建的内蒙古乌审旗新建、第二实验小学建筑工地的报告厅支撑模板发生坍塌，事故共造成6名在建工人死亡。平安养老险内蒙古分公司协同内蒙古安监局、组织其他4家共同保险公司，预付6人死亡理赔款共计120万元，其中平安养老险内蒙古分公司赔付金额48万元。

投保人武某于2011年10月13日为其本人投保国寿小额贷款借款人意外伤害保险，保险金额30万元。2011年11月27日，武某在步行回家途中不慎被小客车撞伤，未经旗医院抢救人已身故。经审核，公司给付其身故保险金30万元。

客户贾某于2010年3月24日投保新华人寿吉星高照A款，2011年2月18日出险,理赔金额共计200万元。

2012年

2012年2月,梁某投保了泰康如意通意外保障计划附加如意宝航空意外伤害保险。2012年9月10日,被保险人梁某因航空意外身故。公司给付其家属人民币30万元。

投保人葛某于2009—2011年为其本人分别投保康宁定期保险、国寿美满一生年金保险(分红型)、国寿综合意外伤害保险等险种,保额合计186.28万元。2011年10月7日,葛某乘坐由他人驾驶的越野车在301国道1174公里200米处(扎兰屯至牙克石路段)急转弯后翻车(此处正在修路),造成一人当场死亡,葛某、杨某受伤的交通事故,后葛某经医院抢救无效,于当日死亡。经审核,公司给付其身故保险金238.5万元。

投保人张某某于2008年4月22日、9月18日为其本人分别投保国寿康宁定期保险、康宁终身保险、国寿安享一生两全保险(分红型),保额合计42万元。2011年9月27日,张某某晨起后发现胸闷,遂叫其儿子,随后其子拨打120将张某某送往医院救治,经抢救无效在河北省东光县医院身故。经审核,公司赔付其身故保险金84.2万元。

2009年8月17日,投保人赵某为自己投保人民人寿两份金鼎富贵两全保险(分红型),基本保险金额分别为106500元和426000元。2011年3月7日,被保险人因颅内多发占位性病变,脑转移瘤在当地医院住院治疗,因医治无效于2012年6月10日身故。2012年7月19日,公司给付受益人疾病身故保险金53.3万元及保单红利1.97万元,合计55.23万元。

被保险人雷某某2011年8月1日由其单位青海天马建筑劳务工程有限公司为其投保国寿建筑工程团体意外伤害保险,保额40万元,保险期间1年。2012年7月5日,雷某某在准格尔旗刘家渠尔林兔隧道值班巡查工作时,经过隧道口旁的蓄水池因下雨路滑不慎掉入水池中,水池中的水泵导电导致雷某某触电,送往准旗人民医院抢救无效身故。经审核，公司给付其身故保险金40万元。

百年人寿内蒙古分公司开通"8·26特大交通事故"理赔绿色通道。2012年8月26日凌晨2时40分，陕西省延安市境内包茂高速公路安塞县段化子坪服务区附近发生一起特大交通事故，一辆双层卧铺客车由北向南行驶至包茂高速安塞段K484+95米处，与一辆大型罐车（装有甲醇）追尾，造成两车起火。经核实确认，客车为呼和浩特市运输集团营运车辆，核载39人，实载39人（包括司乘人员），造成36人死亡。事故发生后，百年人寿内蒙古分公司迅速召开会议，组织成立"8·26特大交通事故应急领导小组"。以总经理赵卫军为组长的应急小组迅速展开工作，并为此次事故的赔付做好了各方面的准备，百年人寿将95542客服专线作为该事故的理赔服务专线，同时派出工作小组，在呼和浩特市长途客运北站售票点设立"百年人寿内蒙古分公司8·26特大交通事故服务站"，现场收集客户信息，处理理赔事宜。8月28日，经核实，百年人寿内蒙古分公司有一位乘意险客户在本次事故中遇难，分公司立刻开启理赔绿色通道；8月30日上午，百年人寿内蒙古分公司将赔款送达乘意险遇难者家属手中。其同行家属、当地政府人员以及事故处理小组工作人员都对百年人寿内蒙古分公司千里送赔款一事深表感谢，当地政府人员也高度赞赏了百年人寿内蒙古分公司的这一做法。

被保险人俄某于2012年8月11日由其单位鄂托克旗蒙博矿业有限责任公司为其投保国寿绿洲团体意外伤害保险（A型），保额40万元，保险期间1年。2012年10月20日，俄某在厂内整修厂地时，不慎挖断电线，导致当场触电身亡。经审核，公司给付其身故保险金40万元。

2013年

2012年8月，李某某投保了泰康吉祥健康保险计划泰康附加吉祥多次给付重大疾病保险。2013年4月1日，李某某因尿毒症在兴安盟人民医院住院并行造瘘术，出院后在扎赉特旗人民医院门诊透析至今，申请重大疾病理赔。公司于

2013年8月11日给付人民币30万元。

2013年1月，额尔敦苏德投保了泰康吉祥健康保险计划附加如意宝航空意外伤害保险。2013年9月9日，被保险人因摔倒导致死亡。公司给付其家属人民币30万元。

2011年11月14日，张某某投保平安人寿982险种/1W；2011年11月14日投保821险种/15W，822险种/15W，523险种/30W，530险种/2W。2013年2月11日，被保险人张某某不幸发生车祸，当场死亡。2013年2月13日，内蒙古公司接到报案，经调查，事故属实。2013年5月22日，客户家人收到理赔款人民币60万元。

客户窦某某于2012年9月3日投保平安人寿934险种/0.0914W，935险种/40W；2012年11月19日投保963险种/0.0428W，964险种/20W。被保险人窦先生于2013年8月28日乘车发生车祸，不治身亡。平安人寿内蒙古分公司2013年10月10日接到报案信息，当天正式受理此案件，经调查核实，事故、身份属实，无责任免除情形。2013年11月13日，根据保险条款公司给付窦某某家人人民币61.8万元。

投保人王某某、吴某分别于2011年、2013年为其本人投保国寿福禄呈祥两全保险（分红型）、国寿福满一生两全保险（分红型）、国寿综合意外伤害保险等保险，保额合计27.3元。2013年5月22日，王某某、吴某乘坐的小型轿车在G6高速公路北幅南侧474公里加364米处与另一小轿车相撞，导致投保人当场死亡。经审核，公司给付身故保险金97.8元。

投保人郝某某于2010年3月30日为其本人投保国寿康宁终身重大疾病保险，保额10万元。2012年2月26日，郝某某因脑出血在扎兰屯市中蒙医院住院治疗，11月1日被鉴定为右上肢肌力0级，右下肢肌力II级，生活不能自理。经审核，公司给付重大疾病保险金30万元。

投保人王某某于2009年12月11日为其本人投保国寿康宁定期重大疾病保

险，保额30万元。2012年11月23日，王某某在北京大学第三医院行肾移植手术。经审核，公司给付重大疾病保险金30万元。

被保险人刘某某于2012年7月27日由其单位呼伦贝尔金马建筑工程有限责任公司为其投保国寿建筑工程团体意外伤害保险，保额30万元，保险期间1年。2012年9月15日，刘某某在工地干活时不慎摔伤，经扎兰屯市人民医院抢救无效身故。经审核，公司给付身故保险金合计30万元。

被保险人陈某2013年5月3日由其单位乌兰察布市建利劳务费有限公司为其投保国寿建筑工程团体意外伤害保险，保额30万元。2013年7月20日，陈某从乌兰察布市集宁区新区新卫校教职园区工地三楼（工地未完工，无护栏）不慎坠落至二楼，经乌兰察布市中心医院抢救无效身故。经审核，公司给付身故保险金30万元。

客户邢某某于2013年4月29日投保新华人寿华平意外险，2013年8月16日出险，理赔金额共计50万元。

2014年

2014年3月8日凌晨2点40分，马来西亚航空公司称与一架载有239人的波音777-200飞机与管制中心失去联系，其中包括中国籍乘客154名。事发后，总公司提出中国人寿"3·8"马航空难"简化手续快速理赔"十大服务举措。事发当天，公司工作人员对全部遇难人员名单在系统中逐一排查，经排查，失联乘客中有公司被保险人岳某某于1995年8月22日投保2份少儿未来幸福保险（定额），保额200元，于3月24日赔付759.24元。

徽县安达井巷工程有限责任公司新巴尔虎右旗分公司于2013年3月28日为其单位300名员工投保国寿绿洲团体意外伤害保险（A型），保险期间1年，人均保额30万元。2013年6月23日，徽县安达井巷工程有限责任公司新巴尔虎右旗分公司员工丁某某、陈某某、马某某、潘某某、于某某、李某某、陈某某7人分批下井至荣达公司甲乌拉矿三采区2号系统进行正常采掘施工作业。当日

13时左右，二号盲井井筒发生火灾，经核查，上述7名工人被困井下。经过近10个小时的救援，搜救队员搜寻到的5人已遇难，6月25日晚21时30分发现另外2名矿工也已遇难。经过核定，死亡7人中有6人属于公司承保被保险人。按照国寿绿洲团体意外伤害保险（A型）条款规定，被保险人因意外伤害身故，人均赔付身故保险金30万元。经审核，公司给付保险金共计180万元。

2013年9月24日，被保险人王某在人民人寿投保百万身价惠民两全保险，基本保险金额50000元，附加百万身价惠民意外伤害保险，基本保险金额5万元，附加百万身价惠民意外伤害住院定额给付医疗保险，意外住院津贴保险金100元/天。2014年2月15日早晨，被保险人王某驾驶自家的小型普通轿车发生车祸身故。经调查，事故属实，属于保险责任。2014年6月9日，公司给付受益人自驾车意外身故保险金100万元。

投保人雷某某于2004年4月27日、2006年7月22日分别为其本人投保国寿康宁定期保险、康宁终身保险，保额10万元、29万元。2014年11月6日至2014年11月17日，雷某某因急性广泛前臂心肌梗于乌海市人民医院治疗无效后死亡。经审核，公司给付重大疾病保险金68万元。

2014年6月，郭某某投保华夏人寿康平意外伤害保险身故保险、自驾车意外身故保险。2014年11月8日，被保险人驾驶小汽车行驶至锡林郭勒盟正蓝旗239进京快速通道32公里处，因车辆失控行驶出路面，撞到公路西侧桥洞的墙上，不幸身故。华夏人寿保险向其受益人支付赔款59万元。

2014年10月7日，内蒙古东源科技有限公司发生爆炸事件。10月9日，公司理赔查勘人员前往内蒙古东源科技有限公司，与该公司负责人进行了沟通，详细讲解了理赔流程及申请理赔需要提供的资料。经公司审核后，在72小时内就完成了整个理赔流程，80万元的理赔款很快转入客户家人的账户。

焦某某由其单位温州建设集团有限公司驻内蒙古巴彦淖尔市前期中正项目部于2013年4月20日投保国寿绿洲团体意外伤害保险（A）及国寿附加绿洲意外

费用补偿团体医疗保险，人均保额分别为56万元、4万元。保险期间为2013年4月20日至f2013年9月19日。2013年6月22日，焦某某在苏尼特右旗朱日和铜业有限公司23线井下作业时，因井下发生坍塌事故致其死亡。经审核，公司给付身故保险金68万元。

客户张某某于2013年3月30日投保新华人寿祥瑞意外险，2014年8月26日出险，理赔金额共计50万元。

邢某投保合众人寿至尊保驾两全保险、附加意外伤害保险，2014年2月1日因交通意外身故，家人获赔付金额103万元。

2015年

客户降某某，男，33岁，呼和浩特人。于2015年8月18日、2015年8月21日两次在太平洋人寿为自己购买了安行宝两全保险，交费方式为30年交，年交保费6688元，保额400万元。2015年8月29日，客户驾驶小轿车在110国道由西向东行驶时与对方向驶来的重型半挂牵引边发生碰撞，造成降某某当场死亡。公司在接到报案后及时处理，于2015年9月19日向其受益人支付赔款400万元。

2014年10月17日，客户麻某投保人民人寿百万身价惠民两全保险，基本保险金额10万元；附加百万身价惠民意外伤害保险，基本保险金额10万元；附加百万身价惠民意外伤害住院定额给付医疗保险，意外住院津贴保险金190元/天。2015年7月13日凌晨，被保险人驾驶小型普通轿车发生车祸身故。经调查，事故属实，属于保险责任。2015年8月17日，公司给付受益人自驾车意外身故保险金200万元。

客户秦某某于2014年9月30日投保平安人寿74401险种/15W；于2014年4月29日投保1106险种/15W，1107险种/12W，1120险种/20W，1103险种/0.1741W。2015年1月4日，秦某某在鄂尔多斯S214县乘坐汽车发生车，祸身故。1月8日，公司接到报案信息，2015年1月9日，公司正式受理该案件。客户家人在2015年1月23日收到平安人寿内蒙古分公司理赔款，该案件共计给付人民币70万元。

客户李某于2015年4月7日投保1130险种/0.6W；4月29日投保平安人寿1118险种/30W，1146险种/20W，1120险种/20W，1148险种/0.205W，527险种/3W。被保险人因自驾车发生交通事故于2015年7月12日在医院治疗无效后死亡，事故，当天平安人寿内蒙古分公司接到报案。2015年8月6日，李某家人收到理赔款人民币70万元。

2015年9月22日，由额济纳旗开往巴彦浩特的班车（蒙M20792，核载51人，实载49人）在S312省道银达线618KM+800M处与一辆拉煤半挂车（蒙M19832）相撞，造成6人死亡（其中一名为客户驾驶员，5名乘客），11人受伤。经与额济纳旗客运站核实，由额济纳旗开往巴彦浩特的班车上的49名乘客均购买"乘意险"，险种名称"国寿通泰交通意外伤害保险"，生效日期2015年9月1日，保险期间30天，保额：身故4万，医疗1万。经调查，死、伤者人员名单中在内蒙古投保5人，四川、甘肃各1人。公司对乘客中4名身故者赔付保险金人均4万元，其中司机高某某和另外一名死者白某某曾分别投保康宁终身保险（2007修订版）和康宁终身保险，公司另向二人各自赔付保险金6万元。

2015年10月23日，阳光人寿客户张某某与妻子乘坐朋友驾驶的小轿车由海拉尔前往新巴尔虎左旗，行驶到陈巴尔虎旗路段时，小轿车与一重型牵引挂车发生碰撞，司机与张某某妻子当场死亡，张某某肝脏破裂，经抢救无效死亡。突来的灾难给张某某一家带来巨大的精神伤害，还留下未成年的女儿。阳光人寿新巴尔虎左旗营业区得知事故后，在被保险人家属不知道张先生投保的情况下，积极主动联系客户家属，告知家属投保情况并帮助客户办理理赔业务。客户家属获得94万理赔款。

2015年的4月11日，鄂尔多斯的何某某在百年人寿鄂尔多斯中心支公司花费158元投保了百年交通工具意外伤害保险，该保险保证期限为1年。2015年10月的一天，何先生乘坐的车辆与一辆重型货车相撞，何某某在被送往医院的途中身亡。2015年12月，百年人寿内蒙古分公司团险部在接到何先生家属的报案后，迅速赶往他的家中和鄂尔多斯市公安局交通管理支队鄂托克旗大队进行调查，核实无误后迅速确认受益人，并帮助何先生的家属签署了《身故受益人确认书》和《团体人身保险理赔申请书》。2015年12月29日，百年人寿内蒙古分公司将100万元理赔金汇入何某某家属的账户。

2015年11月2日上午，阳光人寿客户王某乘坐朋友驾驶的小汽车从西乌旗前往锡林浩特市途中不幸发生意外事故，导致王某当场昏迷，11月3日经医治无效死亡。在确定事故属于保险责任范围内后，公司快速处理高额理赔案件80.2万元。

投保人孙某于2003年12月5日至2012年3月26日为本人分别投保国寿康宁终身保险、国寿瑞鑫两全保险（分红型）、国寿附加瑞鑫提前给付重大疾病保险等险种，保额合计75万元。2015年4月30日至5月15日，孙某在首都医科大学北京天坛医院住院治疗，5月11日被病理诊断为室管膜瘤（WHO Ⅱ级）。经审核，公司给付重大疾病保险金105万元。

2014年3月，吉某某投保了泰康全能保B两全（意外）保险。2015年1月22日12时，吉某某乘坐白金光驾驶蒙GY7689号轿车由北向南行驶至名开线85公里+450米处过拐弯路面时，因冰雪路面采取措施不当，导致该车侧滑下道翻车，受伤入院治疗，出险180日后经司法鉴定为四肢瘫，四肢肌力均为3级以下，伤残程度为一级伤残。经查，被保险人伤残程度已达到条款规定的高残标准。公司于2015年5月11日给付人民币60万元。

被保险人邝某某由其单位乌拉特前旗中正矿业有限责任公司于2015年8月19日为其投保国寿高危人员团体意外伤害保险（2013版）保险，同时附加意外医疗，保额分别为75万元、5万元，保险期间为2015年8月19日至2016年1月18日。2015年11月6日，邝某某在井下作业时（打眼）被石头砸伤意外身故。经审核，公司给付身故保险金75万元。

法人客户赤峰海达电器有限责任公司于2015年1月23日为其员工投保太平

洋人寿（2008）团体意外伤害保险，其中被保险人王某，意外身故保额60万元。2015年9月13日晚，被保险人王某在朝阳市某路段过马路时与一小型普通客车相撞，被撞弹起后又磕碰至路边停放的另一微型普通客车，王某经抢救无效当日死亡。接到客户报案后，公司调查人员第一时间前往事发地事故现场及当地交警部门展开核实调查，经核实，确为被保险人本人出险且属于保险责任，于2015年11月2日向其受益人支付理赔金60万元。

投保人王某某分别于2008年12月17日、2009年1月11日、2010年1月26日为本人投保国寿康宁终身保险（2007版）、国寿康宁终身重大疾病保险，保额合计22.5万元。2015年5月8—11日，王某某因脑梗在科右中旗人民医院住院治疗后不治身故。经审核，公司给付身故保险金61.5万元。

2014年12月，闫某某所在建筑工程企业为职工购买了华夏人寿建筑工程团体意外伤害保险。2015年10月2日，被保险人闫先生在乌拉特后旗阳山大佛工地，在拆塔吊的过程中不慎摔落，导致身故。华夏人寿保险向闫钟田的受益人支付赔款50万元。

投保人张某某分别于2006年1月20日、2011年1月19日、2012年11月20日为本人投保国寿康宁定期保险、国寿康宁终身重大疾病保险、国寿康宁终身重大疾病保险（2012版）、国寿长久呵护住院费用补偿医疗保险，保额合计51.5万元。2014年9月15—23日，张某某因左侧甲状腺乳头状微小癌在吉林延安医院住院并进行手全甲状腺切除术、左侧中央区淋巴结清扫术治疗。经审核，公司同意支付重大疾病保险金53.5万元。

客户王某于2015年5月12日投保新华人寿华平意外险，2015年9月24日出险，理赔金额共计50万元。

客户贾某某于2014年10月3日投保新华人寿乐行无忧险，2015年5月12日出险，理赔金额共计200万元。

第四章

内蒙古保险社团工作

第一节　内蒙古自治区保险行业协会

一、行业自律

（一）车险行业自律

2002年5月28日，制定并实施《内蒙古自治区保险行业财产保险自律公约（试行）》。2003年3月6日，印发《内蒙古自治区保险行业机动车辆保险自律公约》。2004年10月9日，印发《内蒙古机动车辆保险竞（投）标行业自律公约》。2006年6月12日，《内蒙古自治区机动车辆保险行业自律公约》正式实施。2006年7月5日，印发《关于<机动车辆保险行业自律公约>的补充通知》，结合中国保险行业协会关于商业险费率标准，重新修订全区车险自律价格低限标准。2006年7月28日，印发《关于几种特殊机动车辆承保有关问题的通知》，对牵引半挂车、农用车及拖拉机等车型的承保提出明确要求。2007年2月6日，印发《内蒙古自治区机动车辆保险行业自律公约（2007版）》，自2007年2月10日起开始执行。2007年3月30日，印发《〈内蒙古自治区机动车辆保险行业自律公约〉补充规定》。2008年1月29日，印发《内蒙古自治区机动车辆保险行业自律公约（2008修订版）》。2008年8月20日，制定《内蒙古自治区保险行业自律检查操作流程（试行）》。2008年，在全区范围内共组织开展2次车险自律执行情况现场检查。2009年8月，形成"2009车险自律公约"修订版。2009年，在全区范围内共组织开展2次车险自律执行情况现场检查。2010年4月22日，印发《内蒙古自治区保险市场票决制评价办法（试行）》。2010年4月，在全区范围内开展2010年第一次车险自律执行情况现场检查。2010年7月，内蒙古车险信息集中平台正式上线。2010年7月，制定《内蒙古自治区机动车辆保险行业自律公约（2009修订版）补充规定》。2010年12月22日，组织召开自治区财产险总经理峰会，决定重新修订关于党政机关（本级）招投标中标业务、总对总协议业务的承保规则，自2011年1月1日起正式执行。2010年，在全区范围内共组织开展2次车险自律执行情况现场检查。2012年2月20日，印发《内蒙古自治区机动车辆保险行业自律公约（2012版）》。2012年3月30日，印发《内蒙古自治区机动车辆保险行业自律公约（2012版）补充规定》。2012年5月9日，印发《呼和浩特市2012年第一次车险业务现场检查方案》。2012年9月19日，组织召开自治区保险行业财产险总经理峰会，表决通过《内蒙古自治区机动车辆保险行业自律公约（2012修订版）》，现场签署新版车险自律公约及自律承诺书。2012年10月起，针对呼市地区车险自律工作组织财产险公司共召开9次票决会议，共组织2次现场检查、6次暗访检查、6次自律约谈。2012年12月5日，印发《内蒙古自治区机动车辆保险行业自律公约（2012修订版）补充规定》。2013年5月31日，废止《内蒙古自治区机动车辆保险行业自律公约（2012修订版）》。2013年6月，先后召开7次不同层级的车险业务规范经营工作沟通会，辖区20家财产保险公司共同签署依法合规经营承诺书。

（二）非车险行业自律

2008年3月31日，内蒙古保险业协会第四届代表大会决定，成立非车险专业工作委员会。2008年5月9日，组织召开非车险专业委员会2008年第一次工作会议，就非车险自律开展问题以及对保险公司规范自律问题达成共识。2008年6月16日，印发《招投标保险（财险）业务操作规程（试行）》。2009年6月，成立内蒙古自治区非车险自律课题领导小组。2009年8月，组织13家财产险自治区级分公司共同签订《关于公路工程项目保险承保业务协议》。2011年11月7日，印发《内蒙古自治区非车险业务行业自律公约》补充规定。2012年5月21日，组织召开非车险专业工作委员会会议，重新细化修订自律公约中关于公路工程险的免赔标准。2013年5月31日，废止《内蒙古自治区非车险行业自律公约》及其相关补充规定。

（三）学平险行业自律

2007年8月28日，印发《内蒙古自治区学生平安保险行业自律公约（2007版）》，自9月1日起执行。2009年7月28日，组织会员公司签订《内蒙古自治区学生、幼儿保险业务自律公约》。2009年11月，对《内蒙古自治区学生、幼儿保险业务自律公约（2009版）》执行情况开展现场检查。2013年5月31日，印发《关于废止〈内蒙古自治区学生、幼儿保险行业自律公约〉的通知》。

（四）银邮代理保险业务行业自律

2005年6月21日，制定《内蒙古自治区人寿保险公司银行邮政代理保险业务自律公约》（2005版）。2006年3月10日，召开中介专业工作委员会主任会议，决定自2006年4月1日起统一同一渠道的代理手续费率，讨论通过建立自律保证金制度。2006年6月9日，首次召开内蒙古保险业协会人身险总经理峰会，讨论自治区内银保业务市场发展问题及修订《内蒙古自治区人寿保险公司银行邮政代理保险业务自律公约（2005版）》等事宜。2006年9月15日，组织11家省级人身险保险分公司签署《内蒙古自治区保险行业银行、邮政代理保险业务自律公约及补充约定》。2006年9月15日，成立银邮代理自律公约寿险执行委员会和银邮代理自律公约产险执行委员会。2006年9月22日，召开银邮代理自律公约寿险执行委员会会议，就**人寿公司在呼和浩特市邮政部分网点赠送月饼促销"红双喜"产品问题进行讨论，决定对**人寿公司内蒙古分公司及有关个人进行相应惩戒。2007年9月，内蒙古保险业协会与内蒙古银行业协会共同制定《银行（邮政）保险投保须知》。2007年11月19日，召开银行邮政代理保险业务专业工作委员会保险分会会议,讨论通过《银邮代理保险业务客户经理资格证书发放管理办法》。2007年11月30日,制定《关于规范发展银行代理保险业务的意见》《关于规范发展银行代理保险业务的意见的实施细则》《内蒙古银行邮政代理人身保险业务沟通协商制度》。

2008年5月30日,召开人身险公司总经理峰会暨银邮代理专委会银邮分析例会,讨论《内蒙古自治区保险营销员业内流动自律公约》《关于加快发展银邮代理保险业务的意见》。2008年7月23日,制定《2008年内蒙古银邮代理保险业务双向现场督导办法》。2009年3月9日,组织召开银邮代理保险业务专业工作委员会会议,对《关于进一步规范发展我区银行代理保险业务的指导意见》相关内容进行修改,研究部署银邮代理保险业务的检查工作。2009年3月11日,印发《关于进一步规范发展我区银行代理保险业务的指导意见》。2009年3月31日,召开银行邮政代理保险业务分析例会,讨论通过在呼市地区推行银邮代理保险业务市场自律检查轮值制度。2009年6月9日,组织召开银邮代理保险业务专业委员会工作会议,讨论银邮代理保险业务轮值检查、银邮代理保险业务的规范发展现场督导等问题。2009年8月26日,听取银邮轮值小组的检查情况,对存在销售误导及在网点违规进行有奖销售活动的公司,按照自律公约要求,实施惩戒并报送内蒙古保监局。2009年9月16日,召开人身险公司总经理峰会,讨论《进一步规范发展银邮代理保险业务的补充约定》《银行邮政代理保险业务客户经理管理办法》。

2010年2月2日,组织呼和浩特地区银邮代理保险业务市场开展轮值检查。2010年4月22日,内蒙古保险业协会召开四届理事会三次会议,讨论通过《内蒙古自治区保险市场票决制评价办法(试行)》。2010年4月30日,呼和浩特地区银保业务开始了首次季度票决,根据票决情况内蒙古保险业协会呼市分会分别对表现差的公司开展专项自律检查。2010年4月26日,内蒙古保险业协会印发《内蒙古自治区银行邮政代理,寿险业务行业自律公约及补充约定（2010版）》，自2010年5月1日起执行。同时废止《银行邮政代理保险业务自律公约（2006版）》。2010年5月5日，举行内蒙古寿险业规范银行邮政代理业务自律倡议书签字仪式。2010年8月中旬至9月下旬，首次组织各盟市保险行业协会开展全区银邮代理寿险业务专项检查。2011年6月23日，召开人身险公司总经理峰会暨银邮代理寿险业务分析例会，讨论通过并会后印发《关于进一步规范发展银行代理寿险业务的指导意见》。2011年，印发《内蒙古自治区银行邮政代理保险业务行业自律公约》（2011修订版）。2015年4月22日，召开银邮代理保险专业工作委员会会议，交流各公司一季度银邮代理寿险业务发展情况，讨论《银行邮政代理寿险业务网点评优办法》。

（五）人员流动行业自律

2006年5月26日，制定不良信用行为保险营销员黑名单制度。2011年，运用信息技术手段，借助银邮代理保险业务客户经理管理信息系统、人身保险产品信息披露系统、银保协议查询管理系统及中介监管信息系统，加强人身险业务和人员自律工作。2012年，印发《内蒙古自治区保险从业人员流动自律公约》。建立保险营销员不良情况报告制度，起草《内蒙古自治区人身险业综合治理销售误导自律公约》《内蒙古保险行业协会人身险业综合治理销售误导效果评价指标体系》。2012年，印发《关于清理检查保险营销员展业证有效性的通知》，对649名在多家保险公司展业的保险营销员进行清理，对保险营销员申请离司而有些公司无正当理由迟迟不注销展业证进行催办。2013年11月15日，召开人身险呼市公司总经理峰会，讨论研究《关于加强人身险公司保险销售从业人员行业自律管理的意见》，交流沟通呼和浩特地区人身险市场迫切需要行业共同解决的问题。2013年，印发《关于加强人身险公司保险销售从业人员行业自律管理的意见》。2014年10月20日，鉴于罗明严重销售误导保险消费者，骗取保险消费者钱财，内蒙古保险业协会原内蒙古保监局提交《关于吊销罗明〈保险销售从业人员资格证书〉的建议》。

二、行业维权

（一）协调解决保险业相关赋税问题

2004年4月中旬，向内蒙古保监局报送《关于内蒙古保险营销员税赋情况的调查报告》。2006年，经保险业界多次呼吁，内蒙古地税局发文，从2007年1月1日起，内蒙古保险营销员营业税起征点由原1000元提高至3500元。2011年3月，代表行业向呼和浩特人民政府提交《关于落实保险行业高管人员个人所得税地方留成部分先征后返政策的请示》。2014年12月1日，向内蒙古地方税务局递交《关于保险营销员免征营业税的申请函》。2015年，向内蒙古地税局报送《关于申请免征保险营销员营业税的函》。

（二）解决代收代缴车船税手续费的给付问题

2008年7月3日、11月12日，向内蒙古地税局、内蒙古保监局递交《关于我区财产保险公司代收代缴车船税基本情况及存在的问题和建议的报告》。2008年11月13日，内蒙古保监局、内蒙古地税局、内蒙古保险业协会召开代收代缴车船税工作联席会议。截至2010年末，全区各级财产保险公司已累计完成代收代缴车船税入库金额111798万元，其中鄂尔多斯市累计实现已代收代缴车船税入库金额为23006万元，是12个盟市中代收代缴车船税金额最高的地区；其次为包头市21105万元、呼和浩特市12859万元。2014年4月8日，向内蒙古保监局、内蒙古地方税务局提交《关于自治区各财产保险公司代收代缴车船税手续费返还不足额问题的报告》。截至2015年12月末，全区各级财产险公司累计完成代收代缴车船税入库金额69亿元。截至2015年12月末，全区各级财产保险公司应收主管地税局支付手续费累计总额为34258万元，年平均为4282万元，已累计收到地税局支付的手续费总额为27584万元，未付手续费6704万元。

（三）反保险欺诈工作机制的建立与发展

2006年5月10日，建立车险风险信息交换平台。自2008年6月，全区建立以盟市为单位的机动车辆风险信息平台机制、对可疑理赔信息互核联系机制。2012年5月29日，印发《内蒙古保险行业可疑车险理赔信息定期协查办法（试行）》，于6月1日起正式实施。2013年1月1日，印发《内蒙古人身保险业可疑客户信息交流办法》《内蒙古自治区保险从业人员警示信息平台管理办法》。截至2013年末，全区车险反欺诈工作行业内部发现向司法报案假赔案共计35起，涉及金额共计366.85万元。2014年2月中旬，开通车险案件微信协查平台。2014年6月23日，印发《内蒙古保险业反保险欺诈中心组织制度及运行规则》。2015年11月16日，内蒙古保险业反保险欺诈中心成立。2015年，全年发出车险协查函24个，全年受理各公司提交的协查需求约780余起，为30起涉嫌重复报案索赔的案件提供有效线索，止损金额合计262601元，协助5家保险公司追回赔款148万余元。

三、行业交流

2002年5月13日，由内蒙古保险业协会倡导，平安人寿呼和浩特分公司与中国人寿内蒙古分公司首次展开业内交流。2002年5月22日，印发《内蒙古自治区保险行业协会组织会员公司信息交流的方案》。2002年7月31日，保险代理人管理协调委员会召开座谈会。2006年1月，派员赴云南、四川、重庆考察保险行业协会工作。2007年7月19日，华北地区五省市（北京、天津、河北、山西、内蒙古）保险行业协会秘书长联席会议在呼和浩特市召开。2008年7月4日，组织召开内蒙古金融系统行业协会、学会秘书长联席会议首届会议。2008年9月，应邀派员参加西北地区秘书长联席会议。2008年10月，派员参加山西省保险行业协会承办的第二届华北地区保险行业协会秘书长联席会议。2008年，与原内蒙古保监局、内蒙古交警支队联合组队先后赴南京、青岛、北京、厦门以及云南、甘肃、山西等地的保险行业协会进行实地考察。

2009年4月3日，邀请全国十大保险明星之一、吉林省长春市"五一劳动奖章获得者"刘玉辉做《我付出我感恩我是个快乐的保险人》专场报告会。2009年6月17日—22日，组织召开全国少数民族地区暨部分省市保险行业协会秘书长工作交流会。2009年7月31日—8月2日，派员参加河北省保险行业协会承办的第三届华北地区保险行业协会秘书长联席会议。2009年8月，应邀参加华东地区保险学会工作交流会暨保险法案件研讨会。2009年8月，应邀参加西北地区及部分省市秘书长联席会议。2009年9月18日，贵州省保险行业协会考察团来我会考察交流。

2010年4月6日，组织寿险公司召开自治区人身险公司工作经验交流会。2010年6月，派员赴江苏、浙江等地学习建立中介代理业务手续费集中结算中心事项。2010年7月29日—30日，组织召开部分省市保险行业协会工作交流会，北京等10个省市保险行业协会秘书长应邀参加会议。2010年8月，派员赴天津参加第四届华北地区保险行业协会秘书长联席会议。2010年8月，派员赴银川参加全国少数民族地区及西北地区保险行业协会秘书长联席会议。2010年8月，云南、新疆等省市保险行业协会来我会考察和交流。2010年9月，受内蒙古民政厅民间组织管理局邀请参加民政部在广州市举办的全国行业协会改革发展经验交流会。2010年9月，参加第十六届海峡两岸及港澳保险业交流与合作会议暨"保险行业协会职能与作用"国际研讨会。

2011年6月8日—10日，派员参加西北地区保险行业协会秘书长联席会议。2011年8月14日，派员参加西部地区保险行业协会秘书长联席会议。2012年6月13日—14日，派员参加辽宁华北、东北秘书长工作会议。2012年6月13日—14日，派员随同内蒙古民政厅民间组织管理局负责人赴甘肃酒泉参加全国社会组织工作交流会，并做经验交流发言。2012年12月14日—15日，陕西省保险行业协会来我会进行实地考察交流。2013年7月24日—26日，派员参加大连华北东北秘书长联席会议。2014年3月14日，内蒙古保险业协会秘书长、副秘书长走访内蒙古消费者协会。2015年4月8日—11日，派员赴广西桂林参加西部地区暨少数民族地区秘书长联席会议以及泛华创新产品经验交流会。

四、行业协调

2002年1月20日，与呼和浩特市仲裁委沟通，共同筹建呼和浩特仲裁委驻保险系统办事处。2002年，制定《内蒙古自治区保险行业咨询投诉处理流程》。2010年，组织部分会员公司与内蒙古医院司法鉴定中心、呼和浩特市第一医院司法鉴定所、呼和浩特市道路交通事故伤残评定委员会召开伤残司法鉴定工作沟通座谈会。2010年，与政府采购中心协商将政府采购招投标中标业务部分纳入车险信息平台管理。2011年6月27日，内蒙古保险合同纠纷调解委员会成立，组织会员公司签订《内蒙古保险合同纠纷调解自律公约》。2011年末，设立内蒙古消费者行业协会保险合同纠纷调解分站。2012年8月10日，印发《内蒙古自治区各盟市保险合同纠纷调处机制建设及运行指引》。2012年8月21日，内蒙古保险业协会第六届会员代表大会暨理事会一次会议审议通过成立消费者事务工作委员会。2013年，积极探索搭建与人民法院建立诉调对接机制。2015年，内蒙古自治区保险合同纠纷调解委员会与呼和浩特赛罕区法院、新城区法院正式搭建诉调对接机制。2015年，配合内蒙古保监局开展"12378"维权热线分中心建设工作。

五、行业宣传

2001年8月，《内蒙古保险信息》创刊。2002年3月15日，呼和浩特保监办、内蒙古保险业协会组织开展保险消费热点咨询日宣传活动。2002年5月28日，制定实施《内蒙古自治区保险行业优质文明服务公约（试行）》，提出"遵法守规、文明服务、诚信为本、客户至上"十六字方针。2002年8月，召开《中华人民共和国保险法（修正案）》座谈会。2003年3月15日，呼和浩特保监办、内蒙古保险业协会组织各会员公司开展"贯彻落实《保险法》，营造放心消费环境"大型保险宣传活动。2004年3月15日，组织各保险公司开展大型保险宣传咨询服务活动，全区14000余名保险营销人员参加签名活动。2005年10月底，搭建内蒙古保险信息网。

2006年，《内蒙古保险信息》更名为《内蒙古保险》。2007年4月6日，内蒙古保险业协会、学会共同举办全区保险业"加强诚信建设，塑造诚信公司形象"征文活动。2007年3月14—15日，组织呼和浩特地区13家会员公司开展以"3·15和谐与消费"为主题的大型保险宣传咨询活动。2007年4月9日，创刊《呼和浩特保险信息》内部刊物。2007年4月30日，内蒙古保监局、内蒙古保险业协会印发《内蒙古自治区保险营销员诚信教育活动实施方案》。2007年4月，组织编写《百姓保险常识》内部资料。2007年9月7日，组织制定《内蒙古自治区行业服务质量标准》。2007年9月，翻译蒙文版交强险条款，并发送自治区各财产险公司基层营业网点以及边远牧区。2007年10月12日，内蒙古保监局、内蒙古保险业协会联合举办内蒙古自治区保险营销员诚信教育知识竞赛。2008年2月18日，内蒙古保监局、内蒙古保险业协会组织召开内蒙古自治区保险业首届"十佳诚信保险营销员""保险诚信教育工作先进单位"表彰会议。2008年3月15日，内蒙古保监局、内蒙古保险业协会联合组织呼和浩特地区18家保险公司举行大型保险宣传咨询活动。2008年3月，内蒙古保监局、内蒙古保险业协会组织编写的《内蒙古保险指南》正式出版发行。2008年5月13日，在《北方家庭报》开办保险专版。2008年11月，在内蒙古电视台经济生活频道开办《内蒙古保险周刊》电视栏目。2008年12月4日，内蒙古自治区保险业首届"保险明星""保险之星"表彰大会在呼和浩特举行。

2009年1月，内蒙古保险业协会编辑创刊《内蒙古保险中介》内部刊物。2009年3月15日，举行内蒙古自治区保险行业服务质量年活动启动仪式。2009年10月22日，内蒙古保监局、内蒙古保险业协会共同举办自治区保险业新《保险法》知识竞赛，25家自治区级保险公司领导和员工代表300余人参加活动。

2010年4月22日，内蒙古自治区第二届"保险之星""保险明星"评选表彰活动在呼和浩特举行。2010年6月20日，对在全区保险业开展的保险"进学校、进社区、进农村、进机关、进企业"活动中，做出突出成绩和贡献的通辽市人民政府副市长李秀芝等22名业内外先进个人、乌兰察布市政府金融办等30个先进单位予以表彰。2010年6月23日，对保险业第二届"十佳诚信保险营销员"及"保险诚信教育工作先进单位"给予表彰。2011年3月11日，内蒙古保监局、内蒙古保险业协会召开内蒙古保险业加强车险理赔服务质量情况新闻通报会。2011年3月15日，内蒙古保险业围绕"消费与民生"的主题，开展大型保险宣传咨询活动。内蒙古保险业协会编印《2010年十大保险理赔案件》《让消费者放心买保险》宣传手册及《提高保险服务水平保护保险消费者合法权益》宣传单。2011年6月20日，由原内蒙古保监局主办、内蒙古保险业协会承办、29家自治区级保险公司协办的"辉煌90年颂歌献给党"内蒙古保险业大型文艺演出在呼和浩特隆重举办。2011年10月12日，内蒙古保监局、内蒙古保险业协会组织举办人身险公司柜员岗位技能竞赛和财产险公司机动车查勘定损岗位技能竞赛。2011年12月14日，召开全区"文明优质服务示范年"活动表彰暨经验交流大会。

2012年1月7日，内蒙古保险业协会、内蒙古新闻工作者协会对新华社内蒙古分社记者任会斌等10位荣获2011年度内蒙古"保险好新闻"作者给予表彰奖励。2012年3月14日晚，由内蒙古保险业协会协办、由内蒙古消费者协会主办的"人保情2012年'3·15'晚会"在内蒙古电视台进行现场直播。2012年3月15日，围绕"消费与安全"开展保险宣传咨询活动。组织编写《提高保险服务水平保护消费者合法权益》《保险基本知识手册》《购买保险注意事项手册》，免费向社会公众发放；组织各保险公司开展保险宣传咨询活动；与呼和浩特广播电台合作开办《保险之声》节目。2012年8月3日，开通内蒙古自治区保险行业协会新浪官方微博。2012年8月10日—12月15日，开展内蒙古保险消费者满意度有奖调查活动。2013年1月10日，授予郭彬等10名同志内蒙古自治区第三届"保险明星"荣誉称号，授予皇甫荣等100名同志内蒙古自治区第三届"保险之星"荣誉称号。2013年7月8日,在全区范围内组织开展全国保险公众宣传日活动。2013年12月16日,内蒙古保险业协会、内蒙古新闻工作者协会对内蒙古日报社记者红艳等10名荣获2013年度内蒙古自治区"保险好新闻"作者给予表彰奖励。

2014年3月15日,在《北方新报》刊载《内蒙古自治区保险行业致全区保险消费者的一封信》。2014年3月1日—31日,组织开展以"保险相伴美好生活"为主题的"3·15"保险宣传月活动。2014年6月4日—6月24日,编印《保险客户服务手册》《2013年内蒙古保险业保险赔案100例》。2014年7月5日,举办"保险,让生活更美好——爱无疆,责任在行"全国保险公众宣传日系列宣传活动启动仪式。2014年12月18日,内蒙古保险业协会、内蒙古新闻工作者协会对内蒙古电视台卫视综合频道主任马小平等11名荣获2014年度"内蒙古保险好新闻"作者给予表彰奖励。

2015年6月3日,由内蒙古保险业协会选送的《如何撬动农业保险这个"支点"》(内蒙古日报社记者李永桃撰稿)获得中国保险行业协会举办的2014年度(地方)保险好新闻奖。2015年7月8日,组织38家保险公司举行大型集中宣传活动。2015年9月28日,开通内蒙古自治区保险行业协会微信公众平台。2015年10月13日,印发《内蒙古保险业首届摄影书画作品展获奖情况的通报》;评选出摄影作品金奖1名、银奖2名、铜奖3名、优秀奖4名,书法作品金奖1名、银奖2名、铜奖2名、优秀奖3名,绘画作品金奖1名、银奖2名、铜奖2名。2015年11月,编印《内蒙古商业车险改革知识手册》。

六、行业定点医院

2006年4月5日,内蒙古保险协会第三届理事会第二次会议通过关于建立共同管理保险医疗定点医院机制的倡议。2006年8月1日,内蒙古商业保险医务管理委员会及执行办公室成立。2006年8月3日,内蒙古保险协会医务管理委员会出台《内蒙古保险行业医务管理委员会章程》《内蒙古自治区商业保险医疗定点医院管理办法》《内蒙古自治区商业保险医疗定点医院准入标准及程序》《内蒙古自治区商业保险医疗定点医院考核标准及程序》和《内蒙古自治区商业保险医疗定点医院合同文本》。

2007年1月17日，内蒙古保险协会与内蒙古自治区卫生厅联合召开内蒙古保险行业与医疗机构关于商业保险定点医院情况沟通会，呼和浩特市地区30多家医院和各保险公司参加会议。2007年4月29日，内蒙古保监局、内蒙古卫生厅和内蒙古保险协会在呼和浩特联合举办内蒙古保险行业定点医院新闻发布会，首批8家内蒙古保险行业定点医院正式签约。2007年5月23日，内蒙古保险协会印发了《内蒙古保险行业医务管理委员会医务专员行为规范》。

2008年1月，内蒙古保险行业医务管理委员会印制了《内蒙古保险行业定点医院材料》，发至各定点医院和保险公司。2008年8月，内蒙古保险协会对保险行业定点医院进行首次考核，采用定点医院自评打分和保险公司评议打分相结合的办法进行，对考核结果进行通报。2008年11月11日，内蒙古保险协会召开保险公司理赔负责人和定点医院有关负责人座谈会，成立医疗健康保险反欺诈调查办公室。2008年11月24日—29日，内蒙古保险协会组织定点医院、公司相关人员赴武汉、深圳两地考察学习定点医院工作。2008年8月15日，保险行业医务管理委员会会议通过了新增内蒙古武警总队356医院和中国人民解放军253医院两家医疗机构为新增保险行业定点医院。

2009年3月27日，中国保监会《保险工作简报》第10期以"内蒙古自治区保险行业协会积极探索建立保险行业定点医院合作新模式"为题介绍了内蒙古保险行业定点医院经验。2009年11月5日，内蒙古保险行业医务管理委员会组织召开各保险公司和定点医院联谊会。

2010年8月，内蒙古保险协会出台《商业保险行业定点医院工作指引》，指导各盟市保险行业协会开展保险行业定点医院工作。2010年10月12日，在内蒙古保险协会召开保险公司保险行业定点医院工作会议上正式通过薛氏正骨诊所和内蒙古自治区红十字会呼和浩特朝聚眼科医院两家民营医疗机构为新增保险行业定点医院。

2011年9月，分别举办了由保险公司相关人员参加和定点医院相关人员参加的两个培训会，分别由内蒙古人民医院副院长和保险专家进行了讲座授课。2011年12月2日，内蒙古保险协会印发《关于定期统计报送保险行业医疗理赔数据的通知》，建立了保险行业定点医院医疗理赔情况统计表。

2012年4月16日和5月30日，内蒙古保险协会分别召开由各保险公司医务负责人参加的医务管理委员会会议和由定点医院主管院长及医务、医保部门负责人参加的工作会议，通报了2011年度保险行业定点医院考核情况，表彰了优秀保险行业定点医院，为新增内蒙古第四医院成为保险行业定点医院授牌。2012年搭建保险理赔人伤司法鉴定交流平台，协调内蒙古司法厅司法鉴定管理局和呼和浩特市5家主要司法鉴定机构负责人，召开了呼和浩特市地区保险理赔人伤司法鉴定工作座谈会。

2013年1月30日，呼和浩特市地区保险行业医务管理委员会一行7人，到新申请加入保险行业定点医院的内蒙古国际蒙医医院进行考察。2013年4月9日，内蒙古保险协会医务管理委员会召开保险行业定点医院会议，通报2012年度保险行业定点医院考核情况，与内蒙古国际蒙医医院签订新增保险行业定点医院协议并授牌。2013年11月22日，内蒙古保险协会召开《人身保险伤残评定标准》学习交流会。

2014年6月25日，内蒙古保险协会医务管理委员会召开保险行业定点医院工作会议，印发2013年全年呼和浩特市地区保险行业医疗理赔情况统计表和2013年内蒙古保险典型理赔案20例，向内蒙古自治区人民医院、呼和浩特市第一医院颁发先进定点医院奖牌。

2015年5月11日，召开医务管理委员会工作会议，通报2014年度呼和浩特市地区14家保险行业定点医院考核打分情况；研究通过了内蒙古自治区中医医院、呼和浩特市三空李氏正骨医院成为新的保险行业定点医院。2015年11月25

日，内蒙古保险协会召集部分保险行业定点医院的医务和医保部门领导，就内蒙古保险行业定点医院医疗查勘理赔人员的管理问题进行专题研讨。2015年12月，按照中国保险行业协会报送定点医院情况的通知，向中保协提交了《内蒙古保险行业协会关于保险行业定点医院情况的报告》，并附自2007年初建立保险行业定点医院以来的12份重要材料。

七、保险营销员（销售从业人员）管理

2001年10月31日，内蒙古自治区保险行业协会保险代理人管理协调委员会成立。2001年11月15日，印发《内蒙古保险个人代理功勋业务员评审办法》《内蒙古自治区个人保险代理人奖励规定》《关于对保险个人代理人作除名处理的规定》。2002年初，授予王书玲等19人内蒙古自治区保险行业保险代理人功勋业务员荣誉称号。2002年5月28日，制定实施《内蒙古自治区保险行业保险个人代理人自律公约（试行）》。2006年5月26日，建立内蒙古保险行业不良信用行为保险营销员黑名单通报机制。2007年1月30日，内蒙古保险业协会第三届理事会第四次会议审议通过《保险营销员不良信用行为记录登记管理办法》。2007年4月30日，内蒙古保监局、内蒙古保险业协会联合印发《内蒙古自治区保险营销员诚信教育活动实施方案》。2007年10月12日，内蒙古保监局、内蒙古保险业协会举办内蒙古自治区保险营销员诚信教育知识竞赛。2008年2月18日，在全区保险工作会议上对内蒙古自治区首届十佳诚信保险营销员及保险诚信教育工作先进单位进行表彰。2008年8月14日，印发《内蒙古自治区保险营销员业内流动自律公约》。2012年3月，建立保险营销员展业证有效性行业清查制度。2013年，制定《内蒙古自治区保险销售从业人员综合信息平台建设方案》。2014年5月，研究制定《内蒙古自治区保险销售从业人员执业证书管理暂行办法》。2014年7月10日，组织召开内蒙古自治区保险从业人员综合信息平台应用培训会议。

八、保险从业人员考试及管理

1.保险代理（销售）从业资格电子化考试

2006年7月12日、21日，在呼和浩特市、包头市组织保险代理从业资格电子化考试试点获得成功。2006年10月中旬，赤峰市、乌海市、通辽市、鄂尔多斯市、呼伦贝尔市、牙克石市、满洲里市、巴彦淖尔市、乌兰察布市等7个盟市的9个地区先后实施电子化考试。

2006年，全区共10183人次报名参加保险代理从业资格电子考试，参考9878人次，通过7427人，平均通过率为75.19%。2007年，全区共40188人次报名参加保险代理从业资格电子化考试，参考39318人次，通过26838人，平均通过率为68.26%。2008年，全区共60550人次报名参加保险代理从业资格电子化考试，参考59297人次，通过38885人，平均通过率为65.58%。2009年，全区共66783人次报名参加保险代理从业资格电子化考试，参考65181人次，通过42344人，平均通过率为64.96%。2010年，全区共52939人次报名参加保险代理从业资格电子化考试，参考51385人次，通过32683人，平均通过率为63.60%。

2011年3月，印发《内蒙古自治区保险中介从业资格电子化考试中心机房建设方案》《内蒙古自治区保险中介从业资格电子化考试管理办法》《内蒙古自治区保险中介从业资格电子化考试中心管理办法》《内蒙古自治区保险中介从业资格电子化考试分考点管理办法》《内蒙古自治区保险中介从业资格电子化考试监考人员岗位职责》《内蒙古自治区保险中介从业资格电子化考试考场纪律》《内蒙古自治区保险中介从业资格电子化考试考生违规处理办法》等内部管理制度。

2011年5月27日，内蒙古保险协会电子化考试中心经内蒙古保监局验收通过，自5月29日起全面组织呼和浩特地区的保险中介从业资格考试工作。2011年7月，召开协会考务工作专题会议，编制《考务制度汇编》，印发《内蒙古自治区电子化考试管理工作实施细则》。2012年7月16日,阿拉善盟保险行业协会分考点验收通过后,自治区12个盟市全部实现保险行业协会自建考点组织考试。2012年8月,建立考试全程监控,监控录像定期上报制度。2012年8月,建立考试计划、考试日志、考试情况定期上报制度。2013年4月,组织完成对保险销售从业资格证书、农村保险营销员资格证书、保险经纪从业资格证书、保险公估从业资格证书等4类新版从业资格证书蒙古语标准化翻译及资格证书排版设计工作。2014年5月,内蒙古保险业协会电子化考试中心在全国第一个实现考试报名资料的全部无纸化。2015年6月12日,接到内蒙古保监局关于停止组织保险中介从业资格考试工作相关通知,立即停止接收考试报名,做好相关解释等后续工作。

2.保险经纪、公估从业人员资格考试

2008年6月,在呼和浩特市临时增设呼和浩特市经纪公估电子化考点。2008年7月5日、6日及12月14日,组织进行2008年上、下半年保险经纪、公估从业人员资格电子化考试。2014年4月,接受中国保险行业协会委托,组织相关专家完成保险公估从业资格证书蒙古语标准化翻译及资格证书排版设计工作。2014年5月,与中国保险行业协会合作开展内蒙古自治区保险公估从业资格考试工作。2015年6月,根据要求,停止组织保险经纪、公估从业资格考试。2008—2015年,全区先后分别接收保险经纪公估从业资格考试报名709人次、477人次、286人次、393人次、121人次、364人次、137人次、32人次。

3.农村保险营销员分类考试

2008年3月,与内蒙古银保监局编写《保险基础知识简明读本》发放给农村保险营销员,同时对《保险基础知识简明读本》并进行蒙古语言翻译,首批印刷1000册,免费发放给农村牧区蒙古族保险营销员阅读学习。2008—2010年,深入旗县、农村"送考下乡",组织农村保险营销员笔试考试近300场,共接收报名12152人次,近9500人取得农村保险营销员资格。2011年,与内蒙古保监局在呼和浩特、赤峰、通辽、呼伦贝尔、鄂尔多斯、巴彦淖尔、兴安盟等7个地区共组织农村保险营销员考试117场，接收报名5560人次。2011年6月23日，在鄂尔多斯市乌审旗组织自治区首场蒙古语言农村营销员资格笔试考试。2011年12月29日，成功组织全区首场农村保险营销员电子化考试。2015年6月12日，根据要求，停止组织农村保险营销员资格考试。

4.车险查勘理赔定损人员认证考试

2011年12月26日，内蒙古自治区第一次车险查勘理赔定损人员认证考试在协会电子化考试中心正式进行。截至2015年底，全区共接收报名4271人次，参考4098人次，平均参考率为95.95%；考试通过3078人，平均通过率为75.11%。

5.组织保险机构高级管理人员、保险专业中介机构高级管理人员任职资格考试工作

2011年12月8日，接受内蒙古保监局委托，使用第二代考试系统组织自治区第一次保险机构高级管理人员任职资格电子化考试。2013年3月6日，经原内蒙古保监局验收通过，自治区保险专业中介机构高级管理人员任职资格电子化考试正式启动。截至2015年底，全区共接收报名6782人次、参考5775人次，平均参考率为85.15%；考试通过3170人，平均通过率为54.89%。

第二节　内蒙古保险学会

内蒙古保险学会在中国保监会内蒙古监管局和学会常务理事会的领导下，在内蒙古社科联的指导下，立足于内蒙古经济社会改革发展大局，紧密结合内蒙古保险市场实际，坚持"研究立会、活动兴会、服务强会"的办会理念，以实现"对外融入社会，对内培育人才"为工作目标，以"普及研究、重点研究、调查研究和研讨活动、讲座活动、融入社会活动"为抓手开展工作，为促进内蒙古保险业的健康发展，为提高内蒙古保险从业人员的综合素质，为内蒙古经济社会发展发挥了应有的作用。

一、做好普及研究

（一）办好《内蒙古保险》刊物

随时征集保险从业人员和社会相关人员的研究文章，在《内蒙古保险》上发表，每篇文章都适当支付稿费，以鼓励研究者，经过两次改版，研究性文章的分量占到了3/5。

（二）开展保险"三进入""五进入"工作

2007年，根据中国保监会《关于做好保险"三进入"工作通知》要求，在全区范围广泛开展保险"进学校、进社区、进农村、进企业、进机关"工作。制定了《关于开展保险"五进入"工作实施意见》；编撰了题为《充分发挥保险功能作用,为构建社会主义和谐社会做出更大贡献——保险"五进入"活动宣读提纲》;组织保险专家、学者编写《中小学保险知识讲座提纲》《大中专院校保险知识讲座提纲》《百姓保险常识》和保险"五进入"活动宣传口号等。通过保险"五进入"活动,增强了民众的保险意识,加强了各级领导对保险工作的重视,促进了保险业的发展。

(三)组织全区保险行业新《保险法》系列宣传活动

2009年,在新《保险法》颁布之际,组织全区保险行业新《保险法》系列宣传活动。内蒙古保险学会依据新《保险法》有关内容编制了学习提纲,供各保险公司学习使用。邀请相关法律专家对会员公司中高级管理人员进行新《保险法》知识辅导讲座。在《内蒙古保险》《内蒙古保险周刊电视栏目》《内蒙古保险信息网》上开办学习宣传新《保险法》专题栏目。举办新《保险法》知识竞赛活动,各会员公司均组队参加了竞赛。

(四)开展征文活动

2012年开展财产险综合治理车险理赔难和人身险综合治理销售误导征文活动。2013年开展"学习贯彻十八大精神,促进保险业科学发展"和"学习贯彻保险监管和保险行业核心价值理念"两项征文活动。内蒙古保险学会均正式印发了文件,并在《内蒙古保险》和内蒙古保险信息网上发布信息,明确了征文时间、内容、要求和奖励。针对学习贯彻十八大精神征文印制了《内蒙古保险》专刊。

(五)编写《保险知识普及读本》

《国务院关于加快发展现代保险服务业的若干意见》和《内蒙古自治区人民政府关于加快发展现代保险服务业的实施意见》出台后,内蒙古保险学会向内蒙古自治区社会科学界联合会申报了政府资助科普项目——《保险知识普及读本》,审批同意后,立即进行编写。作为内蒙古社会科学北疆普及丛书,由内蒙古社科联印制,在2015年6月内蒙古党委宣传部和内蒙古社科联主办的自治区第九届社会科学普及周期间与广大公众见面,广泛发送到了社会各界。该读本包括5个部分:第一部分,保险是什么;第二部分,保险能干什么;第三部分,怎样买保险、用保险;第四部分,政府说法;第五部分,典型赔案。

(六)开展保险公众宣传活动

2015年3月15日,在内蒙古保险学会的协调下,内蒙古保险学会副会长、内蒙古财经大学金融学院保险系主任李杰受内蒙古通辽市人民政府之邀,举办了保险新"国十条"讲座。通辽市政府主管副市长及相关委办局负责人、金融办全体干部、各旗县市区政府和开发区管委会分管旗县长和金融办主任、各金融机构以及相关企业的领导共计210余人聆听了讲座。

2015年7月,在全国保险公众宣传日期间开展了巡回宣讲活动,地点是呼和浩特市、兴安盟、鄂尔多斯市、乌海市。讲座题目是"保险与百姓生活",主要回答保险是什么,保险能干什么,保险是怎样干的,怎样买保险、用保险。主讲人分别是内蒙古保险学会常务副会长兼秘书长、全国优秀社会科学普及专家、中共内蒙古自治区直属工委党校客座教授马庆和及内蒙古财经大学金融学院保险系主任、博士、副教授、内蒙古保险学会副会长李杰。聆听的对象主要是当地各保险公司组织的保险客户、保险公司员工和保险行业协会的工作人员。另外,还特邀请当地政府金融办相关领导参加。每次讲座的参加人数均在200人以上,当地媒体跟踪报道。

二、抓好重点研究

保险业有两大头痛问题,一是司法沟通不畅;二是媒体沟通不畅。

(一)有效解决司法沟通不畅问题

针对司法环境问题,内蒙古保险学会申请内蒙古法学会批准成立了内蒙古法学会《保险法》研究会,有会员72人,其中保险界44人,大多具有法学高等教育背景；法律界28人，由法官、警官、律师、学者组成。2010年12月3日的成立大会上，选举产生了会长、副会长、常务理事，秘书长由内蒙古保险学会秘书长兼任，日常工作由内蒙古保险学会具体组织开展，由此搭建了保险与司法的沟通桥梁。多次召开保险专家和法律专家研讨会，深入研究《保险法》实施中的若干实际问题，印制《新<保险法>实施中若干问题研讨文集》。选择了24个近三年内蒙古保险业涉及的典型诉讼案件，邀请5名有金融保险诉讼经验的内蒙古知名律师进行点评，印制《内蒙古保险诉讼典型案例评析》。每个案例均由案情、判决书和评析三部分组成，客观地展现了投保人、被保险人、受益人和保险人之间的业务过程和法律关系，基本涵盖了当时保险市场上的主要保险业务。涉及保险纠纷和诉讼的方方面面，具有广泛的代表性。因为就是自己身边的案例，可以从以往的保险诉讼判例中吸取一些经验教训，从而为保险公司、保险从业人员及相关法律工作者提供一些有益参考。参加内蒙古高级人民法院财产保险司法实践有关问题座谈会，内蒙古保险学会选定两位专家在座谈会上发言。由于《保险法》研究会工作做得比较出色，于2013年8月在内蒙古自治区法学会召开的专业法学研究会工作会议上介绍了经验，《内蒙古法学研究》2013年第4期以"推进保险法研究会常态工作，架起保险与法律的桥梁"为题介绍了经验。2014年4月25日，在召开的内蒙古法学会《保险法》研究会常务理事会会议上，时任内蒙古保监局局长智鹏飞、内蒙古法学会常务副会长王辉，对《保险法》研究会的工作给予了高度评价和充分肯定。

（二）开展保险热点问题专家媒体面对面活动

针对媒体环境问题，从2013年开始，内蒙古保险学会开展了保险热点问题专家媒体面对面活动。其宗旨是站在经济社会全局看保险，回答保险消费者关注的热点问题，答疑解惑；向公众普及保险知识，增强公众的风险意识和运用保险转移风险的能力；系统地、深刻地、通俗地宣传保险，促进内蒙古保险业科学发展。每次活动均邀请专家和媒体记者共同参加，面对面活动采取沙龙式讨论形式，不拘一格，自由发言，互相插话，达到了专家互相撞击思想、深入研讨问题，媒体记者与专家互动交流、深入理解保险的良好效果。保险学会提前准备好热点话题的背景资料，分别发给与会者做一些思考。此活动先后举办了4次。

第一次是2013年4月27日，讨论并发布了《保险热点问题专家媒体面对面研讨活动方案》，拟定了需研究的保险热点问题。参加的专家有内蒙古保监局办公室主任王罡，中国人保财险内蒙古分公司总经理李雪松，中国大地财险内蒙古分公司总经理刘亚杰，中国平安财险内蒙古分公司副总经理霍金生，中国人寿内蒙古分公司副总经理周玉清，新华人寿内蒙古分公司副总经理海鹰，泰康人寿内蒙古分公司总经理王蛟，信达财险内蒙古分公司副总经理程利忠，中国人寿财险内蒙古分公司副总经理赵鹏，内蒙古保监局办公室赵国新，内蒙古保险行业协会宣传信息部主任隋建军，内蒙古保险行业协会人身险部副主任秦福弟。参加的媒体记者有人民日报《环球人物》内蒙古记者站站长贺文忠，《北方新报》记者郭鹏飞，《内蒙古商报》记者李茂林，《内蒙古晨报》记者赵建慧，《呼和浩特晚报》记者任翔，内蒙古人民广播电台财经主持人刘丹，呼和浩特人民广播电台财经主持人林琳，正北方网运营部主任陈超。内蒙古保险学会副会长、秘书长马庆和主持面对面活动。

第二次是2013年5月28日，以"机动车辆保险"为题举办了专家媒体面对面研讨。应邀参加的专家包括内蒙古高级人民法院正厅级审判员、原呼和浩特市法院院长、内蒙古《保险法》研究会高级顾问李宪法，内蒙古公安交警总队执法监督支队支队长、内蒙古《保险法》研究会常务理事王葆元，内蒙古保监局财产险监管处处长卢晓辉，内蒙古保监局稽查处主持副处长周桂贤，中华联合财险内蒙古分公司副总经理张广林，阳光财险内蒙古分公司总经理助理杨文广，内蒙古财经大学保险系教师丁宁。参加的媒体有新华社内蒙古分社处长李泽兵，《北方新报》记者郭鹏飞，内蒙古人民广播电台交通之声主持人齐航，《呼和浩特晚报》记者任翔。内蒙古保险行业协会宣传信息部主任隋建军列席研讨。内蒙古保险学会副会长、秘书长马庆和主持研讨。

第三次是2013年10月29日,以"人身保险销售误导综合治理"为题举办了专家媒体面对面研讨活动。参加面对面研讨活动的专家有内蒙古律师协会会长、爱德律师事务所主任律师巴布,内蒙古财经大学保险系主任、教授李杰,内蒙古保监局人身险监管处处长李卫红,中国人寿内蒙古分公司副总经理高丰河,人保寿险内蒙古分公司主持副总经理孙龙。参加的媒体有《内蒙古日报》记者红艳,《北方新报》记者郭鹏飞,《内蒙古商报》记者李茂林,内蒙古新闻网财经频道主编白帆,《内蒙古保险》执行主编隋建军。内蒙古保险学会副会长、秘书长马庆和主持了面对面研讨活动。

第四次是2014年4月11日,举办了反保险欺诈专家媒体面对面研讨会。特邀专家有内蒙古公安厅经侦总队副总队长、内蒙古法学会《保险法》研究会副会长陈俊波;内蒙古公安厅经侦总队协调办主任、内蒙古法学会《保险法》研究会常务理事闫春生;内蒙古公安厅经侦总队情报处处长、内蒙古法学会《保险法》研究会常务理事刘杨;内蒙古保监局稽查处主持工作副处长周桂贤;稽查处科长娜仁图雅;中国人保财险内蒙古分公司高级业务经理贾国威;中国人保财险呼和浩特分公司副总经理何睿刚;新华人寿内蒙古分公司风险控制部主任宋瑞强。特邀媒体有内蒙古电视台新闻综合频道副总监白廷旭,内蒙古广播电台新闻中心午后节目部主任、主持人刘丹,《内蒙古日报》记者红艳,《内蒙古法制报》专题部主任郭星宇。会议由内蒙古保险学会副会长、秘书长马庆和主持。

面对面研讨活动发起的初衷是,随着保险业的快速发展,相关的消费者越来越多,社会关注度越来越高,保险热点问题也随之增多,内蒙古保险学会就是要发挥人才集聚的作用,让社会正确认知保险、理解保险、宣传保险、使用保险。

(三)在《内蒙古商报》开办"保险给说法"栏目

在《内蒙古商报》上以内蒙古保险学会名义开办"保险给说法"栏目,每周四登载2个内蒙古保险理赔典型案例,一个财产险,一个人身险。案例内容包括公司产品名称、基本案情、理赔结果、理算依据等,向社会传递保险正能量,让广大公众深入了解保险互助、转移风险的好处和保险业为经济社会发展所做的贡献,从而提高内蒙古保险学会和保险业的社会影响力。为此,内蒙古保险学会给各保险公司印发了《关于报送保险理赔典型案例解读稿件的通知》和《关于阅览保险理赔典型案例的通知》,学会秘书处随时编辑整理公司报送保险理赔典型案例,为《内蒙古商报》供稿,收到了良好的社会效果。

(四)成功举办内蒙古农业保险论坛

2015年9月24日,内蒙古农业保险论坛在呼和浩特市成功举办。论坛以"内蒙古农业保险前期成效与今后创新发展"为主题,上午由政府监管部门、主管部门领导、专家学者和经办农险业务的公司负责人进行主题演讲,下午自由研讨发言,互动交流。此次论坛被列为第一届内蒙古自治区社会科学学术活动月项目。内蒙古社科联副巡视员乌兰、信息部部长杨亮莅临座谈会指导。此次论坛得到了内蒙古保监局的大力支持,党委书记、局长余利民做主题演讲,还特别邀请到了中国保监会财产险监管部副主任何浩光临座谈会做主题演讲。内蒙古自治区农牧厅作为农业保险的政府主管部门,有两位副处长到会并进行主题演讲。内蒙古农业大学教授赵元凤作为连续3年进行《内蒙古农业保险绩效评估》的牵头学者和2014年教育部派出的访问学者,在美国研究了1年的农业保险,在此次论坛会上以"美国农业保险制度介绍及比较"为题做了演讲。最早经办内蒙古农险业务的人保财险、安华农险、中华联合财险公司分别做了主题演讲。

参加论坛的有22家财产险公司内蒙古分公司的总经理以及6家经办内蒙古农业保险公司的主管副总经理、部门经理及相关工作人员(包括自治区分公司、呼和浩特市分中支公司、呼和浩特市地区旗县支公司从事农险工作的全体人员),此外还有内蒙古农业大学7名研究生和安华农险总公司特派出的两位部门总经理参加,共90多人参加了论坛。

三、开展调查研究

针对保险营销员及其管理体制的突出问题是内蒙古保险学会的主要课题,内蒙古保险学会于2011年进行了大型调查研究。多角度、多层面精心设计了保险营销员调查研究问卷和保险营销员管理体制改革调查研究题目,经过内蒙古保险学会学术委员会讨论审议,保证了调查研究问卷和题目的系统性、严谨性。学会工作人员直接到保险营销员队伍中发放保险营销员调查研究问卷、讲解问卷、收回问卷,对管理体制改革调查研究题目也是直接发放到各保险公司有关负责人,采取问答式方式填写后收回,保证了信息的真实性和可靠性。之后聘请有关专家学者通过对1000多份问卷(每份问卷有60多个小项)逐卷逐项进行认真录入,采用比较分析法、因素分析法等进行分析整理,撰写出《内蒙古呼和浩特市保险营销员调研报告》,经过反复认真修改,保证了报告的科学性和客观性。

此调研报告得到了保险监管、保险公司以及有关专家学者等多方面的认可和使用,被收录到《中国保险学会学术年会入选文集》(经济出版社出版),荣获中国保险学会第五届保险优秀研究成果评选调研报告类三等奖。撰写的《内蒙古保险营销员管理体制改革调查研究报告》发表在中国保险学会主办的《保险研究》(实践与探索)2012年第1期上。秘书长马庆和撰写的文章《保险营销员体制改革应朝着"三个有利于"方向发展》发表在2011年6月1日的《中国保险报》上。

四、加强研讨活动

主要是对两类问题开展研讨活动。第一类是围绕保险大局大事开展研讨。

2006年,在《国务院关于保险业改革发展的若干意见》发布之际召开学术研讨会。与会的自治区保险业和大专院校专家、学者就《国务院关于保险业改革发展若干意见》的重大意义和作用、保险业如何学习贯彻"若干意见"以及我国保险业偿付能力现状及解决对策、构建保险税收优惠政策体系营造保险业发展的良好环境等做了发言。

2010年,在新《保险法》实施一周年之际,举办了专题研讨会,保险公司和法律界人士共100多人参加,有业内外熟悉保险法律的实际工作者和法学工作者20多人发言交流,收到了很好效果,起到了深入研究《保险法》实施中的实际问题、搭建保险与司法沟通桥梁的作用。由于保险案件专业性很强,各地法院在裁判尺度把握上差异较大,内蒙古保监局协调内蒙古高级人民法院拟出台一份关于审理财产保险案件若干问题的规范性文件。内蒙古保险学会组织《保险法》研究会部分成员对该文件征求意见稿进行了讨论,并书面提出了一些修改意见,得到了内蒙古高级人民法院和内蒙古保监局的认可。针对兴安盟多家人身险公司被欺诈骗保的问题,内蒙古保险学会和《保险法》研究会邀请内蒙古高院正处级审判员赵也夫、内蒙古善建律师事务所主任律师李鹏以及自治区6家保险公司的相关负责人进行分析研讨,提出了有效的应对措施,使此案成功告破,涉案金额290多万元。针对媒体曾关注的车险"无责免赔""高保底赔"等问题,组织专家学者进行研讨,为内蒙古保监局撰写有关调研报告提供了参考。就内蒙古人身险业综合治理销售误导效果评价指标体系组织业内外有关专家进行了研讨,对于出台相关文件发挥了重要作用。召开了内蒙古保险文化建设专家学者研讨会,与会专家学者各抒己见、畅所欲言,对保险行业文化以及其核心价值理念有了深刻的理解和感悟。在《农业保险条例》颁布之际,分别组织人保财险、中华财险、安华农险相关部门负责人和内蒙古农业大学农险绩效评估小组5名学者召开座谈会,就《农业保险条例》中的疑难问题进行了研究探讨。

第二类是针对具体业务需求进行的研讨。例如,针对保险公司与保险行业定点医院合作的研讨，针对保险公司与伤残鉴定机构合作的研讨，针对车险轻微道路交通事故快处快赔，针对公司、交警、理赔中心三方的研讨，针对寿险公司与代理保险业务银行的研讨，针对代理手续费自律与行业统一结算的研讨，针对保险可疑客户信息交流的研讨，针对销售从业人员流动自律和管理的研讨，针对人身险公司后援服务的研讨，针对保险消费者满意度现场测评的研讨，针对人身险公司理赔服务标准的研讨，等等。

2015年5月7日，内蒙古保险学会组织平安财险、大地财险、太平洋财险法律合规负责人各带一个审判不公的典型诉讼案例在内蒙古法学会法律论证评估中心，邀请内蒙古知名的法学家进行研讨论证，双方均收获颇多。此项工作是针对近年来保险诉讼案件增多，对于一些判决保险公司存有很大异议，认为审判不公，又无力解决问题的实际情况进行的。内蒙古保险学会发出通知，要求公司报送近年来异议较大的保险诉讼审判案件，内容包括详细案情、相关证据和判决书全文，并写明公司的异议意见和申诉情况。内蒙古法学会《保险法》研究会筛选出8个典型案件提交给法官、律师、学者进行会诊把脉，从中进一步筛选出3个，开展了上述活动。

2015年7月24日，内蒙古保险学会组织举办银邮代理寿险业务研讨会。各银行邮政代理渠道相关部门负责人和各人身险内蒙古分公司银邮代理寿险业务部门经理参加研讨。研讨主题是银代寿险突出问题及解决办法。经过研讨，归结起来的突出问题包括大账手续费率较高、小账手续费照给、销售误导不少、客户投诉较多。提出的解决办法主要是银保双方要畅通信息，相互配合。对于集中性的问题，如保险产品满期给付问题，在保险产品到期前，保险公司应提前短信告知提醒客户，银保双方简化办理流程，提高给付时效，以避免给付高峰给客户带来不便，引起客户不满。对于日常性的问题，如银行邮政代理保险网点遇有客户投诉，应以良好的服务态度耐心解释，及时联系保险公司，避免矛盾升级和媒体的负面报道。如解释不通，可以让客户直接拨打全国保险投诉咨询热线12378，还可以拨打内蒙古保险行业协会咨询投诉电话6902101。如问题紧急，一时联系不到保险公司人员，网点工作人员可以直接拨打内蒙古保险行业协会咨询投诉电话，由协会有关部门协调公司及时解决问题。

2015年11月20日，由内蒙古保险学会主办、中国大地保险内蒙古分公司承办，召开了诉讼财产保全责任险研讨会。研讨会重点邀请了呼和浩特市中级人民法院和各旗县区人民法院相关领导参加，中国大地财险内蒙古分公司、呼和浩特中心支公司、旗县区支公司的领导和相关部门负责人均参加了研讨会。通过研讨，大家达成了共识，即诉讼财产保全责任险是一款于申请诉讼财产保全者、人民法院和保险公司"三赢"的产品。诉讼保全引入保险机制，既能赔付被申请人损失，又能避免申请人财产损失，同时还可以帮助法院有效地控制风险。在解决诉讼人和法院的共同难题的同时，保险公司还开拓了新业务。研讨会还就一些细节问题，法院和保险双方进行了对话。

2015年11月25日，内蒙古保险学会召集部分保险行业定点医院的医务和医保部门领导，就内蒙古保险行业定点医院医疗查勘理赔人员的管理问题进行了专题研讨，达成了几点共识。

一是各保险公司去行业定点医院调取病历查勘理赔时应同时出示内蒙古保险行业医务管理委员会颁发的内蒙古保险行业定点医院查勘理赔医务专员证、本人身份证和公司介绍信。二是医务专员在行业定点医院调查工作期间，遇到与功能科室对接有障碍时，要及时联系定点医院的医务或医保部门负责人协调解决，切忌与医生直接发生争执，影响双方工作。三是鉴于前期发放的保险行业医务专员证收回比较困难，查勘理赔人员调岗离司人员较多，议定重新办理内蒙古保险行业定点医院查勘理赔医务专员证。新证办理和年审时，报名表和年审表中须由保险公司相关部门领导盖章签字。内蒙古保险行业定点医院自2007年初启动以来，经过两个行业的共同努力，基本实现了合作共赢的良好局面。2015年对定点医院考核结束后，内蒙古保险学会常务副会长兼秘书长带队，走访了呼和浩特市地区保险行业各家定点医院，充分交流了情况，反馈了各保险公司的意见和建议，同时听取了各定点医院的意见和建议。随后，召开了此次专题研讨会。

2015年12月3日，内蒙古保险学会和内蒙古法学会《保险法》研究会召开"反保险欺诈"研讨会。参加研讨会的专家学者有内蒙古法学会、内蒙古公安厅经侦总队、交警总队、呼和浩特市交警支队相关部门负责人和律师，内蒙古保险行业协会和太平洋人寿、人保寿险、泰康人寿内蒙古分公司相关专业人士。研讨会主要就降某某2015年8月11—17日集中在人民寿险、太平洋人寿、泰康人寿投保意外伤害保险，保险金额达600多万元，并于8月29日晚独自驾驶小轿车与大货车迎面相撞，当场死亡，疑似骗保一案进行分析。通过分析研讨，各方达成了一定共识，对疑难问题拟逐级报请公安部请求答案。

五　强化讲座活动

积极组织保险从业人员参加内蒙古党委宣传部和内蒙古社科联联合主办的《北疆讲坛》，并设立了保险专场。中国海洋大学保险法研究中心主任、教授任以顺就保险合同单证的法律效力进行讲座；首都经贸大学教授、全国著名农业保险专家庹国柱就《农业保险条例》若干问题进行讲座；中国保险学会会长罗忠敏就保险业可持续发展问题进行讲座；内蒙古社科院首席研究员潘照东就内蒙古经济发展与展望进行讲座；内蒙古保监局局长、内蒙古保险学会会长毋育生就加快转变保险业发展方式讲座；中国国学研究会研究员宝音满达胡就草原文化进行讲座；内蒙古律师协会会长、一级律师巴布以《保险合同的签订与证据保全的策略》（反败为胜攻略）为题进行讲座；内蒙古红色思想应用研究学者刘波以《红色思想与团队建设》为题进行讲座；内蒙古直属工委党校教务长、教授裴聚斌做了《坚定信仰，努力工作》》的讲座；内蒙古保险学会副会长兼秘书长马庆和做了"理财之道"的讲座。

2012年世界哲学日，组织保险从业人员参加了内蒙古艺术学院副院长、著名美学教授宋生贵的"美丽中国"讲座。2013年世界读书日，组织保险从业人员参加了内蒙古知名作家、评论家李悦的"互联网时代与传统阅读"讲座。2014年，组织保险从业人员参加了内蒙古图书馆邀请上海电视大学教授鲍鹏山"孟子：人格人性与道德"的讲座。

2015年4月10日，举办了以"国家治理体系和治理能力现代化及其深远影响"为题的讲座。主讲人马庆和从中国历史夏商周王朝时代和秦至清皇朝时代所走过的国家治理路子，分析了朝代不断更替的历史原因。实现国家治理体系和治理能力现代化，要紧的是全面深化改革，关键的是全面从严治党、全面依法治国。他认为，实现国家治理体系和治理能力现代化，将会使我们国家发生一系列根本性、全局性的变化，这种变化将会给我们整个社会、我们每个单位、每个家庭、每个人都会带来一系列重大而深远的影响，包括我们的思维方式、工作方式和生活方式。

2015年6月5日，举办了以"提升我们的学习力"为题的讲座。主讲人内蒙古自治区社会科学界联合会副主席胡益华从全面把握提升我们学习力的深刻内涵，深刻认识提升我们学习力的根本动因，努力探索提升我们学习力的有效途径三个方面，系统、深刻、生动地讲述了学习力是个体和团体学习的动力、学习的毅力和学习的能力的综合体现。他认为，学习力是个体和团体的核心竞争力，人的思维能力、工作能力、生活能力均源于学习力，学习力可以超越于年龄、学历和身份的限制。保险业已经进入了一个全新的时代，要把全新的保险事业干好，从而得到国家和社会的高度认可，并做出应有的贡献，必须提升广大保险从业人员，特别是保险中高级管理人员的学习力。

2015年8月7日，举办了以"群众路线与三严三实"为题的讲座。主讲人内蒙古直属机关工委党校教务长裴聚斌认为，中国共产党是经过艰苦卓绝的奋斗，从群众中走出来的执政党。中国共产党最大的风险就是脱离群众，"三严三实"专题教育就是解决密切联系群众的问题。他将国事、家事、人生事融为一体，进行了生动深刻的阐释，使人深受教育和启迪。他认为，保险是"一人为众，众为一人"的群众性很强的事业，又是严谨务实的专业性很强的事业。保险事业的本质要求与中国共产党开展的群众路线教育实践活动和"三严三实"专题教育活动是完全契合的。内蒙古保险学会安排这样的讲座，使保险从业人员能够把握党和国家大局看保险、做保险，值得推广。

2015年10月29日，由内蒙古自治区社会科学界联合会主办、内蒙古保险学会承办了以"保险与国家治理现代化"为题的大型学术报告会。邀请全国著名金融保险学者做学术报告。报告会的主题是深入贯彻落实党的十八大，十八届三中、四中全会精神，进一步学习贯彻落实《国务院关于加快发展现代保险服务业的若干意见》和《内蒙古自治区人民政府关于加快发展现代保险服务业的实施意见》，加快发展自治区现代保险服务业，完善现代金融体系，使保险在推动国家治理体系和治理能力现代化中发挥积极作用。中国保监会内蒙古监管局副局长盛晔及各处处长作为指导单位聆听了报告。内蒙古自治区社会科学界联合会副巡视员乌兰、社团管理与社科评奖部部长张贵有、内蒙古保险学会会长李雪松、常务副会长兼秘书长马庆和作为主办单位负责人聆听了报告。内蒙古自治区保险行业协会、各保险内蒙古分公司、各商业银行内蒙古分行、内蒙古邮政保险代理公司、呼和浩特市各保险中心支公司等机构的部分领导和干部以及内蒙古财经大学金融学院保险系、内蒙古农业大学经济管理学院等高校师生，总计400多人聆听了报告会。

六、融入社会活动

内蒙古保险学会每年都会组织保险从业人员参加内蒙古党委宣传部和内

蒙古社科联举办的"社会科学普及周"活动。在内蒙古社会科学联合会主办的《内蒙古社会科学动态》社科普及专栏,经常发表内蒙古保险学会秘书长马庆和关于保险、金融、经济、社会方面的通俗谈文章,其"理财之道"讲座稿已被收录到内蒙古党委宣传部和内蒙古社科联组织出版发行的《北疆讲坛演讲集(2013年卷)》里。

受呼和浩特市广播电台之邀,内蒙古保险学会从2013年开始,每周一上午9点35分至10点在新闻频率就经济金融保险的热点问题进行财经评论连线。受内蒙古人民广播电台聘请,马庆和作为特约评论员,经常就社会和财经热点问题进行评论。被评为全国百强报刊之一的《北方新报》也连续登载了马庆和的金融保险系列通俗谈。

2014年马庆和被聘为中共内蒙古自治区直属工委党校客座教授后,至2015年末分别为直属工委党校机关党委书记培训班、党支部书记培训班和自治区党委农牧办、内蒙古安监局、内蒙古信访局、内蒙古调查总队、内蒙古科协、内蒙古妇联、内蒙古文联做过《国家治理体系和治理能力现代化及其深远影响》《管党治党的六个关键》《全面从严治党和全面深化改革》的讲座。

《国务院关于加快发展现代保险服务业的若干意见》出台后,按照内蒙古保监局部署,内蒙古保险学会认真参加内蒙古保监局组织的学习讨论和发言交流;利用内蒙古党委宣传部和社科联《北疆讲坛》,面对社会公众举办了"保险与百姓生活"的讲座活动,250多人参加讲座。

以上活动,客观上提升了保险业的形象和社会影响力。

七、开展保险优秀研究成果评选活动

2008年下半年,内蒙古保险学会在全区开展了学习、实践科学发展观征文活动,得到了全行业各单位的积极响应,报送了近百篇文章。通过严谨的评选工作，评选出特等奖3篇、一等奖7篇、二等奖8篇、三等奖25篇和单位组织奖4个。印制了《内蒙古保险业学习实践科学发展观征文活动获奖文章汇编》，供各单位学习参考，受到内蒙古保监局的肯定和表扬。

按照《内蒙古保险学会优秀研究成果评选办法》，设定一、二、三等奖和优秀奖，发文件、颁证书、发奖金、出文集，使保险优秀研究成果评选常态化，调动了业内外保险研究人员的积极性，促进了保险普及性研究。首届内蒙古保险学会保险优秀研究成果评选活动于2011年举办，有49篇文章参加评选，评选出一等奖2篇、二等奖3篇、三等奖4篇、优秀奖5篇。2013年开展了第二届优秀研究成果及销售误导理赔难征文评选，有保险研究成果91篇和治理销售误导、理赔难征文51篇参加评选，产生了2个单位优秀组织奖、20名优秀研究成果奖和11名征文奖。2015年开展第三届保险优秀研究成果评选活动，有126篇论文和调研报告入选，20篇研究成果获奖，其中一等奖2篇、二等奖4篇、三等奖6篇、优秀奖8篇。每届评奖均召开表彰大会对获奖人员进行表彰，颁发证书和奖金，赠送获奖文集。

参评研究成果均经过学会秘书处初选编辑，将文章隐去姓名和单位后，提交学术委员会各委员打分评定。学会向各学术委员印发《关于内蒙古保险学会优秀研究成果评选说明》，明确等级名额设置和评选打分标准。经各学术委员认真打分评选，秘书处对打分情况进行整理，按得票多少进行排序。汇总后召开学术委员会会议集体研究通过，最后提交会长审定签字确认。之所以要经过如此严格的程序产生内蒙古保险学会优秀研究成果，目的就是要使内蒙古保险学会的评奖具有公信力，形成影响力，从而促进内蒙古保险从业人员，特别是一定层次的经营管理人员，注重站在一定的高度分析、研究和解决实际工作中的热点、重点、难点问题，增强理论修养，更多的撰写研究文章，用于指导工作实践，把内蒙古的保险事业做得更好，为内蒙古经济社会发展做出应有的贡献。

分别印制了《内蒙古保险学会首届优秀研究成果文集》《内蒙古保险学

会第二届优秀研究成果文集》《内蒙古保险学会第三届优秀研究成果获奖文集》，赠阅至中国保监会内蒙古监管局领导、各处室监管干部及自治区有关单位、各保险内蒙古分公司总经理室成员及部门经理、各盟市中支公司总经理室成员及部门经理、内蒙古保险学会和保险法研究会个人会员、自治区和各盟市保险行业协会秘书处，发送给中国保险学会、各省市保险学会进行交流。

八、组织产学研活动

为促进内蒙古保险业经营管理水平和理论研究能力的提升，走出一条理论与实践相结合的路子，使保险实务工作者不断提高理论素养，把保险做得更有层次、更有水平，使理论工作者有更多机会接触保险实践，使理论研究更接地气、更能用于指导实践，2014年4月22日和5月15日，内蒙古保险学会、百年人寿内蒙古分公司、太平洋产险内蒙古分公司与内蒙古财经大学举办了两次产学研合作试点讨论会。经过充分的讨论，在以下几个方面确定了初步合作意向：百年人寿和太平洋产险内蒙古分公司将依托内蒙古财经大学保险系在教育、科研领域的优势，开展保险课题研究、短期培训和进行岗位等级评定方面的工作；内蒙古财经大学保险系将借助百年人寿和太平洋产险内蒙古分公司在经营管理、业务拓展方面具有实战经验的优势，将公司作为学生实习基地、教师科研基地，同时对内蒙古财经大学保险系的毕业生进行就业指导和实际工作能力的训练提升。

2014年7月上旬，在全国保险公众宣传日期间，产学研三方分、东西两片分别到赤峰、通辽、包头、巴彦淖尔进行社区、农村公众保险认知度调查研究，填写调查问卷500多份，由内蒙古财经大学撰写调查研究报告。同时，在4个盟市举办"保险公众大讲堂"活动，反响很大，效果很好。一是大讲堂人员参加踊跃，四地分别都有200多人参加。二是相关领导重视，当地政府金融办主任全程听讲，保险行业协会会长、副会长、秘书长全程听讲。三是听得认真，一个半小时的宣讲，场面均十分安静。四是媒体重视，当地主要媒体均派出记者聆听、采访和报道。五是公众保险认知度和保险需求调查获得成功。调查采取随机形式，即在选定社区和农村随机选取过往行人，不分性别、年龄、职业、文化等，征得同意后，由采集人员提问并根据回答对15个问题进行逐一填写，保证了调查问卷的真实完整。四地共填写问卷500多份，经过内蒙古财经大学保险系对调查问卷进行电脑录入、分析，完成调查研究报告的撰写。

九、成功编纂印制《内蒙古保险志（2001—2010）》

《内蒙古保险志（2001—2010）》历时3年，于2015年6月末完成。《内蒙古保险志（2001—2010）》记述了2001—2010年内蒙古各保险机构沿革、从业人员队伍建设、业务发展、经营管理、服务客户及社会等方面的情况，达到了存史、资政、育人的目的。

《内蒙古保险志（2001—2010）》是由各编纂单位分别编写组稿、内蒙古保险学会统稿编纂、保险业界首次单独编纂印制的志书。全书有100多万字，涉及32家编纂单位。2012年6月，内蒙古保险学会在内蒙古保监局的支持下，召集各保险志编纂单位负责人会议，启动了《内蒙古保险志（2001—2010）》的编纂工作。同年12月，内蒙古保险学会再一次召集各单位保险志撰稿负责人会议，通报了各编纂单位的进展情况。

编纂保险史志是一项系统工程，也是一项精细工作，做起来比较艰辛。由于不少编纂单位相关人员的更替比较频繁、信息系统升级换代等，致使本志书的编修工作困难较大。组织初稿很难，修改定稿更难，都得几经修改、几易其稿，实属来之不易。

第五章

内蒙古保险监管工作

第一节　保险机构监管

一、保险公司监管

（一）制度建设

2000年1月，中国保监会颁布《保险公司管理规定》（保监发〔2000〕2号），对保险公司分支机构的设立原则、设立条件、许可期限、变更事项等首次进行了规定。

2004年5月，中国保监会发布《保险公司管理规定》（保监会令〔2004〕3号）。中国保监会于2000年1月3日发布的《保险公司管理规定》（保监发〔2000〕2号）以及于2002年3月15日发布的《关于修改〈保险公司管理规定〉有关条文的决定》（保监会令〔2002〕3号）同时废止。

2007年7月，保监会下发《关于修改〈中国保险监督管理委员会行政许可事项实施规程〉有关内容的通知》。

2009年2月，为加强辖区保险机构和高级管理人员管理，促进保险机构健康有序发展，严格高管人员任职资格审查，规范行政许可申请，内蒙古保监局特制定《内蒙古保监局保险机构及高管人员管理指引》（内保监发〔2009〕13号）。

2009年9月，中国保监会再次发布了《保险公司管理规定》（保监会令

〔2009〕1号〉，2004年5月13日发布的《保险公司管理规定》（保监会令〔2004〕3号）同时废止。

2010年6月，保监会下发《关于明确保险公司分支机构管理有关问题的通知》（保监发〔2010〕49号），对营销服务部监管、省级分公司审批、分支机构改建、重大行政处罚进行了明确规定。

2010年6月，内蒙古保监局根据中国保监会一系列新规定，重新制定《内蒙古保监局保险机构和高级管理人员管理实施细则》（内保监发〔2010〕13号）。2014年，该细则废止。

（二）行政机制建设

1.完善行政许可机制

2001—2005年，内蒙古辖区保险公司分支机构的设立屈指可数，保监办完全协助中国保监会进行行政审批工作。2004年，国务院批准中国保监会在各省、自治区、直辖市和计划单列市设立监管局，各地保监办自2004年2月6日统一更名为保监局，内设机构和人员编制进一步得到充实。同年，内蒙古保监局内设人身保险监管处、财产保险监管处、中介监管处。2005—2008年，根据《中国保监会行政许可事项实施规程》（2005年修订所涉保监局行政许可事项），专业处室负责对省级分公司以下分支机构设立进行核准。随着2006—2008年市场主体的不断增多，行政许可工作量越来越大。内蒙古保监局成立法制处，将行政许可工作纳入法制处工作职责。

第一，实行行政许可集中化管理。2008年8月以来，内蒙古保监局进一步整合监管资源，强化业务处室现场监管和非现场监管工作职能，将行政许可工作集中到法制处行政审批大厅办理。

第二，制定并执行保险机构发展规划。2007年，为有效控制机构发展，按照总量控制、合理布局、服务"三农"、健全网络的监管理念，先行探索建立财产保险公司分支机构设立规划。2008年，在分析市场机构数量、市场秩序、经营状况、发展潜力、人才储备等相关因素的基础上,建立全辖保险公司分支机构设立规划,不断调整保险机构铺设区域结构。在机构准入中严格按照规划批设机构,坚持从严审批、保证质量、加强管控、稳步发展的机构审批原则,确保机构合理布局和健康、有序发展。

2.规范行政审批流程,提升工作效率和服务水平

第一,不断完善行政审批内部工作规程。制定《行政许可及非行政许可事项内部工作规程》(内保监发〔2008〕109号)、《关于调整完善行政许可内部工作规程的通知》(内保监发〔2009〕70号),明确职责分工和审批程序。行政审批大厅受理公司申报材料,对材料严格审核,专业处室出具审批意见,审批大厅根据专业处室意见进行核准,加强各处室间的分工与合作,进一步完善监管权力制约机制,整合监管资源,形成相互制约的监管机制,建立科学监管模式。

第二,建立健全行政许可委员会机制。为保证行政许可工作的高效有序开展,根据《关于成立行政许可工作委员会、稽查工作委员会和非现场监管工作委员会的通知》(内保监发〔2009〕5号)要求,保监局成立了行政许可委员会。制定《行政许可委员会工作规程》(内保监办发〔2010〕28号),下发《关于进一步明确行政许可委员会工作职责的通知》(内保监办发〔2010〕40号),明确了行政许可委员会的职责和工作程序,定期听取有关部门行政许可工作汇报,指导建立健全保险机构设立、变更、终止等市场准入和退出标准体系。行政许可委员会定时召开会议,重大行政许可事项由委员会集体讨论,实现了行政许可重大事项的民主决策,做到了合法、透明和公平公正。

第三,规范行政许可审批流程。2009年以来,采用网络技术、办公自动化等现代化的手段,充分利用公文处理平台,行政许可工作流程全部实现无纸化审批。利用保险机构和高管人员管理系统建立完整的保险公司分支机构和高级管理人员电子档案。同时,不断规范行政许可审批流程,明确行政许可补正、

受理、审批法律文书规范化。行政许可申报审批自动化的应用实现了审批流程的制度化、程序化、高效化和透明化，提高了行政许可管理水平，保证了许可工作高效运行。

3.完善工作机制，强化机构监管

第一，规范保险公司分支机构开业标准。统一财产保险公司分支机构申请开业标准，从职场建设、内部机构设置、从业人员配备、内部管理制度、员工培训情况、筹建行为合规性、拟任高管人员任职资格条件、统计与信息化建设等方面明确开业应达到的条件。中心支公司以上机构开业的，行政许可审批部门会同专业监管部门、统计信息化监管部门联合进行现场开业验收。旗县级以下机构开业实行非现场验收，必要时委托保险行业协会实地验证。

第二，建立分支机构持续监管机制。建立健全保险公司分支机构电子档案管理，将行政许可与行政处罚、分类监管、风险监测、风险管控有机结合。贯彻偿付能力监管的有关要求，对存在偿付能力不足问题的保险公司，严格执行保监会采取的停止审批分支机构等监管措施，确保监管措施在分支机构层面得到贯彻落实。

第三，完善市场退出方式和程序。在健全的准入和退出机制下，保险公司分支机构的解散、破产、撤销等市场退出行为对市场运行的冲击较低。保险监管部门对保险公司分支机构市场退出方式采取强制退出和自愿退出相结合的原则。

4.加大审核力度，严把高管质量关

第一，知识测试成为高级管理人员任职的第一关。在高管任职考试中扩展考试知识内容，增加金融知识、宏观经济形势、新监管政策等方面的内容。编发《内蒙古自治区保险公司高级管理人员培训、任职资格考试大纲及参考资料》，方便参加知识测试的拟任高级管理人员备考。定期举办高级管理人员任前考试，严格考场纪律，提高高管人员素质，严把高级管理人员准入第一道关口。

第二，严格高级管理人员任前考察。摒弃书面考察的单一监管手段，对拟任中心支公司层级以上高级管理人员开展任前谈话。制定高级管理人员任前考察办法，分别由相关业务监管处室负责人、法制处负责人和局领导进行谈话，确保拟任高管对各项监管政策提高认识、准确掌握。

第三，强化申报材料真实性审核。对拟任高级管理人员任职请示材料中的任职经历和学历进行真实性审核。利用学信网对学历真实性进行验证，对跳槽高管人员和异地高管人员进行函调，全面了解拟任高管人员从业经历是否属实。

第四，建立对高管人员履职过程的持续监管机制。完善高管人员信息管理档案库，将高管人员任职期间受监管部门、上级公司以及政法部门的处罚情况，及时记入高管人员信息管理档案库。

（三）积极引进、培育、完善市场主体

1.积极引进市场主体

从2004年开始，内蒙古保监局积极引进市场主体。通过对平安人寿和新华人寿内蒙古分支机构的快速发展专项调研，分析辖区寿险业发展的潜力和空间，将《经济带动监管推动，内蒙古寿险业健康发展》专刊发送至12家寿险法人机构，以扩大和增进对辖区寿险市场的了解和认识。

一是积极创造条件引进寿险公司，促进市场繁荣和竞争。二是合理规划机构布局，健全完善市场体系。支持和鼓励现有保险主体合理铺设机构和服务网点，通过设立中心支公司、支公司、营销服务部，健全保险服务网络，使保险服务遍及全区。三是制定《人身保险机构管理指引》，在其规划引导下，部分寿险公司主动向经济不发达地区延伸机构，增强了市场竞争力。合众人寿分别在锡林郭勒盟、兴安盟设立了分支机构，人保寿险在乌海市设立了中心支公司，打破了3个盟市多年来寿险独家垄断经营的市场格局。

二、中介机构监管

面对专业中介公司不断增多、市场竞争日益加剧的局面，内蒙古保监局牢固树立"寓监管于服务、寓服务于监管"的监管理念，建立健全科学的审批运行机制，严格保险公司市场准入监管和高管人员资格监管，切实提高行政审批效率和服务水平，有效维护了行业发展的良好秩序。

（一）保险专业中介机构及其高管人员的监管

1.保险代理公司

2001—2004年，内蒙古保险专业代理机构的监督管理遵循《保险代理机构管理规定》（保监会令〔2001〕第四号）。《保险代理机构管理规定》规定，保险代理机构可以以合伙企业、有限责任公司或股份有限公司形式设立。对于以合伙企业和有限责任公司形式成立的保险代理机构，注册资本不得低于人民币50万元的实收货币，内蒙古在这一阶段成立的公司都是有限责任公司，因为股份有限公司注册资本需要1000万元。

2004年12月1日，中国保监会颁布《保险代理机构管理规定》（保监会令〔2004〕14号）。2004年12月1日—2009年10月1日，内蒙古保监局均遵循该规定对保险代理公司进行监督管理。

2009年9月25日，中国保监会颁布《保险专业代理机构监管规定》（保监会令〔2009〕5号），规定保险代理公司注册资本不得少于人民币200万元，且为实缴货币资本。以最低限额设立的，可以申请设立3家分支机构。此后，每申请增设一家分支机构，应当至少增加注册资本人民币20万元；注册资本达到人民币2000万元的，设立分支机构可以不再增加注册资本。

高管方面，董事长、执行董事和高管应当具备下列条件：大学专科以上学历；持有资格证书；从事经济工作2年以上；具有履行职责所需的经营管理能力、熟悉保险法律、行政法规及中国保监会的相关规定；诚实守信，品行良好。

变更方面，下列情形，应当自事项发生之日起5日内，书面报告中国保监会：（一）变更名称或者分支机构名称；（二）变更住所或者分支机构营业场所；（三）发起人主要股东变更姓名或者名称；（四）变更主要股东；（五）变更注册资本；（六）股权结构重大变更；（七）修改公司章程；（八）撤销分支机构。

2015年，中国保监会修订了《保险专业代理机构监管规定》。根据《中华人民共和国保险法》及《中国保监会关于取消和调整一批行政审批事项的通知》中关于保险中介机构行政审批事项调整的要求，结合自治区保险中介市场发展实际，不断完善《内蒙古保监局保险专业中介机构行政审批及报告事项申报指引》《内蒙古保监局保险兼业代理行政许可及报告事项申报指引》，取消了4项行政审批项目，精简申报材料，提高办事效率，满足市场主体日益增长的保险需求。

2.保险经纪公司

2002—2004年，执行2001年11月16日颁布、2002年1月1日起施行的《保险经纪公司管理规定》（保监会令〔2001〕第五号）。

2004年12月15日，中国保监会颁布了《保险经纪机构管理规定》（保监会令〔2004〕14号）。2009年9月25日，中国保监会颁布了《保险经纪机构监管规定》（保监会令〔2009〕6号）。2015年，中国保监会对《保险经纪机构监管规定》进行了修订，内蒙古保监局遵循该规定，对保险经纪公司进行监督管理。

3.保险公估公司

根据2015年中国保监会修订的《保险公估机构监管规定》，对辖内的公估公司进行监管。

（二）保险兼业代理机构准入、变更、退出的监管

内蒙古对保险兼业代理机构的管理一直遵循中国保监会《保险兼业代理管理暂行办法》（保监发〔2000〕144号）。《保险兼业代理管理暂行办法》规定，申请保险兼业代理资格应当具备下列条件，并报送相应的证明材料：（一）具有工商行政管理机关合法的营业执照；（二）有同经营主业直接相关的一定规模的保险代理业务来源；（三）有固定的营业场所；（四）具有在其营业场所直接代理保险业务的便利条件。

三、保险社团监管

2001年8月，内蒙古自治区保险行业协会成立。2006年8月，内蒙古保险学会成立。2006—2010年，全区12个盟市先后成立（设立）了盟市保险行业协会（分会）。上述保险社团成立后，积极通过诚信维权、行业自律、交流协调、保险宣传和专兼代理人员资格审定等服务，为内蒙古保险业的发展壮大做了大量的、卓有成效的工作。

从某种角度上，保险社团已成为保监局监管工作的得力助手。总的措施包括：充分发挥保险社团组织的作用，加强沟通协调，推动政策落地；积极推进行业信用体系建设，强化失信惩戒措施；加强新闻舆论引导，开展多层面多形式的行业宣传；不断加强规范化建设，提高内部管理水平；高度重视协会后备干部的培养和选拔，力争达到老中青相结合的人员队伍结构；修订完善内部规章制度和运行规则，建立专职工作人员培训机制，不断提高协会工作水平。

第二节 保险业务监管

一、财产保险业务监管

财产保险市场监管职责为财产保险公司的机构设立、高管任职资格审批和财产保险业务的现场、非现场检查,由机构管理处和稽核检查处按照分工进行监管。2004年6月,内蒙古保监局设立财产保险监管处,统一负责财产保险公司的机构设立、高管任职资格审批和业务的检查工作。2008年3月,随着职能分工的再次调整,财产保险监管处主要负责财产保险市场的现场检查和、现场检查等业务监管工作,财产保险监管更加专业化。

(一)加强公司内控管理

1.推进自治区国有保险公司体制改革

2003年,为理顺机制,做好自治区国有保险公司体制改革工作,内蒙古保监局(原名呼和浩特特派办)打破常规,提高效率,为人保财险内蒙古分公司换发了300余份机构许可证,及时批准公司新设、撤销、更名机构,保证了人保内蒙古分公司及早完成国有保险公司体制改革工作,全区国有保险公司的分支机构完全进入规范化管理的轨道。

2.实施保费批退全额转账制度

制定《关于实施保费批退全额转账制度的通知》,要求财产保险公司自2009年9月1日起,对投保人为非自然人的保险业务(政策性农业保险除外),

在批退理由真实合理的前提下,保费批退资金必须全额以转账方式直接转至投保人同名账户。

3.加强公司有价单证管控

2009年,制定《内蒙古自治区财产保险公司有价单证管理指引(试行)》,明确了季报、半年报制度和责任人制度,同时组织各公司开展深入细致的单证管理自查工作,积极防范和化解财产保险公司单证管理环节的管控风险。2010年下发《关于进一步加强财产保险公司内控管理的通知》,对公司重要单证管理、应收保费管理、费用支出管理及资金支付管理等方面提出明确要求。

4.实施"零现金"制度

自2010年5月起,对全险种赔款(政策性农险除外)、大额费用报销、工资性收入和中介费用等4类资金支付行为实施"零现金"制度,有效规范资金支付行为。

(二)加强车险监管

1.抓服务方面

一是建立实施交强险费率浮动机制。2007年,向保险行业协会下发《关于建立交强险理赔信息平台的指导意见》,指导行业协会下发《关于执行交强险费率浮动有关问题的通知》,指导保险行业协会在全区启用"共享查询系统",实施辖区交强险费率浮动机制,成为全国首批依法实现浮动的地区。

二是建立完善车船税代收代缴制度。2007年与内蒙古自治区地方税务局联合制定下发《内蒙古自治区车船税代收代代缴管理办法》,实施车船税代收代缴制度,为车主提供了便利。

三是积极做好蒙文版交强险条款推广使用。指导行业协会组织蒙文版交强险条款印刷工作,2007年,全区共印制蒙文版交强险条款23530份、蒙文版《机动车交通事故责任强制保险条例》18000份,分送至各盟市投入使用。四是指导内蒙古保险行业协会搭建车险信息平台。车险理赔信息查询数据库于

2009年6月正式上线，既为交强险费率浮动机制提供查询平台，又为行业共享车险理赔信息、提高假骗赔案件识别能力提供了信息共享渠道。2010年7月，车险联合信息平台正式上线，扩大了查询范围。

2.严监管方面

一是规范交强险在我区顺利实施。2006年，随着《交通强制保险条例》的实施，内蒙古保监局制定下发《关于进一步加强机动车交通事故责任强制保险管理的通知》，就加强交强险单证及保险标志管理、条款费率管理、财务核算等8个方面提出了规范要求，明确了监管处罚措施。与自治区公安厅会签《关于明确〈机动车辆交通事故责任强制保险条例〉实施中有关事项的通知》，双方就交强险执行中关于交强险经营资格、交强险异地投保、7月1日前投保商业三者险的车辆注册检验等7个重点问题做了明确规定，确保了交强险在我区的顺利实施。

二是实施车险"见费出单"制度，制定下发《内蒙古保监局关于实施机动车辆保险"见费出单"管理制度的通知》《关于印发机动车辆保险"见费出单"系统改造标准、现场验收规程和实务操作规程的通知》及《关于明确机动车辆保险"见费出单"有关问题的通知》等文件，于2008年12月正式实施车险"见费出单"制度。2010年9月，全区开始实施非车险"见费出单"制度。

三是实施机动车辆保险理赔服务质量测评制度。2009年制定《内蒙古自治区机动车辆保险理赔服务质量测评办法（试行）》，对各公司结案率等理赔服务指标进行了测评，并在行业内通报。2010年通过媒体向社会公开发布了测评数据，大大提高各公司对理赔服务工作的重视程度。

四是不断规范市场秩序。2015年在加大现场检查力度的基础上，针对车险市场存在的突出问题，制定下发了《关于规范财产保险公司车险销售活动中赠送行为的通知》，并召开规范车险市场秩序工作会议，通报车险市场存在的突出问题，明确监管政策，责成各财产险公司全面开展自查自纠，规范车险经营行为。

3.有序推进商业车险改革

按照中国保监会关于商业车险改革的总体安排，全区被纳入第二批商业车险改革试点。

一是加强组织领导，统筹制定改革方案。成立商车改革领导小组和相关工作小组，召开商业车险改革动员会议，制定各环节工作方案，包括《内蒙古保险业深化商业车险条款费率管理制度改革试点工作方案》《内蒙古商业车险改革宣传工作方案》《内蒙古商业车险条款费率管理制度改革数据测算方案》《内蒙古自治区商业车险新产品现场验收工作方案》等，从组织领导、业务规范、制度建设等层面保障商车改革有序进行。

二是大力开展正面宣传，加强业内培训。争取政府相关部门的大力支持，与自治区党委宣传部联合召开商业车险改革新闻发布会，指导内蒙古行业协会编制《内蒙古商业车险改革知识手册》，广泛宣传商业车险改革的背景、目的、意义、改革内容，确保社会各界了解改革、参与改革、支持改革。组织覆盖全区各级分支机构的商业车险改革专题视频培训，建立信息联动机制。

三是全面开展商车改革调研、测算工作。通过对公司测算结果及质量的校验，全面分析行业在新旧条款费率水平下的折扣差异，预判商改对辖区车险市场的影响，撰写辖区全行业商业车险测算报告。对部分公司商车改革工作情况进行实地走访调研，进一步督促公司做好各项准备工作，确保平稳过渡。

四是高效开展商车改革验收工作，现场督导公司系统切换。统一按照保监会关于商业车险改革验收标准和要求进行逐项现场验收，并在验收工作中增设了抽查考试环节，共编制5套试题，组织了23场考试，对公司各个层级和各个业务环节的298名人员进行了抽查考试。2015年，按照保监会关于商车险条款费率批复进度，我区22家财险公司按时完成了业务系统切换上线工作。新版商业车险条款费率正式全面启用，揭开了商业车险发展新的一页。

(三)加强农业保险监管

1. 积极推动自治区农业保险业务的恢复

为了尽快恢复这项利国利民的保险业务,财产保险监管处积极协调沟通,制定了奶牛保险推广方案,创造性地确定了奶牛保险试点工作的具体实施办法。2005年6月,人保财险兴安盟分公司在乌兰浩特市、呼和浩特市公司在赛罕区,各向1家养殖户签发了奶牛保险单,承保奶牛29头,收取保费0.58万元。这标志着自治区奶牛保险试点工作取得实质性突破。2005年9月,人保财险呼和浩特市公司承保了内蒙古蒙牛澳亚国际示范牧场的奶牛养殖场综合保险,收取财产损失保险保费7.74万元。截至2005年底,自治区农业保险共实现保费收入8.32万元,拉开了商业性农业保险重新经营的帷幕。

2. 建立政策性农业保险试点沟通机制,拉开政策性农业保险试点的序幕

内蒙古自2007年成为全国首批中央财政农业保险保费补贴试点省区。2007年,与内蒙古自治区农牧业厅、财政厅、金融办等政府部门制定辖区《政策性农业保险试点工作规划》和《内蒙古政策性农业保险试点工作实施方案》,组织、指导公司制定《内蒙古自治区政策性玉米、大豆、小麦种植保险条款》。2007年,自治区政策性农业保险累计实现保费收入4.28亿元。

3. 不断推进农业保险工作

2009年,与自治区财政厅、农牧业厅联合下发《关于印发〈内蒙古自治区种植业保险保费补贴工作考核管理办法〉(试行)的通知》,建立政策性农业保险考核制度,着力提高旗县级农业保险承办公司承保理赔服务工作水平。2011年,内蒙古保监局与自治区财政厅、农牧业厅联合下发《关于规范农业保险工作费用管理有关事项的通知》,规范农业保险工作费用管理。2015年,按照保监会要求,指导农险经办公司提高各承保品种的保险金额,调整保险费率,取消农业保险的绝对免赔率。制定出台《内蒙古农业保险承保理赔管理实施细则》,规范农业保险承保理赔业务流程与实务操作,防范农业保险经营风

险，促进业务持续健康发展。

（四）加强责任险监管

1.建立道路运输承运人责任险制度

为贯彻落实《中华人民共和国道路运输条例》有关承运人责任险的规定，经沟通协调，2005年3月，内蒙古交通运输管理局下发了《内蒙古自治区交通运输管理局关于实施道路运输承运人责任险制度的通知》，要求全区所有道路旅客运输和危险货物运输经营者必须为旅客和危险货物投保承运人责任险，对未按规定投保承运人责任险的，不予受理许可申请、核发营运证件和办理年度审验手续。

2.积极推动自治区火灾公众责任保险发展

2006年，与自治区公安厅消防总队联合转发《关于积极推进火灾公众责任保险切实加强火灾防范和风险管理工作的通知》，就自治区全面开展火灾公众责任保险、切实加强公共场所的消防监督检查、加强信息沟通实现行业资源共享做出明确规定。

3.跟进食品安全责任保险试点工作

2015年，配合自治区食药监局开展食责险调研督导工作，组织主要承办公司积极开展食品安全宣传。

4.不断推动特种设备责任保险、电梯责任保险、产品质量安全责任保险试点工作，推动诉讼财产保全责任保险、社会治安保险、农房保险、环境污染责任保险等险种加快发展

（五）加强公司市场行为监管

1.促成全区车险业务行业自律工作的落实

通过总结各盟市车险自律试点经验，签订了《内蒙古自治区车辆保险自律公约》，明确价格底限和手续费支付标准，加大违约处罚力度，促进车险市场规范健康发展。

2.严禁公司利用不正当竞争手段开展业务

2006年,针对乌兰察布市运管处与人保乌兰察布市分公司联合下文,强制指定保险公司办理承运人责任险的不正当竞争行为,与自治区运管局积极沟通,自治区运管局下发了《关于实施承运人责任险不得强制为投保人指定保险公司办理保险业务的通知》,保监局下发了《关于严禁保险公司利用行政手段进行不正当竞争的通知》,共同纠正了人保财险乌兰察布市分公司的不正当竞争行为。2007年,针对辖区保险公司以投保车险为条件,免费为机动车安装车载GPS终端并支付服务费的不规范竞争行为,及时召集相关主体省、市二级分公司高管进行监管指导谈话,并下发《关于财产保险公司参与辖区道路运输安全管理有关问题的通知》,要求保险公司不得以参与道路运输安全管理为由,变相利用政府所属部门排挤、阻碍其他保险机构开展保险业务,及时制止了不公平竞争行为。

3.开展财产保险市场检查,贯彻落实保监会70号文件

内蒙古保监局自2001年成立以来,财产保险市场的检查就一直持续不断地进行,监管力度越来越大,处罚措施越来越重。特别是2008年8月,中国保监会制定下发了《中国保监会关于进一步规范财产保险市场秩序工作方案》(保监发〔2008〕70号),进一步明确了财产保险市场监管政策。2009年,中国保监会开始开展数据真实性综合检查,下发《关于开展保险数据真实性抽查工作的通知》。2009年6—10月,由财产保险监管处牵头,组织开展了对巴彦淖尔市7家财产保险公司和阳光财险呼和浩特市中心支公司的数据的真实性检查工作。2010年,选择偿付能力不足、市场普遍反映较差、"三率"(费率、费用率、赔付率)异常及经营连续亏损等几类公司作为重点监管对象,而市场份额大、竞争比较激烈的呼、包、鄂"金三角"地区和市场反应秩序较差的东部地区则被确定为重点监管地区。

2014年,向内蒙古保险行业协会下发《关于实施<内蒙古自治区机动车辆

商业保险理赔单证标准>的批复》，自8月1日起，在全区实施新的行业车险理赔单证标准。

二、人身保险业务监管

（一）人身险市场监管制度建设与监管措施推行情况

2001—2002年，中国保监会呼和浩特特派员办事处成立之初，着力解决历史遗留问题，强化监管基础建设。规范人身险公司分支机构名称，解决公司牌照及高管任职资格合规性等遗留问题。初步建立保险信息宣传与重大事项报告、机构与高管人员管理、产品报备、信访投诉处理、现场和非现场检查等制度。

2003年，内蒙古保监局关注并支持国有寿险公司体制改革。一是对中国人寿股改提供支持，与中国人寿共同清理机构底数，彻底摸清中国人寿分公司、支公司、营销服务部的数量。二是根据掌握情况，考虑到业务发展需要，批准9家营销服务部更名为支公司，撤销了30家营销服务部，批准设立了5家营销服务部。三是对1家自治区分公司、13家盟市分公司、104家支公司和330家营销服务部进行了修改、录入，并换发《经营保险业务许可证》和《保险营销服务许可证》共448份。

2005年，下发《关于加强人身保险产品销售管控监管的通知》，进一步明确人身保险产品销售管控法律法规。

2006年，国务院出台《关于保险业改革发展的若干意见》。指导人身险公司有效控制经营风险，鼓励在县级以下区域设立机构以更好地满足广大农牧民的保险保障需求。

2008年，针对市场热点问题出台针对性监管制度。包括严格销售行为监管的《产品说明会管理暂行办法》《新单回访》，防范资金管控风险的《零现金管理》《加强理赔给付》，堵塞资金管理的漏洞，提高行业理赔给付工作效率。

2009年，制定《内蒙古农村小额人身保险试点工作实施方案》，批准中国人寿、平安养老等2家公司分别在44个旗县区开展试点销售，有力地推动了农村社会保障体系建设。

2010年，内蒙古保监局组织内蒙古保险行业协开展各人身险公司贯彻执行情况的自查工作，与内蒙古银监局联合召开规范发展银行代理寿险业务专项会议，有力地推动了银保合作双方的理解互信。2010年，规范收付费风险管理工作。按月统计分析和跟踪监测人身保险收付费管理情况。制定下发《人身保险收付费风险管理操作规范》，明确人身保险收付费环节的操作细则及收付费风险管理要求。

2011年，内蒙古保监局下发《关于加强人身保险产品监管的通知》，实行产品销售定期报告和在售产品相关信息网上公开披露制度，进一步加强人身保险产品监管。

2014年，向自治区各人身险公司下发《关于做好2014年退保和满期给付风险排查工作的通知》，要求各人身保险公司对近年来，特别是2009年以来销售的产品认真进行梳理排查，制定防范化解退保和满期给付风险预案，切实保护保险消费者的合法权益。以贯彻落实中国保监会、中国银监会联合下发的《关于进一步规范商业银行代理保险业务销售行为的通知》要求为契机，为进一步保护保险消费者合法权益，引导保险公司和商业银行调整业务结构，促进商业银行代理保险业务规范、健康、持续发展，积极与内蒙古银监局进行沟通协调，联合规范商业银行代理保险业务销售行为。

2015年，自治区政府下发《内蒙古自治区人民政府办公厅关于加快发展商业健康保险的实施意见》，同年9月30日，《内蒙古自治区人民政府办公厅关于全面实施城乡居民大病保险实施意见》正式出台。

(二)规范人身保险市场行为,查处违法违规行为

1. 全面规范市场行为

2001—2002年,团体险、学平险业务专项检查成为整顿规范市场秩序工作的重要内容。

2003年,财产险公司开始经营短期健康险和意外伤害险业务。为规范学平险业务的产品宣传与销售,适时下发《关于维护保险市场秩序做好学生、幼儿意外伤害及附加住院医疗保险业务的通知》,向社会公布备案产品目录。2003年,航空意外险业务改革。内蒙古保监局对航意险产品、出单方式、信息披露、服务等方面提出具体要求。

2004年,协商建设管理部门停止指定由平安人寿独家承办建筑工程意外伤害险的不正当竞争行为。针对中国人寿团体年金业务增长迅猛和趸交比例增大的趋势,要求加强承保、退保和理赔的管控。

2005年,下发《关于加强航空意外伤害保险监管的通知》,重申航意险监管政策,明确监管重点。向8家公司下达违规经营航意险业务的监管意见书,推动航意险行业自律标准制定工作。

2006年,开展航意险后续检查,指导内蒙古保险行业协会启动航意险共保工作。下发《关于进一步加强航空意外伤害保险监管的通知》,进一步规范航意险经营中的业务处理、保费收入核算和手续费支付行为。

2007年,下发《关于严禁保险公司采取违法手段经营航空人身意外伤害保险的通知》,明确航意险业务经营与代理、手续费支付等方面的监管要求,建立责任追究制度。

2009年初,保监会下发《关于停止以撕票方式经营短期意外人身伤害保业务的通知》。10—11月,对大地财险兴安支公司、太平洋财险呼伦贝尔中心支公司、人保财险呼和浩特回民支公司开展现场检查,重点检查强制投保及以撕票方式经营短期意外伤害保险业务的行为,为短期人身意外伤害保险业务经营

标准的顺利实施奠定了基础。

2015年，开展治理销售误导效果评价工作。根据保监会《人身保险业综合治理销售误导效果评价办法（试行）》相关要求，对辖区2014年度、2015年上半年各人身险公司销售误导扣分指标进行分析汇总，向保监会上报《内蒙古保监局关于报送综合治理销售误导效果评价指标的报告》。

2.规范银邮代理业务

2003年7月，对银行、邮政兼业代理机构披露新型产品信息情况开展暗访，要求公司整改委托未取得合法资格机构从事保险销售、虚假宣传、培训不足等问题。

2006年，以治理商业贿赂为重点，加强银邮代理市场治理。指导和推动保险行业协会与人保财险、中国人寿等11家产、寿险公司签订《银行邮政代理保险业务自律公约》《银代自律补充公约》。根据保监会统一部署，对全区银行代理业务的协议签订与执行、手续费支付情况开展现场检查。

2007年，与内蒙古银监局开展监管合作，联合转发《关于规范银行代理保险业务的通知》。制定下发《规范发展银邮代理保险业务的实施细则》《内蒙古银行邮政代理人身保险业务沟通协商制度》等4个规范性文件，遏制银邮代理市场恶性竞争行为。指导保险行业协会成立银邮代理业务专业工作委员会。

2010年，多方联动整顿银邮市场秩序。对乌兰察布地区各寿险公司开展银邮代理业务专项检查，同时为扩大检查覆盖面，指导各级保险行业协会开展自律检查。

2011年，内蒙古保监局与内蒙古银监局围绕贯彻落实《商业银行代理保险业务监管指引》联合下发通知，并提出5项具体要求。

2015年，与内蒙古银监局联合下发《关于进一步规范内蒙古地区商业银行代理人身保险业务有关事项的通知》。从客户信息真实性管理、销售人员合规性、销售行为管控、风险防范等方面，对银邮代理人身保险业务提出了进一步的监管要求,强化销售行为监督,防范销售误导、代签名、代抄录等违法违规行为,推动商业银行销售人身保险业务实施录音录像。

3.现场检查

2003年8—10月,全面清理整顿保险市场秩序,开展内控制度、代理业务等方面的检查,掌握寿险市场中存在的主要问题。

2004年,对平安人寿内蒙古分公司及其海拉尔、赤峰、鄂尔多斯、包头等4家中心支公司开展内控制度执行与业务经营检查,全面了解公司经营管理现状及监管重点。

2007年,对中国人寿、合众人寿、泰康人寿等3家省级分公司开展内部管控检查,重点检查内控制度的健全有效性,堵塞内控漏洞。

2009年6—8月,根据保监会部署,对通辽市7家寿险公司开展财务业务数据真实的性检查。

2009年10月—12月,对12家寿险省级分公司及其呼和浩特市营业机构、巴彦淖尔市7家寿险公司开展收付费风险管理检查。经过大范围排查,纠正了公司在收付费管理环节的错误操作,排除了资金管控风险隐患。

2010年上半年,根据中国保监会统一部署,对新华人寿内蒙古分公司、呼伦贝尔中心支公司开展内控评价与合规性专项检查。

2010—2011年,连续两年开展寿险业服务质量检查测评工作。明确考核标准,统一测评标准,适时通报测评结果,督促公司不断改进服务水平。

2011年12月29日,内蒙古保监局下发《内蒙古保险业反洗钱工作实施办法》,从机构准入、内控管理、客户身份识别与记录保存、重要事项报告等方面对反洗钱工作进行了明确规定。

2015年,共派出8个检查组累计42人次,对9家次保险机构和银邮兼业代理机构进行了现场检查。针对发现的违法违规问题,全年累计对2家机构实施了3项行政处罚,累计罚款70万元;对1家机构高管开展高管谈话,对9家次机构采取下发监管函等监管措施；对2家机构下发行政处罚事先告知书。拟对2家机构责令停止接受新业务，拟对5家机构吊销经营许可证，拟对11家机构高管开展高管谈话，拟对15家次机构采取下发监管函等监管措施。

三、推动大病保险全覆盖

大病保险业务开办以来，区内商业保险机构积极参与承办工作，覆盖面逐步扩大，参保群众保障水平显著提高，受益群众数量不断增加。大病保险制度已在全区14个统筹地区全部落地实施，惠及1480.4万城乡居民，对有效缓解"因病致贫、因病返贫"问题发挥了重要作用，取得了初步成效。主要表现在以下几个方面。

（一）大病保险放大保障和政策示范效应逐步显现

一是各盟市基本完成了大病保险与基本医保的制度衔接。各统筹地区依据当地经济社会发展、医疗消费水平和社会负担能力等制定了保障范围和水平，测定了筹资标准、支付比例，设置了较灵活的起付线、报销比例以及合规医疗费用标准，建立了筹资和风险调节机制。

二是大病保险放大保障效应初步显现。多数盟市大病保险最高段补偿比例达到80%~85%，部分盟市大病保险补偿不设封顶线，大病保险参保患者医疗费用实际报销补偿比例提高了14.2个百分点，平均每人获得增加医疗费用补偿5090.34元，最高赔付额23.39万元，个人自负压力明显减轻。

三是政策示范效应明显。通过引入商业保险机制，不仅提高了基本医保的报销比例和保障额度，还将基本医疗补偿拓展到意外伤害、工伤补充保险、民政救助对象医疗补充保险，从基本医保政策目录内报销扩大到目录外，进一步完善了多层次、多元化的社会医疗保障体系。

（二）建立了"政府主导、专业运作"大病保险协调推进工作模式

一是在组织领导方面，成立了由自治区医改办、卫计委、人社厅、财政厅、民政厅、保监局等部门组成的大病保险工作领导小组，建立了相互配合的工作机制，各部门间共同配合起草了自治区大病保险相关的一系列制度规章。

二是在政策执行方面，各地积极探索完善大病保险运行机制和提高大病保险管理水平的有效方法，开办盟市建立了医保经办机构与商业保险机构的合署办公机制，共享基本医保信息平台，实现了医保信息与就诊信息在基本医保和大病保险之间的即时流转。医保经办部门和商业保险公司联合开展转院巡查、保险结算、医疗审核、服务评价等工作，有效防止了过度医疗和不合理医药费用的支出。

三是在监督管理方面，医改办牵头组织大病保险工作领导小组成员单位不定期开展业务调研和巡查，各部门间及时反馈和研究解决运行过程中遇到的困难和问题，确保了大病保险制度的实施。保监局建立了大病保险业务现场检查督导常态工作机制，3年来，累计对区内承办大病保险的4家省级分公司、13家地市分支机构的10个项目开展了12次大病保险业务专项现场检查，投入人力60人次，下发监管函12次。

四是在业务承办方面，保险机构积极参与，主动作为，投入大量的人力、财力、物力，与政府主管单位密切配合，建立完善业务操作流程和合作机制，加大政策宣传力度，努力为参保患者提供便捷高效的保险理赔服务。

（三）大病保险制度与精准扶贫实现政策衔接

在国家实施精准扶贫、精准脱贫战略引导下，自治区民政厅、财政厅、扶贫办联合制定《内蒙古自治区社会救助与扶贫开发政策衔接实施方案》，要求大病保险对医疗救助对象和建档立卡贫困人口实施倾斜支付政策，利用政府扶贫资金为建档立卡贫困人口购买大病商业医疗补充保险。目前，区内已有鄂尔多斯市、锡林郭勒盟、阿拉善盟、兴安盟实施了试点，对特殊困难群体给予额

外补偿政策。例如,《鄂尔多斯市2016年新农合大病保险实施方案》规定,对列入政府2016年扶贫救助重点特殊困难群体的大病保险参保住院患者,在原有起付线基础上降低50%,分段报销比例再分别提高10%。截至三季度末,鄂尔多斯新农合项目和阿拉善新农合项目已有67名扶贫对象通过倾斜政策获得额外补偿赔款共计27万元,平均每人增加额外医疗费用补偿0.41万元,进一步减轻了贫困人员的医疗负担。

(四)大病保险运营模式在医疗救助领域得到扩展延伸

近年来,全区商业保险机构积极借鉴大病保险的设计原理和运营模式,探索与政府民政部门建立合作关系,利用医疗救助基金针对民政救助对象开展大病商业补偿医疗保险,取得了可喜的成绩。最先由中华联合财险公司在锡林郭勒盟开展试点,取得经验后,又由自治区民政厅向全区进行推广,目前已经在包头市、呼伦贝尔市、通辽市、赤峰市、乌兰察布市、满洲里市相继落地实施,覆盖人群达到61.51万人。该项创新制度的实施,为因疾病导致贫困或重新陷入贫困的家庭建起一道"生命防火墙",困难群众不敢看病、看不起病等社会突出问题得到有效缓解。

四、开展非现场监管

(一)非现场监管体系建设

2005年,对寿险市场实施动态监管。按季追踪各公司经营管理状况,定期开展分析评价。召开季度寿险市场分析例会,明确工作重点,实施有效监管。

2006年,非现场监管取得新突破。按季度分析寿险市场业务发展变化情况,开展非现场监管试点,对中国人寿内蒙古分公司风险防范能力进行评估,确定综合风险等级。

2007年,建立信息报送制度,建立非现场分析和评估基础档案。对中国人寿、平安人寿2006年度的风险水平和内部管控进行评价分析。

2008年，进一步完善非现场监管工作机制。逐步建立监管系统沟通机制和信息共享机制，推进公司档案标准化和非现场监管信息化。

2009年，延伸非现场监管的广度和深度。加强退保风险监测，重点关注退保异动的公司及地区，防止行业系统性风险。健全风险监测体系，加强对盟市保险市场的分析研究，对指标异动公司进行风险提示。

2010年，加强市场运行分析和信息管理。制定下发《关于加强非现场监管信息报送的通知》，进一步明确非现场监管信息报送的内容、时限、方式以及责任部门，理顺信息报送流程。进一步丰富市场运行季度分析报告内容，增加结构调整内容和各、盟市主体经营情况统计分析。对辖区寿险公司内部审计情况进行季度分析，撰写偿付能力监管报告。

2014年，加强销售误导非现场监管体系建设。充分发挥综合治理销售误导专项数据库的稽查功能，对各人身险公司报送的基础业务数据，从客户信息、客户回访、退保等方面进行分析汇总，将稽查结果作为2014年人身险处开展整顿规范市场秩序工作的重要依据。根据保监会《人身保险业综合治理销售误导效果评价办法（试行）》相关要求，对辖区2013年度各人身险公司销售误导扣分指标进行分析汇总。开展辖区人身险电销禁拨平台建设工作，有效解决电话扰民问题。对自治区各人身险公司电销禁拨系统建设情况进行书面调研，了解各公司电销禁拨系统的使用管理情况，形成《关于人身险电销禁拨系统建设情况的调研报告》。

（二）分类监管评估

自2010年开始，开展分类监管评估工作。按照保监会《保险公司分支机构分类监管暂行办法》，对辖区寿险公司分支机构进行分类监管评估。

五、中介业务监管

为了顺应保险中介行业发展需要,中国保监会根据《中华人民共和国保险法》和保险中介业务发展情况,先后下发了《保险兼业代理管理暂行办法》《保险公估机构监管规定》《保险代理机构监管规定》《保险经纪机构监管规定》《关于内蒙古地区保险代理从业人员资格考试部分考生照顾政策有关问题的复函》等有关文件规定。在各方的共同努力下,内蒙古的保险中介业务监管工作逐步完善。

(一)整顿规范中介市场秩序

2001年,保监会下发了《关于各保险公司要加强对保险代理机构设置远程出单点和委托出单管理的通知》,规定保险公司设置远程出单点或委托代理机构出单必须取得省级分公司以上的书面授权,同时要向当地保监办备案,保险公司的计算机及风险等设施必须能够对出单点的出单行为实施监控。

2003年,为了加强对保险兼业代理机构及营销服务部的电子化管理,呼和浩特保监办决定启用新的《保险兼业代理信息管理系统》2.0版软件及《保险营销服务部信息管理系统》。同时,为进一步加强保险中介非现场监管工作,保监办要求各保险中介机构按照保监会修订后的报表(《保险中介机构情况汇总表》《兼业代理机构业务汇总表》《保险代理机构业务汇总表(一)》《保险代理机构业务汇总表(二)》《保险经纪机构业务汇总表(一)》《保险经纪机构业务汇总表(二)》《保险公估机构业务汇总表(一)》《保险公估机构业务汇总表(二)》)统计上报。

2004年,为进一步规范保险中介市场经营行为,加强保险业和保险中介服务业税收征收管理及税源监控,决定自2004年7月1日起在全国范围内使用《保险中介服务统一发票》。内蒙古保监办转发各有关方面认真执行,并决定在全区范围内对统一发票的执行情况开展专项检查督促。

2006年，内蒙古保监局重点推进以下项目：保险代理公司代查勘体系建设；发展县域保险是支持"三农"、服务社会经济发展全局的需要，也利于拓展保险代理公司业务范围；阿拉善盟、乌海、巴彦淖尔、乌兰察布、锡林郭勒盟等盟市保险产品异地代理销售，保险公司可暂不在上述盟市设立分支机构，通过代理保险实时联网出单系统；保险超市建设项目以保险代理公司与各家保险公司建立的良好合作关系为基础，保险代理公司为超市主办方，各保险公司为超市加盟方，将各家保险公司产品汇集一堂，提供"一站式"服务，让客户自由选择所需保险产品。

2006年，将中国保监会及内蒙古保监局出台的法律法规、规章制度汇编成册，印发《保险中介监管指引》，供中介机构参考和学习。

2006年，对全区保险公司和中介机构下发《关于进一步规范保险中介服务发票管理有关问题的通知》，要求中介机构必须向保险公司开具保险中介服务统一发票，不得使用其他发票及自制收据凭证。财务凭证手续费支出科目下，须附手续费结算表，逐笔列明客户名称、险种、保单编号、保费、手续费金额等内容。

2006年，内蒙古保监局向自治区各保险公司和中介机构下发《关于加强保险兼业代理人管理工作的通知》，要求各保险公司要规范企业形象标识的使用，不得在兼业保险代理机构的营业门面外悬挂带有本公司简称或全称的"XX保险""XX保险公司"等牌匾。

2007年初，内蒙古保监局制定了《内蒙古自治区保险中介机构公告管理办法》，依法对保险代理、经纪、公估、兼业代理机构需要公告的事项做出规定。公告费用由被公告方支付，各保险中介机构须向内蒙古保监局缴纳公告保证金2000元，公告费用在公告保证金内支付；如未发生公告费用，在保险中介机构解散或退出市场时予以退回。内蒙古保监局统一向指定报纸办理公告事宜。

2007年，内蒙古保监局制定了《银行邮政类保险兼业代理机构资格申报与管理指引》，重点包括如下内容：银行邮政类保险兼业代理机构应当建立代理保险业务台账，逐笔记录保单流水号、代理险种、保险金额、保险费、代理手续费等有关要素和信息。

2008年，内蒙古保监会下发《关于遏制保险中介机构挪用侵占保费违法违规行为的通知》，对存在挪用侵占保费现象的公司限期进行整改，严格按要求结算保费，并将整改情况上报内蒙古保监局。

2010年，内蒙古保监局制定下发《内蒙古自治区非银行邮政保险兼业代理机构管理办法》。同时转发了中国保监会《关于严格规范保险专业中介机构激励行为的通知》，以规范保险专业中介机构实施的各种激励行为，督促各专业中介机构提高防范化解风险意识，依法而稳妥地通过激励行为吸纳专业人才、促进业务发展，更好地维护保险市场正常秩序。

2014年，全面开展保险中介市场清理整顿第一阶段摸清底数与第二阶段整顿秩序工作。通过集中整治，摸清了自治区保险中介市场的基本情况，坚持保险公司中介业务同查同处工作。根据2013年专业中介机构风险排查情况掌握的违法违规线索，对部分保险公司进行现场检查。加强对内控薄弱中介机构的窗口指导。同年，对在现场检查发现问题的专业中介机构下发监管函，要求其对财务、业务、内控管理等方面存在的问题进行认真整改。

2015年，扎实开展"两加强两遏制"专项检查工作。一是积极组织自查工作，转发《中国保监会关于开展保险机构"两个加强、两个遏制"专项检查的通知》，对各机构提出相关自查工作要求，汇总全区自查情况在"保险监管专项数据采集平台"中填报相关统计表格报送保监会。二是全面开展检查工作，共选取自查不重视、应付走过场、市场反应强烈、信访投诉率较高的3家专业中介机构作为现场检查对象，严格落实中介市场清理整顿第二阶段现场检查后续处罚工作。

对清理整顿工作中发现的许可证逾期失效、长期未发生业务、无保险代理业务之外的主营业务及违法违规较严重的165家保险兼业代理机构的许可证依法予以注销。要求与其合作的各保险公司回收保险兼业代理业务许可证交回内蒙古保监局，并及时结清前期合作产生的应收保费和代理手续费，收回保险单证，做好风险防范工作。

（二）做好中介风险排查

1.开展保险中介市场风险排查工作

根据保监会统一要求，组织辖区各保险机构对2015年度中介渠道和业务开展自查。成立督导组督促保险机构按期落实中介市场风险排查的有关要求，了解各家机构组织落实情况及工作推进情况，并对专业中介机构的经营状况、财务及业务管理、股东及高管人员状况进行风险排查。

2.开展中介领域"类相互保险组织"风险排查工作

组织辖内各保险中介机构对是否通过网络平台等渠道设立"类相互保险组织"以及是否为"类相互保险组织"提供服务进行自查和抽查。在对其运作模式、资金筹集等情况进行全面了解的基础上，强化日常风险预警，坚决防止因发生不能履行救助承诺、挪用公众资金等行为而导致风险传递到保险业。经全面排查，我区未发现"类相互保险组织"风险。

3.开展非保险金融产品销售风险排查工作

下发《关于开展非保险金融产品销售风险排查工作的紧急通知》，组织自治区各家保险机构通过访谈业务人员、填写调查问卷、签署承诺书、回访客户、银行网点暗访、培训宣导、分析投诉案件、设置公开举报箱和举报电话等多种方式全面开展非保险金融产品销售风险排查工作。通过此次排查，有效防范化解了此类风险点，确保了不发生系统性、区域性风险。

（三）保险中介人员考试、管理及教育

2002年，呼和浩特市保监办对内蒙古保险中介人资格考试考场安排、成绩发布、资格证书领取等事宜做出具体安排。

2003年，呼和浩特市保监办对保险代理从业人员、保险经纪从业人员和保险公估从业人员基本资格考试做出更加具体的安排，明确初中以上学历的人员均可参加代资人考试。呼和浩特市地区每月举行一次考试，各盟市两月举行一次考试，试后一个月发布成绩。具有大学专科以上学历的人员可报名参加保险经纪从业人员资格考试，具有大学本科以上学历的人员可报名参加保险公估从业人员资格考试。

2005年，保监局下发《关于2005年全区保险中介从业人员基本资格考试安排有关事项的通知》，进一步明确题型题量、命题范围，同时对考试科目设置改革的过渡问题进行说明。在2005年3月11日召开的全区保险中介工作会议上，对保险中介机构高管人员进行相关法规、业务培训。

自2006年7月1日起，保险中介从业人员资格考试和资格证书的打制、发放、换证工作委托内蒙古保险行业协会秘书处办理。

2007年，保监局下发《关于报送内蒙古自治区保险中介从业人员继续教育培训开展情况的通知》，要求各有关公司报送执行保监会《关于报送保险中介从业人员继续教育培训开展情况的通知》及《内蒙古自治区保险中介从业人员和保险营销人员继续教育实施细则（试行）》的情况。保监局将各公司报送的情况及全区下一步的工作安排，及时整理上报了保监会中介部。

自2008年实施《内蒙古自治区农村保险营销员资格分类管理办法（试行）》以来，取得了良好成效。截至2009年底，全区4459名农村营销员通过考试取得了《农村保险营销员资格证书》。为了进一步巩固农村保险营销员管理，切实完善农村保险营销员制度建设，保监局据以制订了2010年农村保险营销员发展计划。

利用2014年建设的内蒙古自治区保险销售从业人员综合信息平台，大力推进全区保险销售从业人员开展继续教育，督促从业人员按时完成法律法规、职业道德培训的规定学时。2015年，全区共有80740名从业人员报名参加继续教育，其中62854人已完成本年度学习课程。

做好保险销售、保险经纪从业人员资格考试停考后续工作。自接到保监会《停止受理资格考试报名申请的通知》后，妥善做好后续工作，严格限制各保险行业协会报名受理及证书打印，组织各地征订及收缴库存资格证书，对现有空白资格证书及钢印妥善封存。向自治区各保险机构及保险行业协会转发《中国保监会关于保险中介从业人员管理有关问题的通知》，就取消保险中介从业人员资格考试事宜进行通知，并提出后续监管要求。向各保险行业协会下发《关于开展内蒙古自治区各电子化考试中心考试设施统计工作的通知》，组织各考点对考试设备、钢印、资格证书、考试档案、信息系统、考场维护费用支出等情况进行逐一统计。

防范化解保险业突击增员风险。向自治区各保险公司就辖内保险销售从业人员队伍增幅及原因、应对队伍快速增长所采取的管理措施等内容，对39家保险公司及33家专业中介机构进行调研。自资格考试取消后，内蒙古保险销售从业人员保持平稳增长势头，从业人员素质及市场人力波动基本可控。

加强从业人员执业管理。结合中国保监会取消保险从业人员资格核准以来内蒙古保险销售从业人员发展现状，制定并印发《内蒙古保监局关于加强保险销售从业人员执业管理的通知》，进一步明确保险销售从业人员执业证书管理、执业行为管理以及保险机构的管控责任。

（四）积极推进中介领域深化改革

一是建立健全保险中介分类监管体系。根据2014年监管信息，对全区35家保险专业中介法人机构进行分类评估，综合评价专业中介机构的稳健风险和合规风险。二是高度关注中介机构创新型保险代理业务开展情况。发现市场运行中的新趋势及特点，查找市场发展存在的制约因素及问题，提出下一步的监管意见及措施。三是为出台保险远程出单点管理指引广泛开展调研工作。保监会停止兼业代理资格审批后，为促进保险销售模式创新，对保险代理机构远程出单点相关规章制度进行了梳理，摸清了目前代理机构远程出单点管理现状，制定了《内蒙古保监局保险远程出单点管理指引（征求意见稿）》，广泛征求各保险公司的相关意见和建议，制定了《远程出单点管理信息系统需求书》。内蒙古保险机构代码供服务商对远程出单点编码，为出台《内蒙古保监局保险远程出单点管理指引》做好前期准备工作。

（五）实行外部审计

2003年，呼和浩特市保监办根据保监会的相关规定，对各代理公司下发《关于保险代理公司进行年度审计工作的通知》，要求各代理公司必须聘请符合规定的会计师事务所对公司上一年度有关事项进行审计，并在下一年度1月31日前向保监办提交审计报告、管理建议书及其他相关事项的说明。

2005年，本区进行外部审计的保险中介机构共10家。

2006年，根据中国保监会《保险中介机构外部审计指引》的规定，保监局要求辖区专业保险中介机构于每年3月底前报送上一年度审计报告，重点审计是否按照《企业会计制度》和《保险中介公司会计核算办法》的规定设置会计科目，进行会计核算。全年共审19家。

2007年，内蒙古保监局多次召开专门会议，确保保险中介机构外部审计工作的顺利推进。全年共进行51家。

2008年，根据中国保监会《保险中介机构外部审计指引》的要求，保监局下发了《关于开展2007年度专业保险中介机构外部审计工作有关事项的通知》，对全区的保险代理公司、经纪公司进行2007年度外部审计工作，继续加强外部审计工作，促进保险专业中介机构提高依法合规经营意识和经营管理水平，提高监管效率。

2009年，内蒙古保监局积极部署辖区保险专业中介机构外部审计工作，切实提高保险专业中介机构经营管理水平，积极指导、督促各保险专业中介机构按时保质完成外部审计工作。对迟迟未上报外部审计报告的保险专业中介机构下发《监管函》，要求其加强外部审计工作，限期上报审计报告。

第三节 其他监管

一、资金运用监管

2014年引入保险资金实,现重大突破,保险资金参与自治区高速公路、能源开发和基础设施等重大项目,共有10家保险公司在11个盟市为59个重大项目投融资419.08亿元。

2015年实现进一步突破。一是积极引进保险资金支持自治区经济社会发展。努力拓宽保险资金投资主体与项目对接渠道,保险资金在自治区已投资总额406亿元,另有141亿元投资正在洽谈,投资地区涵盖9个盟市的公路建设、城市基础设施建设及能源电力等支柱产业。二是助力破解融资难题。保证保险为48家小微企业和3669人农牧户提供增信服务,支持融资金额超过10亿元。出口信用保险为全区800余家出口企业提供风险保障5.83亿美元,连续4年实现全区小微企业出口信用保险全覆盖,一般贸易渗透率17.09%,出口信用保险项下融资1288万美元,为自治区"走出去"战略提供保险、融资一揽子服务。

二、防范化解风险监管

2005年,加强新设主体风险管控指导。对发展快速的新华人寿公司经营管理情况进行评估，指导新公司加强销售误导风险点的管控。

2008年，国内外经济金融形势较大变化，采取有效防范经营风险措施。对中国人寿、平安人寿和新华人寿2007年度潜在风险水平和内部控制管理开展风险评估，对开业满3年的5家寿险公司进行风险监测，分别进行系统性与个体性异动分析，给予经营风险预警。

2010年，组织人身险公司开展风险排查，针对风险隐患采取有效的防控措施。对监测指标异动的中国人寿、人保健康、阳光人寿、泰康人寿等4家公司进行预警干预，阻止个体风险的进一步扩大和传递。对行业潜在风险和部分险种及个别公司退保风险进行风险警示，要求业内高度警惕短期化经营风险。

2011年，加强宏观政策研究，认真分析经济金融形势变化、重大方针政策实施对保险业发展产生的影响，围绕新会计准则、银保业务新规等政策实施对行业发展的影响进行调研分析，研究制定相关对策。不断完善风险监测预警制度，根据新会计准则2号解释全面实施后的变化，进一步修订《内蒙古保险业风险监测预警暂行办法》，完善风险监测指标体系和监测标准，按季对辖区保险公司开展风险测评，对市场风险隐患及时进行预警和处置。加强偿付能力监管和分类监管。按照上下联动原则，密切监控辖区偿付能力不足机构的经营运行情况，将偿付能力监管延伸到基层。根据分支机构分类监管有关要求，建立现场检查、行政许可与分类监管结果相挂钩的机制，促进公司防范化解经营风险。制定保险专业中介机构分类监管办法，对专业中介机构实施差异化监管，实现保险分支机构分类监管与中介机构分类监管的有机结合。

2012年，完善风险监测预警指标体系，建立盟市保险市场重点监测指标，加强对大额集中退保等风险的预警，强化窗口指导与风险提示。完善风险应急机制，制定内蒙古保险业突发事件应急预案体系，指导公司制定相应应急预案分级响应标准，要求公司及时报告突发事件应急处置和重大灾害赔付处理情况。

一是突出防范重点风险。针对部分地区出现民间借贷危机的客观实际，建立人身险业务退保情况月报告制度，按月监测分析退保情况。加强对鄂尔多斯等重点地区的风险排查，责成公司对营销员、公司员工特别是高管人员参与民间借贷情况进行调查摸底。密切关注农业保险应收风险和巨灾风险，实现资金管理风险和大灾大害风险的提前预警。与自治区公安厅经侦总队建立联合打击保险领域违法犯罪工作机制，开展打击保险经济犯罪的"破案会战"工作，破获了一批重大保险诈骗案件。进一步完善风险监测预警指标体系，按季开展风险监测和分析，健全保险中介分类监管体系，按照综合风险评估分值实施分类监管。二是全面开展风险排查。以人身险满期给付和退保风险为重点，建立旬报、月报制度，实现风险排查的常态化。三是积极防范案件风险。制定保险案件风险监管实施方案，提高案件风险监管工作的系统化、规范化和制度化水平。

2015年，建立全区反保险欺诈系统性平台，与公安经侦部门联合开展"安宁2015"反保险欺诈专项行动，移送涉嫌保险欺诈案件线索129件，为保险行业挽回经济损失上百万元。加强风险源头治理，先后有208名保险公司高管接受依法合规教育，制定保险销售从业人员执业管理规定，妥善做好从业人员资格考试停考后续管理工作。

三、保护消费者合法权益监管

2011年，建立局长接待日制度，根据保监会的统一部署，推出统一的投诉维权电话专线，强化保监局和行业协会网站的投诉功能，畅通消费者维权途径。逐步建立保险监管部门、行业组织、市场主体和社会公众等多方参与的消费者利益保护机制，加大对损害消费者利益行为的查处力度，着力解决销售误导、理赔难等突出问题，大力宣传普及保险知识，提示保险消费风险，倡导科学理性的保险消费观念,提高公众风险意识和维护自身权益的能力。

2012年,为治理车险理赔难问题,启动全险种未决积压赔案的集中清理工作,全年共清理11.09万件,案件清理率达77.75%,涉及金额9.51亿元。开展车险理赔难和未决赔案专项现场检查,将理赔难纳入监管处罚范围,通过监管约束引导公司加强理赔资源投入。在治理寿险销售误导方面,加强投保风险提示,全面推行手机短信投保提示制度。加强产品说明会管理,重点监控信息披露的真实性、准确性,实施培训讲师从业资格认证制度。指导公司升级改造核心业务系统,实行客户关键信息强制录入、特殊客户群体核保控制及关联信息自动校验提示功能。推动公司改进客户回访工作,完善客户回访系统,严厉打击违规回访行为。建立公司基础业务数据体系,通过非现场监控寿险新单的客户信息、客户回访等方面的真实性和完整性。组织全行业对516万份存量保单开展清查,整改近23万件客户信息问题件保单,复效4.5万件保单。制定出台内蒙古保监局《局长接待日工作办法》,拓宽保险消费者诉求表达渠道。

2013年,扎实开展车险理赔难治理工作。实施车险投保理赔提示制度和车商直赔修理厂核准制度,对拒赔案件实行省级公司集中管理。建立未决赔案清理月度跟踪通报制度,指导行业协会全面推开车险理赔服务质量测评工作,加强理赔经验交流。

2014年,指导保险行业协会实施《机动车辆商业保险理赔单证标准》,开展车险理赔服务质量非现场测评,督促保险公司提高理赔服务质量。开展人身险失效保单清查工作,累计清查失效保单13万份,涉及保费12.68亿元。制定《内蒙古保险业消费者投诉指南》,创建内蒙古保险信访工作微信群,加大信访案件的督查和催办力度。制定保险业信用体系建设方案,夯实行业信用基础。

2015年,成立消费者权益保护处,修改完善了保险消费投诉处理、12378热线等制度规定。全年,12378热线累计接收消费投诉1749件次,同比增长

178%，成为消费投诉的主渠道。在风险防范上下功夫，组织开展矛盾纠纷排查，积极防范群访群诉风险，积极推进诉调对接工作"对接调"。与呼和浩特市中院多次沟通协调，启动了赛罕区法院和新城区法院巡回法庭两个对接点，开展诉讼案件移交调解工作。开通内蒙古保险消费者教育微信公共号，定期发布信息，解读政策法规，提示消费风险。

第四节　法制建设

一、规范性文件的制定和清理

2006年，制定《人寿保险公司分支机构筹建和验收指引》，指导并规范辖区人寿保险公司分支机构现场开业验收工作。制定《高管人员任职资格考试制度》，建立高管人员任职资格考试题库，对高管人员进行考试审核，督促高管人员学习、掌握有关监管政策和法律。推进高管人员任职资格培训制度，对高管人员进行任职前培训，树立科学的发展理念和依法合规经营意识。

2009年，内蒙古保监局完善行政许可制度建设，严把机构和高管准入关。针对当前行政许可工作中出现的新情况、新问题，法制处制定下发了《保险机构和高管人员管理指引》，规范保险机构和高管人员行政许可管理。

2010年，制定《内蒙古保监局行政许可委员会工作规程》。为加强保监局内部协调，规范保监局行政许可委员会工作程序，提高行政许可工作质量和效率，明确行政许可委员会的主要职责和工作原则，规范行政许可委员会工作程序和工作纪律，为有效发挥行政许可委员会作用提供了制度保障。

2011年9月22日，内蒙古保监局与自治区高级人民法院、公安厅交管总队、部分保险公司联合召开《关于在处理交通事故纠纷中相互协调配合的意见》沟通会议。

2013年4月10日，组织保险公司、律师、交警支队有关人员参加自治区高级人民法院召开的保险司法实践座谈会，了解保险企业在司法实践中遇到的困难和问题，积极推进辖区保险行业司法环境的改善和诉调对接等重点工作。

2014年，根据中国保监会关于清理规范性文件的要求，对现行的规范性文件进行了清理，废止了部分规范性文件，汇总，规范性文件有效目录。

2015年，深化与工商行政等相关部门合作，营造良好的发展环境。研究行政处罚裁量标准和区域处罚裁量标准，完成保监会行政处罚裁量实施情况书面调研报告并上报，完成新《保险法》征求意见反馈工作，并参加保监会组织召开的保险法修改征求意见座谈会。

二、法制教育与宣传

认真实施"六五"普法方案，组织开展法制培训工作。按照保监会和自治区关于开展"六五"普法工作的精神，全面开展普法工作。一是完成2015年"学习宪法尊法守法""我读宪法"主题活动，针对学习内容组织测试，确保学习不走过场。二是举办保险合同纠纷法律问题专题讲座，保监局干部和自治区各保险公司省级分公司高级管理人员均参加培训，增强了监管干部和高级管理人员知法、用法的法制观念，努力营造全局和全行业学法、用法的氛围。

开展法制专题调研，掌握保险法制工作现状。一是配合中国保监会开展专题调研工作。根据保监会法规部《关于开展"非行政处罚监管措施"调研的函》要求，完成保监会"非行政处罚监管措施"调研材料，对保监局近3年实施的"非行政处罚监管措施"的种类、数量、实施效果、所遵循的基本程序、主要做法、成效和经验进行总结。二是开展涉诉案件的调研工作。2015年10月赴呼伦贝尔，就呼伦贝尔道路交通涉诉案件的情况与呼伦贝尔中级人民法院进行调研。通过与当地司法审判部门和保险主体召开座谈会、深入当地保险主体实地了解涉诉案件情况等方式开展涉诉案件调研工作，形成《内蒙古保险业涉诉案件调研报告》。

2014年7月，国务院出台《关于加快发展现代保险服务业的若干意见》，内蒙古保监局积极响应，紧密结合自治区保险业实际，深入调研，加强沟通，积极推动政策落地。11月25日，内蒙古自治区人民政府出台《关于加快发展现代保险服务业的实施意见》，要求各级政府及相关部门充分认识加快自治区保险业改革发展的重要意义，营造有利于保险业发展的良好环境。

2015年6月23日，自治区政府主席巴特尔在内蒙古保监局《关于全区保险工作情况的报告》上做重要批示：近年来，内蒙古保监局围绕保监会和自治区党委、政府决策部署，认真履行监管职责，大力推进改革创新，自治区保险业实现持续较快发展，为自治区经济社会发展做出了积极贡献。自治区政府将大力支持保险工作，希望新一届保监局领导班子再接再厉，围绕中心，服务大局，深入贯彻自治区《关于加快发展现代保险服务业的实施意见》，进一步提升监管服务水平，促进保险业持续健康发展，努力为打造祖国北疆亮丽风景线做出新的更大贡献！